人文武术精品书系

勿使前辈之遗珍失于我手

勿使国术之精神止于我身

陈鑫

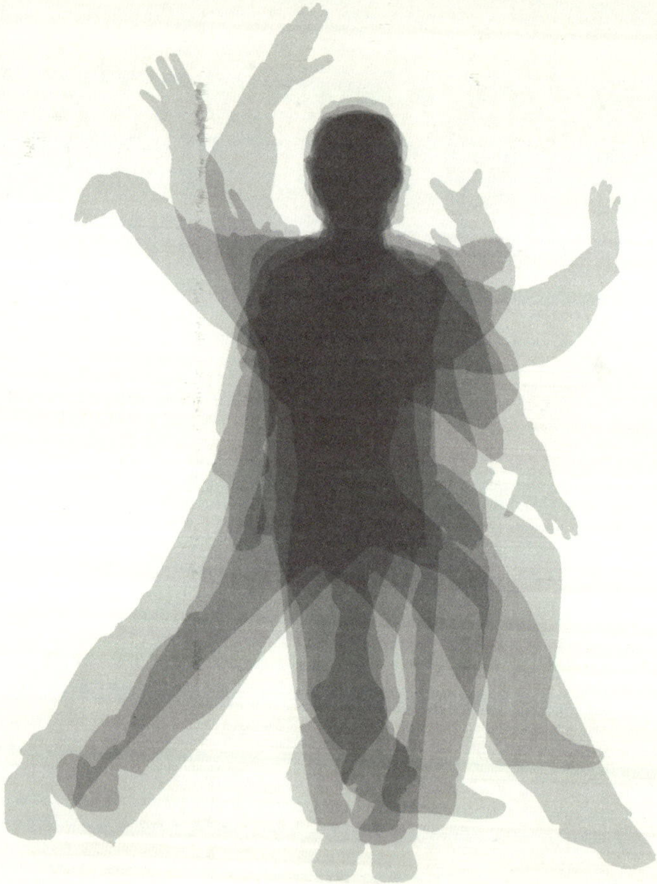

陈氏太极拳图说

卷首

武学名家典籍丛书

陈鑫陈氏太极拳图说

陈鑫·著

陈东山 陈晓龙 陈向武·校注

北京科学技术出版社

陈鑫（1849－1929年），字品三，清代岁贡生，陈式太极拳第八代传人。自幼聪慧过人，从父研文习武，尽得家传。他晚年总结祖传太极拳之精髓，结合自身实践之经验，历时十二载，写成《太极拳图画讲义》三十万言，但因各种原因，未能出版。陈鑫临终时，将所作书稿悉数交予陈椿元，陈椿元在陈鑫去世后，率领家人，耗时三年，对书稿进行整理、修订，重新补写成《陈氏太极拳图说》四卷。

1933年，在唐豪、陈泮岭等人资助下，此书首次在开封开明书局出版，立即引起全国轰动，称该书出版为『国术界至今又开一引人入胜之大道』。

陳氏太極拳圖說卷首

感谢陈东山先生收藏并提供版本

出版人语

武术作为中华民族文化的重要载体，集合了传统文化中哲学、天文、地理、兵法、中医、经络、心理等学科精髓，它对人与自然和谐共生关系的独到阐释，它的技击方法和养生理念，在中华浩如烟海的文化典籍中独放异彩。

随着学术界对中华武学的日益重视，北京科学技术出版社应国内外研究者对武学典籍的迫切需求，于2015年决策组建了“人文·武术图书事业部”，而该部成立伊始的主要任务之一，就是编纂出版“武学名家典籍”系列丛书。

入选本套丛书的作者，基本界定为民国以降的武术技击家、武术理论家及武术活动家，而之所以会有这个界定，是因为民国时期的武术，在中国武术的发展史上占据着重要的位置。这个时期，中、西文化日渐交流与融合，传统武术从形式到内容，从理论到实践，都发生了巨大的变化，这种变化，深刻干预了近现代中国武术的走向。

这一时期，在各自领域“独成一家”的许多武术人，之所以被称为“名人”，是因为他们的武学思想及实践，对当时及现世武术的影响深远，甚至成为近一百年来武学研究者辨识方向的坐标。这些人的“名”，名在有武术的真才实学，名在对后世武术传承永不磨灭的贡献。他们的各种武学著作堪称为“名著”，是中华传统武学文化极其珍贵的经典史料，具有很高的文物价值、史料价值和学术价值。

目前，“武学名家典籍”丛书，已出版了著名杨式太极拳家杨澄甫先生的《太极拳使用法》《太极拳体用全书》，一代武学大家孙禄堂先生的《形意拳学》《八卦拳学》《太极拳学》《八卦剑学》《拳意述真》，武学教育家陈微明先生的《太极拳术》《太极剑》《太极答问》。民国时期的太极拳著作，在整个太极拳发展史上占有举足轻重的地位。当时的太极拳著作，正处在从传统的手抄本形式向现代著作出版形式完成过渡的时期；同时也是传统太极拳向现代太极拳过渡的关键时期。这一历史时期的太极拳著作，不仅忠实地记载了太极拳架的衍变和最终定型，而且还构建了较为完备的太极拳技术和理论体系。《陈氏太极拳图说》全套四卷是其中的重要著作之一，卷首述易理、河图、洛书、经络等原理，卷一至卷三述拳势、取象、歌诀，并绘制全身动作示意图、各部位“内精”运行图等，蔚为大观。

这些名著及其作者，在当时那个年代已具有广泛的影响力，而时隔近百年之后，它们对于现阶段的拳学研究依然具有指导作用，依然被武术研究者、爱好者奉为宗师，奉为经典。对其多方位、多层面地系统研究，是我们今天深入认识传统武学价值，更好地继承、发展、弘扬民族文化的一项重要内容。

本丛书由国内外著名专家或原书作者的后人以规范的要求对原文

进行点校、注释和导读，梳理过程中尊重大师原作，力求经得起广大读者的推敲和时间的考验，再现经典。

“武学名家典籍”丛书，将是一个展现名家、研究名家的平台，我们希望，随着本丛书第一辑、第二辑、第三辑……的陆续出版，中国近现代武术的整体风貌，会逐渐展现在每一位读者的面前；我们更希望，每一位读者，把您心仪的武术家推荐给我们，把您知道的武学典籍介绍给我们，把您研读诠释这些武术家及其武学典籍的心得体会告诉我们。我们相信，“武学名家典籍”丛书这个平台，在广大武学爱好者、研究者和我们这些出版人的共同努力下，会越办越好。

导读

对于同一事物的认知，所站的角度和高度不同，其结果也是不同的。

哲学是研究整个宇宙发展一般规律的学科，站在哲学的高度，以俯视的角度去看宇宙，混沌未分，为无极。无极蕴藏了宇宙中的一切信息，这一切信息是通过一阴一阳相互作用体现的，所以中国古代哲学的核心理论《周易》中讲“一阴一阳之谓道”。正是在一阴一阳相互作用产生的力的作用下，万事万物产生了，这万事万物就是宇宙演化的第三个层次，也叫三。无数个三就是万物，正所谓：“道生一（即无极，是对相对静态宇宙的抽象；太极，是对相对动态宇宙的概括），一生二（即万物的最高极点太极所蕴涵的阴、阳二极），二生三（阴阳交合生出三，无数个三也就是万物），三生万物是玄关，这个‘三’不简单，是以分仙与凡（最重要的向题就在于‘二’的交合由于环境的不同而产生不同层次的‘三’）。”

在《陈氏太极拳图说》一书中，陈鑫为什么在卷首只画了两个图即“无极图”和“太极图”呢？无极图是“体”，太极图是“用”；

无极图是相对静态的宇宙，太极图是相对动态的宇宙；无极图蕴涵了宇宙中的一切信息，太极图是宇宙信息的完整表述，太极拳又是“理根太极”的一种绝妙文化，所以它是小宇宙的人顺应大宇宙进行运动的规律性的动态显示。顺应大宇宙，就能够利用大宇宙的同步信息能量，因而说“太极文化，涵盖天地，博大精深；太极功夫，威力无穷，高深莫测”。

如果要以《陈氏太极拳图说》为理论来指导学习太极拳，就必须首先看懂第一页的两个图；同时也说明了太极拳只所以叫“太极拳”的原因；更进一步说明了足以“分仙凡”的“三”是哪个“三”，尤如《陈氏家谱》中所批注的，陈氏太极拳功夫层次可分为拳手、拳师、大家（即高手）以及神手和妙手四层次。而第四层次的神手和妙手就是非凡的“仙”，其中神手侧重从“过程”方面看，妙手侧重从结果方面看。从“手法”方面剖析，前者的出手是对对方的“克”，后者的出手是对对方的“泄”，“阴阳无偏称妙手，妙手一着一太极，空空迹化归乌有。”

2004年，康戈武先生为《陈氏太极拳图说》所写的序首句中讲到，“陈鑫著《陈氏太极拳图说》自1933年由开封开明书局出版发行后，引起了武坛广泛、持久的关注。”足见此书在太极拳界的地位和影响。为了更深刻地认识《陈氏太极拳图说》这一著作在中华武术界，以至整个中国传统文化中的地位，我们有必要简略地回顾一下太极拳的产生和发展的历程。

远古时代，人类在与自然界的斗争中产生了拳术。四千多年前，中国进入阶级社会后，在人与人的斗争中拳术又升华为武术。在其后的发展历程中，中华武术在明末，以外家拳和内家拳以及其他武术流派各显特点而著称于世。与此同时，指导中国传统哲学的核心《周易》理论，也经过两汉，分为象数派和易理派，至北宋又开始趋二合一，直到明末清初完成了否定之否定的全过程，在此基础上，出现了以动态、实践为主要特征，来知德（1525—1604 年）以图画形式来展示其理的易学理论，反映小宇宙元炁在人体内的运动规律、经络学说的最高表现形态、子午流注理论。该理论萌芽于秦汉，产生于宋代，发展于金元，成熟于明代，其典型代表作是明代徐凤的《针灸大全》，以及此后对其针法继续有所应用和发挥的《针灸大成》（杨继洲，1601 年著），与宇宙融为一体的中华养生理论堪称世界一绝。东汉魏伯阳（生卒年不详）所撰《周易参同契》以金丹派的面目出现，开创了中华养生理论之先河；公元 228 年，魏夫人得王褒传授《黄庭外景经》，魏夫人仙逝后续出《黄庭内景经》。内、外景经合称《黄庭经》为世人所推崇、称道。唐、宋时期，金丹派之内丹少阳派盛行于世，继有南北二宗、东西两派形成，其内涵丰富博广；兴起于唐、宋之间的内丹另一重要门派乃陈抟（871—989 年）所创之文始派。陈抟以汉代魏伯阳的《周易参同契》为宗旨，揭示《先天图》，以明逆则成丹之理，著《指玄篇》等养生文献，精沉深邃。经箓派和金丹派分别首推上清经系之《黄庭经》和内丹文始派之《指玄篇》，对陈氏太极拳影响至深至广。

陈氏第九世陈王廷（1600—1680 年），既是文庠生，又是武庠生，他以其文武兼备的整体素质之优势，在家传108式长拳的基础上，汲取了数千年中华武术发展的精华，特别是明末清初内、外家拳武学的精华，并以周易和经络学说以及养生理论为指导，创立了内、外家拳辩证统一的绝世武学——太极拳。主、客观条件以及理论和实践等诸多因素，足以证明太极拳诞生具有历史发展的必然性。

姑且不细谈陈王廷创立太极拳后向外传播，渐又形成杨式、武式、吴式、孙式以及和式等诸多流派，就其陈氏太极拳自身来说，又经历了两个里程碑式的发展阶段，即陈氏十四世陈有本（1780—1858年）将陈王廷创编的原有五套拳、五套锤由博归约，简略为一路和二路；与此同时，陈有本与族兄陈长兴（1771—1853年）均为陈氏太极拳代表人物。此二人行拳各有特点。陈长兴的拳架宽宏舒展，陈有本的拳架精巧紧凑，时人对二人不同风格的拳法分别称“大圈”和“小圈”，或曰大架和小架。此后各自延续至今，为世人所瞩目。陈氏十六世陈鑫继承了原有太极拳一切理论和实践成果，在进一步感悟的基础上，第一次著书立说，对太极拳进行高层次理论概括。

《陈氏太极拳图说》这一巨著，不仅是一部武术著作，也是一部集天文、地理、中医、养生、人文、兵法、体育等多学科的论著，是对中国传统文化动态显现形态的绝妙概括。当今，创于明末清初的河南温县陈家沟太极拳已走出国门，遍及世界各地，成为全人类共有的精神财富和非物质文化遗产。

由于这部巨著博大精深，涉及诸多不同领域，读者不易进入其“神圣的殿堂”，在王跃平女士的提议下，由陈东山、陈晓龙、陈向武再次对《陈氏太极拳图说》进行了更为详实的点校和注解。我受陈东山先生委托，对该书卷首“无极图”“太极图”从哲理上进行了一定的解释，对点校版应遵循的原则进行了补充与修正。

首先，说明点校《陈氏太极拳图说》一书时所遵循的原则：

1. 按原著的易理系统、经络系统、拳理系统、拳法系统四大部分点校。

2. 点校出原著引用的易理卦象、引用的成语典故和文论出处。

3. 对书中的原生态俚语音诂尽量准确地校释。

4. 对书中笔误、勘误、漏误、失误尽最大可能的校释。

5. 对标点、断句、分段、分篇（节）进行校释（包括书中图示、图解及读者难于理解之处），但尽量与其作者原意贴近。

其次，对读者阅读本书提出几点建议：

1. 注重对卷首无极图和太极图所蕴涵深奥哲理的理解，它是全书的总纲。

2. 认真阅读康戈武先生所作的《三读〈陈氏太极拳图说〉》的序中所讲到的方法，即第一“以泛读明其概要”，第二“以精读取其精髓”，第三“以研读拓展学问”。

3. 了解直至熟悉太极拳产生的主、客观条件，它对阅读本书有一种只能意会，难以言表的辅助作用。

4. 学习中国传统哲学的基本理论，熟悉五行生克关系，熟悉周易的理论体系。由于太极拳是顺应宇宙发展规律的运动，所以它有防病治病的功效。如果懂得“易图”所蕴涵的天体运转规律，就能确定何时何地，面向何方行拳，就能使自身某一脏腑与大宇宙的能量发生同步共振，如该脏腑虚弱，就能在相应的时间内得到康复。

5. 学习中医经络学说、子午流注理论，否则难以理解某一招式的功能和作用。

6. 学习《周易参同契》《黄庭经》等古代养生经典著作和现代科学对宇宙从宏观到微观认识的新成果，理通则法通，法通则术通，术通则拳之功力可达出神入化的上乘境界。

7. 注重实践，每日拳不离手，是太极拳界以至整个武术界的共识。老师指点，勇于实践，多做交流，也是读懂原著的重要方法。

大凡文议，总难免有“一得之功、一孔之见”之偏，故本文缺点以至错误肯定不少，更何况拙文以导读的形式出现，恐有“差之毫厘，谬以千里”之弊，故诚恳希望广大读者以至社会关注者不吝赐教！

杜修鸿

2016年冬于西安

序一

——三读《陈氏太极拳图说》

陈鑫著《陈氏太极拳图说》自1933年由开封开明书局出版发行后，引起了武坛广泛、持续的关注。80多年后的今天，为了适应当代读者的需求，陈东山拟于近期内出版此书校注版，并邀我写点导读的话叙于书首。思之再三，谨将我读《陈氏太极拳图说》的心得概要为泛读、精读、研读，名之为《三读〈陈氏太极拳图说〉》，与读者诸君进行交流。

一、以泛读明其概要

“泛读”，可以理解为泛泛地读，或者说是快速地翻阅一遍，凭此了解全书的概貌和特色，获取是否值得精读和研读的信息。

《陈氏太极拳图说》分为卷首、卷一、卷二、卷三共四册，该书内容可概要为四部分：

其一是陈氏太极拳架六十四势的练法。这部分所占篇幅最多，是该书卷一、二、三的主要内容。

其二是太极拳的基本理论。这部分内容，不仅有集中于卷首的阐述太极拳与《易》相融的图文四则和《太极拳经谱》等十一篇太极拳论文，还有分散于六十四势各势练法图说中的拳理和拳诀。

其三是太极拳的文化基础。这部分内容主要集中于卷首，包括有四十则介绍周易知识的图文和十二则介绍人身经络穴道的图谱和歌诀。

其四是阐述陈氏太极拳发展脉络和时人评述陈氏太极拳的文章。包括辑录于卷首的河南西平（华）陈泮岭《太极拳谱题词》、与温县邻里相望的卫辉汲人李时灿（敏修）序、邻人杜严序和作者陈鑫的自序；附录于卷三的《陈氏家乘》（节录陈王廷以后部分）、《陈英义公传》《陈仲甡传》《温县陈君墓铭》、李春熙《跋》、刘焕东《后叙》，另有沁阳杜元化（育万）以订补者名义加入的《杜育万述蒋发受山西师传歌诀》一则。

通过泛读，我们发现陈鑫著《陈氏太极拳图说》是一部全面介绍陈氏太极拳历史、理论、技术以及相关知识的专著。全书有着图说详明、技理交融、以诀示要、适用面广等特色。

图说详明是《陈氏太极拳图说》的第一个特点。此书以“图说”的形式，展示全书的内容。着墨于《易》时，易图与易理相连。介绍到经络穴位时，经络图与歌诀兼收。图说拳式动作时，不仅有整体姿势图，还有上肢运行图、下肢运行图、步位图、运动气机图、内气运行图、缠丝劲图、内劲图等；而且，不仅每一图皆附有相应的文字解说，还用线条将文字解说和身体某部相连的方式，针对性极强地图说身体各部的运动要领。对拳势图清晰细微地阐释，对拳理深入浅出地剖析，从中，我们可以看到作者渴望读者能看懂、学会的心愿。

技理交融是《陈氏太极拳图说》的第二个特点。此书在卷首中集中辑录了作者的太极拳论文，介绍了作为太极拳文化基础的易理和中医经络知识。然而，更多带有指导意义的拳术理论和相关传统文化知识，则出现在与拳势相应的解说中。

例如，在解说“第一势金刚捣碓”时，作者在描述了外形运动方法、内劲运行方法、动作的攻防作用、身体各部的姿势要领后，以《总论》为标题，论述了太极拳运动的阴阳总则，指明“惟有五阴并五阳，阴阳无偏称妙手”。进而以《取象》为标题，取象乾坤，以“乾健坤顺”“阴阳合德”，说明运动的阴阳法则。其文云：“当其静也，阴阳所在，无迹可寻。及其动也，看似至柔，其实至刚；看似至刚，其实至柔。阴阳皆具，是谓阴阳合德。”随后，又以五首“七言俚语”进一步描述练习“金刚捣碓”的要求。最后，注明了练习此拳时需要注意“百会”等穴位的位置。此外，解说文中还包含有一些习武常识。如在道德教育方面，强调“打拳，亦所以修身正、卫性命之学也”。要“中礼”“能敬能和，然后能学打太极拳”。在练习场地和方位的选择方面，指出“平素打拳，因地就势，不必拘定方向而守一定之位置”。在练习要持之以恒方面，提出了“拳打万遍，神理自现”的练习要求。其他各势的解说也都是循着这个大致的格式展开的。从这种技理交融的写法中，我们可以看到作者力图引导读者在理论指导下学好太极拳，在中华传统文化启迪下练好太极拳，拓宽太极拳锻炼价值的一腔挚情。

以诀示要是《陈氏太极拳图说》的第三个特点。作者在阐明太极拳理论和揭示太极拳技术要领时，普遍采用歌诀、韵语、俚语的形式进行表述。例如，列于太极拳理论之首的《太极拳经谱》《太极拳拳谱》，是以四言句写成的论文。太极拳总论，是一首七言韵文。推手的要谛，被总结为两首七言歌诀。在各势练法解说中，也都是以四言、或五言、或七言、或长短句俚语作为结语。这些朗朗上口的歌诀便于读者诵读、记忆；同时，也有助于读者借助这些歌词去领悟太极拳的技法、练法和功用。

适用面广是《陈氏太极拳图说》的第四个特点。《陈氏太极拳图说》富含的知识量很大，好武者皆可“开卷有益”。

此书作为陈式太极拳的专著、名著，专门习练陈式太极拳者读之，可以较快地了解本拳系的始末和概貌，掌握本拳系的技法诀窍。习练他式或兼练多式太极拳者读之，可以深化对太极拳共性特征和基本法则的认识，还可借此找出陈式太极拳与其他式太极拳架、理法的异同点，从而在保持太极拳基本要素的基础上去发展其他架势的个性特点。即使是其他武术拳种的传习者，乃至广大武术研究者和爱好者，也都可以“开卷有益”。首先，可以借助此书了解陈氏太极拳，吸取其中精华以丰富个人所学；其次，可以借鉴和仿效《陈氏太极拳图说》的编撰体例和表述方法，以完善自家之学；再次，还可以从武术整体的角度或某一拳种的角度对《陈氏太极拳图说》进行比较阅读，以获取更多的体悟，拓展更广的视野。

二、以精读取其精髓

精读，可以理解为反复仔细地阅读。通过精读，读懂、读通、读会，乃至得其精髓，举一反三。换句话说，要想读懂这部四卷本的名著，必须花时间、下工夫进行精读。要获取全书的精髓，必须精读全书。要想获取其中某一部分的精髓，必须对该部分进行精读。总之，要根据不同的读书目的，采取不同的精读方法。

最通常的精读方法，就是依原书的顺序一点点读。读懂一则，再读下一则；学会一势，再学下一势，逐步读完全书，悟通全书。

在泛读的基础上进行分类读，是精读的又一种方法。依笔者在前文对此书内容的分类来说，我们可以先集中学练拳架，按照书中对陈氏太极拳架六十四势的图说，逐步学会整套动作。随后，重读每势图说的技法理论，严明每势的技术标准，掌握同类动作的运动要领。然后，再集中阅读太极拳论文，从总体上运用太极拳理论去指导学习，深入实践。最后，阅读太极拳的相关文化知识及历史脉络，加深对太极拳理论和技术的理解。

在分类精读《陈氏太极拳图说》技理内容方面，顾留馨先生下了很多功夫，成绩卓著，堪称楷模。在沈家桢、顾留馨合著的《陈式太极拳·第五章陈式太极拳拳论》首段中写道："作者（顾留馨）素爱太极拳并穷究其理，故由他从几本书中分类摘录陈鑫的拳论，以便练拳时参考和揣摩。"

顾留馨把陈鑫论述太极拳运动对身体各部姿势要求的语录归类为十九目。此十九目即：头、眼、耳、鼻与口、项、手、拳、腹、腰、脊与背、裆与臀、足、骨节十三目，加上顶、肩、肘、胸、胯、膝六目。

顾留馨把陈鑫论述太极拳运动原理的拳论归类为十三类别。此十三类名为：心静身正，以意运动；开合虚实，呼吸自然；轻灵圆转，中气贯足；缠绕运动，舒畅经络；上下相随，内外相合；着着贯串，势势相承；虚领顶劲，气沉丹田；含胸拔背，沉肩坠肘；运柔成刚，刚柔相济；先慢后快，快而复慢；窜奔跳跃，忽上忽下；刚柔俱混，一片神行；培养本元，勤学苦练。

顾留馨还把陈鑫论述太极拳擖手（推手）的拳论归类汇编为：擖手论、集录、擖手十六目、擖手三十六病、掤攦歌诀两首。

顾留馨先生这种分类集录，分类揣摩的精读方法，很值得我们学习。

在泛读的基础上，结合自己的习拳进度和在练拳实践中遇到的问题，选取相应的内容进行细读，也是精读过程中的重要方法。这样读，有的放矢，常能从书中获得解决问题的方法和启示，收到立竿见影的效果。

三、以研读拓展学问

研读，可以理解为以研究的态度进行阅读。如果说泛读和精读是立足于“信书”，着眼于“接纳书”。那么，研读则是在“信书”和“接纳书”的基础上，立足于“疑书”，着眼于“发展书”。所谓“疑书”和“发展书”，可以分两方面来说：一是对已被我们“接纳”的知识存“疑”，疑其是否正确。于是，带着这个“疑”去接受实践检验，比较同类知识，若所获知识经得住验证，而且出类拔萃，我们就应宣传、推广，从而“发展书”。二是对书中不明确的问题、有待深入的问题、有异议的问题存“疑”，带着这些“疑”去研究答案，找出答案来“发展书”。这一疑、一答，有如一问、一学。问得多了，学到的也就多了，学问也就拓展了。可以说，研读是一种开放式的阅读方法。

笔者对《陈氏太极拳图说》的研读，还刚刚起步。谨从问学所得中摘出几点与宏观把握此书价值有关的粗知，与同仁们交流；也提出一些有待研究的问题，与有志于斯的同仁们一道关注，携手攻关。

研读问题一：为什么在陈鑫著《陈氏太极拳图说》书末，附录有《杜育万述蒋发受山西师传歌诀》？

据查询，获得有助释疑的信息有四：

其一，杜育万（1869—1938 年），名元化，河南沁阳人。1905 年（清光绪三十一年）至 1910 年间聘温县西新庄任长春为师，学练太极拳。1931 年后，杜育万在河南开封以教太极拳为业。1935 年 5 月，署名杜元化编述的《太极拳正宗》成稿。杜在《太极拳正宗·太极拳溯始》中说：“先师蒋老夫子……学拳于山西太原省太谷县王老夫子讳林桢。”这么说，《杜育万述蒋发受山西师传歌诀》中的“山西师”即“王林桢”了。

其二，据 1915 年出版的《中州文献辑志》和《中州先哲传·义行·陈仲甡》记载，在陈家沟陈氏拳道传习者中，“陈仲甡技称最”，“……传其学者曰陈花梅、曰陈耕耘、曰陈复元、曰陈峰聚、曰陈同、曰李景延、曰任长春，然皆不及陈仲甡。”陈仲甡是《陈氏太极拳图说》作者陈鑫的父亲。依此，杜元化（育万）从任长春学的拳，应是陈氏太极拳。

其三，1933 年开封开明书局出版《陈氏太极拳图说》时，作者陈鑫（1849—1929 年）已逝世四年。据参订者陈绍栋述（陈东山整理）：在陈椿元等参与《陈氏太极拳图说》的编辑者和参订者离开封回温县陈家沟之际，当时在开封教拳的杜育万，私自以订补者的名义将《杜育万述蒋发受山西师传歌诀》一文附于陈鑫著作之末。这说明《杜育万述蒋发受山西师传歌诀》一文，既与原著无关，也与原著的作者和编辑者及参订者无关。

其四，1937 年 4 月正中书局同时出版了徐震（字哲东，1898—1967 年）的专著《太极拳谱理董辨伪合编》和《太极拳考信录》两部书。

这位任职南京中央大学国学教授、在太极拳史考证方面成绩显著的研究者，在《太极拳谱辨伪·辨杜育万述蒋发受山西师传歌诀》中写道："辩曰：此文见陈鑫品三所著陈氏太极拳图说附录之末。除首四句四言韵语，及后四句七言韵语外，余皆取武禹襄文。其为杨氏拳谱流传后所伪造成者的然无疑。"

徐震还在《太极拳考信录·卷中·正杜武之误第十八》中写道："陈鑫所著太极拳图说，末附杜育万补入歌诀一篇。谓述蒋发受山西师传者，即武（禹襄）氏所撰'一举动周身俱要轻灵'一篇。惟将此篇分为四节，每节摄以七言一句。其前总以四言韵语云：'筋骨要松，皮毛要攻，节节贯串，虚灵在中。'吾尝问陈子明，子明曰：'此杨氏之学大行，学者转袭彼说，又附益之，非陈氏所本有。杜育万乃今人，未尝深究其源也。'陈君此言甚是。此文明明为武禹襄所撰，吾前既备列证据矣，谓蒋发受山西师传，显然诬妄。”

至此，“研读问题一”似乎搞清楚了。笔者以为，还有需要深入研究的问题。例如，杜育万说此歌诀传自山西王林桢，可在杜育万（元化）于1935年编述《太极拳正宗》之前，从未听说山西“王林桢”一名。近年，有人说山西王林桢，就是山右王宗岳。也曾有人说，山右王宗岳就是明代内家拳传人西安王宗。究竟王林桢是不是王宗岳？王宗岳是不是王宗？是否确有王宗岳其人？都是有待研究的问题。

研读问题二：依徐震考，杜育万所谓受山西师传歌诀的基本内容，抄自武禹襄。那么，武禹襄的太极拳与陈氏太极拳是什么关系？陈氏太极拳与其他各式太极拳又是什么关系呢？

在笔者查阅的有关文献中，积极支持出版《陈氏太极拳图说》的首席助刊者陈泮岭先生（1891—1967年）于1963年著刊的《太极拳教材》一书颇值一读。

陈泮岭先生，河南西平（华）人。自幼好武，早在1920年就在河南开封发起创办“青年改进俱乐部”，提倡武术。随后，担任首任河南省国术馆馆长；继而，受聘为南京中央国术馆副馆长；并于1940年至1944年出任民国政府“教育部及军训部国术编审委员会”主任，组织编辑国术教材。这位自析一生精力为“二分水利，一分党务，二分教育，五分国术”的陈泮岭先生，在其晚年著刊的《太极拳教材·自序》中写道：

余自幼从先父习少林。民初，从李存义及刘彩臣两先生习形意；

从佟联吉、程海亭两先生习八卦；从吴鉴泉、杨少侯、纪子修、许禹生诸先生习太极。民国十六七年间，复至河南温县陈家沟，研究陈家太极拳。

太极拳之盛行于国内者，有杨家、吴家、武家、郝家。而吴家之太极，出于杨家；郝家之太极，出于武家；而杨家与武家之太极，皆由河南温县陈家沟所传授，故陈家沟实为近代太极拳之策源地。

他在该书《太极拳教材·总论》部分再一次强调：

现在之太极拳，皆出于杨家、吴家、武家、郝家。郝家出于武家，吴家出于杨家；而杨家与武家，又出于陈家。可以说现在所研练的太极拳，皆系由河南温县陈家沟所传授；但陈家沟太极拳又是传自何人？尚难找出确实证据。

……

太极拳之源流，在今日难以稽考，唯其传自陈家沟，则为今日练太极拳人士之所共知公认者也。

笔者从陈泮岭先生关于太极拳源流考察的结语中，既看到了“研读问题二”的简明答案，也看到了作者尊重“共知公认”、注重“确实证据”的治学态度，还看到了作者“引而不发”留给读者去思考、去研究的问题。

顺陈先生的文义去思考，“陈家沟太极拳又是传自何人？尚难找出确实证据。”似乎可以理解为：“尚难找出确实证据”证明太极拳不传自陈家沟。那么，就应该以“唯其（太极拳）传自陈家沟，则为今日练太极拳人士之所共知公认者也”为共识，加强太极拳界的团结，在齐心推动太极拳整体发展的同时，共同提高，一道前进。

将陈先生的考察结果放到太极拳研究的大环境中去思考，唐豪先生（1897—1959 年）关于太极拳起源的考证结果比陈先生进了一步。唐豪在没有“确实证据”证明太极拳不传自陈家沟的前提下，综合实地考察、文献考辨和拳技研究获得的考据，把“传自”定位到了“源自”的高度。这位将一生献给中国武术史学研究的拓荒者，在 1930 年时提出了太极拳源自陈家沟的考证结论，并明确指出“太极拳创始于陈王廷”。至 1964 年，人民体育出版社出版发行了顾留馨完稿的《太极拳研究》一书。此书于 1992 年经中国武术协会审定，纳入《中华武术文库》“理论部”。书中《第一章太极拳的起源和发展简史》再次论证了唐豪 1930 年时的考证结论。

学术研究是没有止境的。后学者应该借助前人的研究成果，在前人研究成果的基础上深入研究，才可能有所发现，有所建树，推动武术的科学化进程。质疑前人的研究成果，同样是在前人研究成果的基础上深入研究的一种方法。陈泮岭先生所谓“找出确实证据”，是质疑的基础。能找得前人未能掌握或未予以重视的“确实证据”本身，就是发现。不论以之质疑原有成果的总体结论，还是枝节问题，都有助于学术发展和学科完善，关键是“找出确实证据”。

研读问题三：一本书的优劣与作者的素养和写作目的有关。《陈氏太极拳图说》的作者陈鑫，在太极拳方面的造诣和写作目的如何呢？

《陈氏太极拳图说》原著者陈鑫，字品三，出生于以家传太极拳著名的河南温县陈家沟陈氏族中。其祖父陈有恒、叔祖陈有本，皆善拳技。其父陈仲甡（后经众议，易名“英义”），兼得有恒和有本传，在当时“技称最”，咸丰、同治年间，曾多次在冷兵争锋中显技。有记载述陈鑫在同治六年时亦曾随父参战，胜归。上述详情，在《中州文献辑志》《中州先哲传》和李棠阶《李文清公日记》中均有记载。

陈鑫在《自序》中说：生长在这样的环境中，“少小侍侧，耳闻目见，熏蒸日久。窃于是艺管窥一斑。虽未通法华三昧，而于是艺仅得枝叶。其中妙理循环，亦时觉有趣。”在陈鑫的这几句谦语中，我们可以看到陈鑫从小就随父亲练太极拳，不仅掌握了技艺，而且悟到了“其中妙理”。

陈鑫在撰写《陈氏太极拳图说》时，并未局限于个人所学所悟。他还充分利用“耳闻目见”的陈氏族人练拳经验和多种拳谱，作为写作的素材。

陈氏族人陈绩甫在《陈氏太极拳汇宗·自序》中说：“余从祖品三公，系清贡生，得英义先生亲传，造诣精邃。汇集先世历传拳学真诠，详加稽考，益以己意，编真诠四卷，并武术杂技附本。”

南阳张嘉谋《温县陈君墓铭》刻石云：“君，英义季子也。讳鑫，字品三，廪贡生。承其先志，服膺拳经，综绘群谱，根极于易。”

杜严《陈氏太极拳图说序》说：“品三陈先生，英义先生之哲嗣，夙精拳术，又深学理，积数十年之心得，著《太极拳图说》一书。己巳初夏，策杖过余，须鬓飘然，年已八十有一矣。以弁言属余，其于拳术之屈伸开合，即阴阳阖闭之理，反复申明，不厌求详。可谓发前人所未发。”

陈鑫著《陈氏太极拳图说》时“反复申明，不厌求详”，与他的写作目的有关。从该书的序言中，我们看到其目的有二。

其一，恐失家学，为族人而写。

陈鑫在《自序》中说：“说中所言，吾不知于前人立法之意，有合万一与否，而要于先大人六十年之攻苦，庶不至湮没不彰也，亦不至以祖宗十六世之家传，至我身而断绝也。……是书传之于家则可，传之于世恐贻方家之一笑。”

郑济川《太极拳法序》云：“我友陈兄品三，英义先生之哲嗣也，承英义先生之家学，谓先大人六十年汗血辛劬独辟精诣，而鑫以二十年继述，心摹手绘，订为四卷，载在陈氏家乘。今特拔出，另成一部，诚恐久而湮没。”（见《陈氏太极拳汇宗》）

《家乘》原本是写给本族人看的。将拳谱“载在陈氏家乘”，其写作初衷已很明确。

其二，恐乱了技术标准，为保持“真传”而写。

陈鑫在《自序》中说：“余今者既恐时序迁流，迫不及待；又恐分门别户，失我真传。”

出于上述两点，陈鑫“课读余暇，急力显微阐幽，纤悉毕陈。自光绪戊申（1908 年）以至民国己未（1919 年），十有二年，其书始成。又急缮写简册，虽六月盛暑不敢懈也。”（见《陈氏太极拳图说·自序》）。陈鑫在书成后，抄写了多册。从不同时期、不同作者为陈鑫题写的序言中，已见到不同书名的稿本有《太极拳真铨》四卷、《太极拳图谱》四卷、《太极拳图画讲义》四卷、《太极拳图说》四卷

（参阅陈绩甫《陈氏太极拳汇宗》和陈鑫《陈氏太极拳图说》）。《陈氏太极拳图说》一名，是陈鑫原著于1933年正式出版时才由后人议定的。

就这些书名而言，也有一个值得研究的问题：为什么20世纪初年，陈鑫原著各稿书名前均无“陈氏”二字，进入20世纪30年代的1933年，后人才在其书名前加上“陈氏”二字付印出版？

鉴于篇幅和时间，这一问题和其他相关问题就不再一一剖析了。

谨从上述引证材料，已足以让我们明白，《陈氏太极拳图说》全面总结了陈氏数代积累的太极拳传承实录和实践心得，是陈鑫一生心血的结晶。不论从陈氏太极拳在整个太极拳发展中的作用，陈鑫的武术阅历、写作目的与功苦，还是从该书展示出的拳理、拳技和揭示出的陈氏不传之秘去推敲，这部书都称得上是一部值得泛读、精读、研读，乃至值得必读和收藏的拳经。

康戈武

2004年中秋日于北京

序二

陈氏拳学，其形，肇兴于温县陈家沟；其理，渊则于易。冥合阴阳，参同造化，随其自然之性。《易》曰："太极者，阴阳也。一阴一阳谓之道。"阴阳者，两仪也。于拳学而言，两仪者，长短、高下、轻重、缓急、进退、刚柔、虚实，蓄放之谓也。两仪交归，中正均整，不偏不倚，抱守其中，合乎阴阳之理，因名"太极拳"。

我生于闽南，源流宛[1]陈，父名永清，因由家学，自幼酷爱武学，中学时秉承家教，习练南少林拳法，兼学杨式太极拳、鹤拳及十二路谭腿。1988 年披剃后，因恩师妙湛老和尚因缘，得以亲近时在厦门南普陀寺及闽南佛学院传授陈氏太极拳小架拳术的陈万义（陈氏十八世）先生，搜寻源流，蹑迹宗范。

自此，每于禅思静虑之余，怀抱阴阳，凝神掌握，吐纳山川之秀，体察转折之妙，融禅法"不着意"之理而入拳学。十载之间，宁无辍日，方得其门径，晓其拳理：一切运动，实乃定型间架在时空中之延伸，即所有走架皆由"始""终"之中间环节联系而成，此一联系最终构成动态之运动，运动即是个人之精神活动外化为肢体语言在时空中之表达，一掤一捋、一挤一按，无非心使。因由此理，陈氏拳学，绝不在于一拳一脚、一蓄一放之是否美观，亦不在于长短、高下、轻重、缓急之是否合理，一切皆当遵循“恰当”原则——形体服从于精神，精神服从于需要。而运动节奏之舒缓，只是过程与手段，修正其运动轨迹，体察自身对运动之把握，而非为运动所控制。至于整体，协调局部；局部无动，整体已变，非也。故，陈鑫曰“拳法自然”。

1998年，我自鹭岛飞锡终南，发愿重兴律宗祖庭。因事冗务杂，举措万端，不得不息心诸艺，潜形于寺院架构。

今秋，出席西安陈氏太极拳小架学会纪念会，得遇陈伯祥、陈东山、陈晓龙诸师。会间应邀演练小架，得诸老拳师“行云流水，原汁原味”谬赞。之后，陈鑫宗师后人陈东山先生多次上山，以陈鑫《陈氏太极拳图说》及《太极拳图画讲义》相赠，并嘱为即将在京付梓之《陈鑫陈氏太极拳图说》做序。

陈氏太极拳，微妙精深。《陈氏太极拳图说》阐微显旨，意蕴婆娑，纳诸枕袖，斟酌参详，能收纠偏补过之功。我虽守正传，唯功行日浅，体用未洽，不免赘疣冰肌，贻笑大方。然赞叹先贤之心不减，鼓舞后学之愿恳切。聊述数语，以彰来者，因勉以为序！

终南住山佬　本如谨序

时在丙申冬月

注 释

① 笔者为陈家源流，后因父亲陈永清被疑为国民党海军司令桂永清，“文化大革命”间家被抄，人亦被斗，父亲将笔者送给他的好友养大，故“宛”有曲折之意。

自序

星移斗转，光阴飞逝。

《陈氏太极拳图说》是在先曾祖陈鑫品三公（1849—1929 年）所著《太极拳图画讲义》的基础上，由叔祖陈雪元（1865—1943 年）、陈椿元（1877—1949 年）、先姑母陈淑贞（1898—1944 年）、先伯父陈金鳌（1900—1971 年）、先大人陈绍栋（1901—1995 年）等人，历经三年重新整理、修订、补写而成。回想该书自创作至出版，艰辛曲折的历程，不禁心潮难平，思绪万千。

陈氏太极拳创编至今，历经三个里程碑式的发展。第一个里程碑：明末清初陈王廷（1600—1680 年）在家传拳术的基础上历经 40 年，创编了五套拳、五套捶及双人擖手（推手）等套路。第二个里程碑：文武庠生陈有本（1780—1858 年）将原有的五套拳归纳为一路拳（以柔为主），五套捶归纳为一路（称二路，也称炮捶，以刚为主）。发展到清末民初陈鑫时期，时人将陈长兴及其后人所传拳法称为大圈（也称大架）；陈有本及其后人陈清平、陈仲甡、陈季甡、陈鑫等所传拳法称为小圈（也称小架）。第三个里程碑：陈鑫将易学理论与拳法实践相结合，以著书立说为主要标志，历经 13 年总结太极拳理法，以易理说拳理，以意行气，以气催形，首次提出“中气即内精”的论点，精微深奥；并明确指出，陈氏太极拳是以顺其自然、螺旋缠绕的“缠丝精”为主要特征，明确定义了太极拳的性质，即刚柔并济，阴阳互为其根。时人称此为陈鑫太极拳法。

原著者陈鑫去世四年之后，在当时中央国术馆总编辑唐豪先生、河南省国术馆馆长陈泮岭先生的关注、推动、帮助下，《陈氏太极拳图说》这一巨著由开封开明书局首次公开出版发行。该书首次面世即轰动华夏，武林同道奔走相告，争相购买。得到者如获珍宝，无不欢欣鼓舞，可谓一书在手，终身受益。未能得到者，相互转借，灯下抄绘。时人称该书“举六百年来，陈氏历代名贤苦心研究之成果，慨然笔之于书而无所隐，一洗家传绝学守秘不传之故习，国术届又开一引人入胜之大道矣”。

《陈氏太极拳图说》的“原著者”“编辑者”“参订者”均身处清末民初，所用的文体，为无标点的繁体字、文言文，且有方言俚语，太极拳学者不便阅读和理解。随着时代变迁，社会进步，养生、健体运动成为趋势，为了广大的太极拳爱好者更好地阅读、理解、研究陈氏家传绝学，2004 年将 1933 年开封开明书局原版线装四册，影印合订为一册。又于 2006 年对原版进行断句点校，改竖排版为横排版，改繁体字为简体字，由山西科学技术出版社出版，同时删去原版本之末“杜育万述蒋发受山西师传歌诀”与陈鑫原著无关的内容（详见卷三文尾陈东山撰写的《杜育万附文经过》）。

本次校注的《陈氏太极拳图说》与陈鑫原著《太极拳图画讲义》在文字表述上有多处不同，特举两例：

1. 自序的差别。虽内容大致相同，但两书语句、落款时间、写作地点存在明显差别。前者为“民国八年岁次己未九月九日，书于木栾店训蒙学舍陈鑫序”。民国八年为1919年，木栾店位于温县城东50里，即今武陟县。后者为“前清光绪三十四年初创太极拳草稿，书于孟邑养蒙书馆，陈鑫谨志”。光绪三十四年为1908年，孟邑位于温县城西50里，即今孟州市。

2. 描述的差别。陈鑫在《太极拳图画讲义》的“太极拳规矩”中论述“身、心、理、气、意、志、情、景、神”，特别注明“自身至神九则皆品三作”。而陈椿元等人在《太极拳图说》中称“太极拳著解”，除修订、补充上述九则内容之外，还增加了对“恒、着、附中气辩、化”的论述。两相对照，虽意思大同小异，但论述的角度和语言风格有较大的区别。

《陈氏太极拳图说》1933年出版时遭遇战乱与灾荒，未能满足社会与读者的渴求。20世纪60至80年代，先后有台湾、上海、陕西、山西等多地多家出版社自行影印出版这部著作。为保护知识产权，该书“参订者”家父陈绍栋老先生与本人曾多方奔走努力，其中不乏诉讼之争。1993年，经国家出版署、陕西省版权局及司法机关依据《中华人民共和国著作权法》裁定该书为合作作品，明确“原著者”“编辑者”“参订者”三代人共同享有本书的著作权。

从2006年简体版付印以来，经十年不断努力，特别是哲学教授杜修鸿、好友张庆锡、学生黎紫翔等众多拳友，以及族叔陈晓龙、胞侄陈向武、侄孙陈麟，对该书进行反复讨论与研究，并根据学习与感悟再次进行校对注解。国家体育总局原武术运动管理中心科研部部长、中国武术研究院研究员康戈武教授为2004年《陈氏太极拳图说》再版所写的序文——《三读〈陈氏太极拳图说〉》，指出要“泛读、精读、研读”，对读者研习拳史、拳理、拳法具有很好的指导作用，本次出版收编入书。北京科学技术出版社王跃平为出版发行本书付出了很大的心血。在这里，我要特别对杜修鸿教授致以崇高的谢意！我和杜修鸿教授于 1994 年相识，相处期间，杜教授对我学习理解陈鑫原著易理部分给予极大的帮助，同时共同撰写了多篇有关论文。本次重新点校、注解此书，杜修鸿教授特为此写了导读，又从哲学的角度对该书卷首的“无极图”“太极图”进行分析，对书中“取象”部分给予宏观指导。在此，我对为本书出版做出贡献的各位领导、专家和同仁表示衷心的感谢！

《陈氏太极拳图说》易理拳理，阐显幽微，理精法密，世代相传；拳法自然，大道至简，螺旋缠绕，随机应变；深入浅出，尽人可学，强身健体，妙不可言。为了满足读者需求，使陈鑫家传绝学悉正背谬、不流偏倚，广播于世，特采用“原著者”陈鑫之玄孙、“编辑者”陈椿元之曾孙、“参订者”陈绍栋之孙陈向武拳姿影像为教材，以示规范。相信该书的出版必将对太极拳的普及和发展起到巨大的推动作用，为人类健康事业做出更大的贡献。这也是我们对太极拳先哲们的最好纪念。

由于本人才疏学浅，在理解、断句、点校上难免有误，不当之处，还敬请各位贤达批评指正。

陈氏十九世陈东山

岁次丙申庚子月于北京

陳氏太極拳圖說

卷首

褚民誼題

陳氏太極拳圖說

許鈞署

太極拳譜題詞

陳泮嶺

天地元始　無極太極　太極賦物　各一太極
人而體天　原本返始　精氣與神　合爲一理
至大至剛　可塞天地　其玄莫測　其勇無比
吾宗溫人　天縱英義　實闢拳宗　悉本太極
其嗣昌之　推闡以易　盡人可學　內外一致
愚耽國術　所見多矣　功用之神　莫若此極
潛玩力追　默識厥旨　知其不誣　可標一幟
喜其書成　用識數語　以誌欽仰　以勗同志

訂補陳氏太極拳圖說目錄

太極拳勢卷二

太極拳勢卷三

前昭
野馬分鬃
玉女穿梭
單鞭
擺脚
金鷄獨立
珍珠倒捲簾
摟膝拗步
演手捶
單鞭
高探馬
指裆捶

後昭
單鞭
攬擦衣
第二左右雲手
一堂蛇一名跌岔
朝天鐙
白鵝亮翅
閃通背
攬擦衣
左右雲手
十字脚一名十字靠
青龍出水

陳氏太極拳圖說序

拳法者古兵家之支流漢書藝文志所謂技巧者是也志列手搏六篇蹵鞠二十五篇劍道三十八篇其書不傳未知所言覩今拳法何如然其習手足便器械積機關以立攻守之勝安見今必異於古所云耶溫縣陳溝陳氏世以拳名河南咸豐三年粵寇李開方以十萬衆自鞏渡河屯溫南河灘柳林中時李文清公方家居用民團擊之團衆率烏合嘗敵即敗走陳英義先生仲甡與弟季甡直入陣誘其酋楊輔清陷溝中以單手出槍斃之楊輔清者寇中號大頭王以善攻城名由是奪氣遂移衆西去至今父老談英義柳林殺敵事猶眉飛色舞口角流沫津津不置大河南北言拳法者必曰陳溝陳氏云歲乙卯吾徵中州文獻得陳氏家乘既采其事列義行傳越辛酉英義哲嗣品三介吾友王子偉臣以所述家傳太極拳圖說四卷索序讀其書以易爲經以禮爲緯出入於黃老而一貫之以敬內外交養深有合於儒家身心性命之學不徒以進退擊刺陽開陰闔示變化無窮之妙如古兵家所言蓋技也進

乎道矣自火器日出殺人之具益工匹夫手持寸鐵狙擊人於數里之外當者輒靡拳法與遇頓失功能淺識者遂以爲無用棄而去之其術至今遽不振夫拳法用以禦侮制敵特卄粗迹耳而乃因其粗之稍絀遂廢其精者於以歎吾國民輕棄所長日失其故步爲可傷也向使我中華人人演習衛身衛國無在不有益也夫中華民國十年小陽月衛輝汲人敏修李時燦識

陳氏太極拳圖說序

天地之道陰陽而已人身亦然顧人身之陰陽往往不得其平則血氣滯而疾病生故鍊氣之術尚焉中國拳術流傳已久然皆習爲武技其中精義曹然不講卽有略知一二者或珍秘不以示人殊爲憾事品三陳先生英義先生之哲嗣夙精拳術又深學理積數十年之心得著太極拳圖說一書己巳初夏策杖過余鬚髮飄然年已八十有一矣以弁言屬余受而讀之其於拳術之屈伸開合卽陰陽闔闢之理反覆申明不厭求詳可謂發前人所未發方今提倡國術設館教士若得此書以資講授將見事半功倍一日千里其裨益豈淺鮮哉先生此書拳術骨肉停勻蓋卽動靜交相養陰陽得其平之精義也余學植淺薄未能窺測奧妙謹杼管見待質諸高明中華民國十八年五月杜嚴敬識

自序

古人云莫爲之前雖美而弗彰莫爲之後雖盛而弗傳此傳與受之兩相資者也我陳氏自陳國支流山左派衍河南始於河內而卜居繼於蘇封而定宅明洪武七年始祖諱卜耕讀之餘而以陰陽開合運轉周身者教子孫以消化飲食之法理根太極故名曰太極拳傳十三世至我曾祖諱公兆文兼武備再傳至我祖諱有恆與我叔祖諱有本我叔祖學業湛深屢薦未中終成廩貢技藝精美出類拔萃天下智勇未有尙之者也於是以拳術傳之我先大人諱仲甡與我先叔大人諱季甡我先大人與我先叔大人同乳而生兄弟齊名終身無怠詣臻神化倘非有先達傳之於前雖有後生安能述之於後也我先大人命我先兄諱垚習武命愚習文習武者武有可觀習文者文無所就是誠予之罪也夫所可幸者少小侍側耳聞目見薰蒸日久竊於是藝管窺一斑雖未通法華三昧而於是藝僅得枝葉其中妙理循環亦時覺有趣迄今老大巳七十有餘矣苟不即吾之一知半解傳述於後不且又加一辜哉愚今者既恐

時序遷流迫不及待又恐分門別戶失我眞傳所以課讀餘暇急力顯微闡幽纖悉畢陳自光緒戊申以至民國己未十有二年其書始成又急繕寫簡册雖六月盛暑不敢懈也說中所言吾不知於前人立法之意有合萬一與否而要於先大人六十年之攻苦庶不至淹沒不彰也亦不至以祖宗十六世之家傳至我身而斷絕也愚無學問語言之間不能道以風雅而第以淺言俗語聊寫大意人苟不以齊東野語唾而棄之則由升堂以至入室上可爲國家禦賊寇下可爲筋骨強精神庶寶塔圓光世世相傳於弗替豈不善哉是書傳之於家則可傳之於世恐貽方家之一笑民國八年歲次己未九月九日書於木欒店訓蒙學舍陳鑫序

陳氏太極拳圖說凡例

一　學太極拳不可不敬不敬則外慢師友內慢身體心不斂束如何能學藝

一　學太極拳不可狂狂則生事不但手不可狂卽言亦不可狂外面形迹必帶儒雅風氣不然狂於外必失於中

一　學太極拳不可滿滿則招損俗語云天外還有天能謙則虛心受敎人豈不樂告之以善哉積衆以爲善善斯大矣

一　學太極拳着着當細心揣摩一着不揣摩則此勢機致情理終於茫昧卽承上起下處尤當留心此處不留心則來脈不眞轉關亦不靈動一着自成一着不能自始至終一氣貫通矣不能一氣貫通則與太和元氣終難問津

一　學太極拳先學讀書書理明白學拳自然容易

一　學太極拳學陰陽開合而已吾身中自有本然之陰陽開合非敎者所能加損也復其本然敎者卽止（敎者敎以規矩卽大中至正之理）

一 是書尚未付梓或有差字或有漏字或有錯字未經查明閱者當改正勿吝

一 太極拳雖無大用處然當今之世列國爭雄若無武藝何以保存惟取是書演而習之於陸軍步伐止齊之法不無小補我國苟人人演習或遇交手仗敵雖强盛其奈我何是亦保存國體之一道也有心者勿以芻蕘之言棄之

一 學太極拳不可借以爲盜竊搶奪之資奸情採花之用如借以搶奪採花是天奪之魄鬼神弗佑而況人乎天下孰能容之

一 學太極拳不可凌厲欺壓人一凌厲欺壓即犯衆惡罪之魁也

太極拳圖說卷首

溫縣陳　鑫品三述

无圖

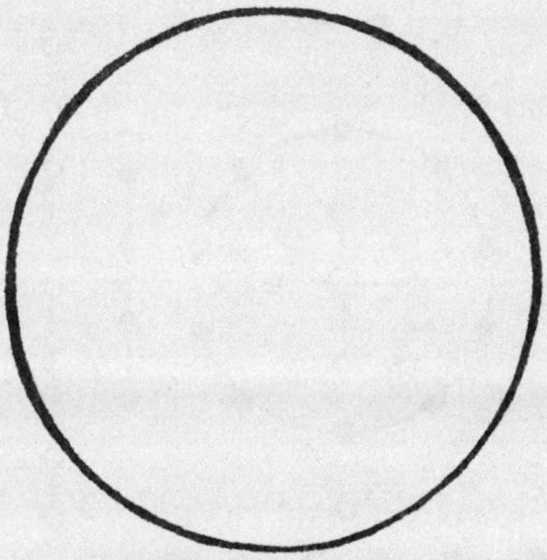

太極圖

以上二圖說列后卷一之起首

河圖

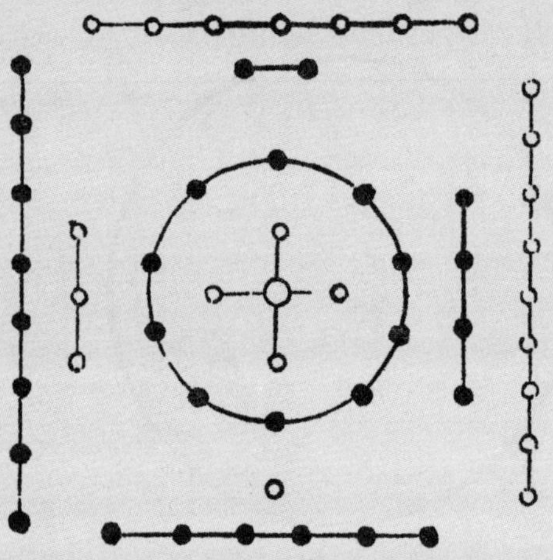

易曰天一地二天三地四天五地六天七地八天九地十天數五一三五七九地數五二四六八十五位相得而各有合一得六爲水二得七爲火三得八爲木四得九爲金五得十爲土一得四二得三爲五六得九七得八五得十爲十五一合九二合八三合七四合六爲十天合一三五七九爲二十五地合二四六八十爲三十凡天地之數五十有五此所以成變化而行鬼神也

洛書

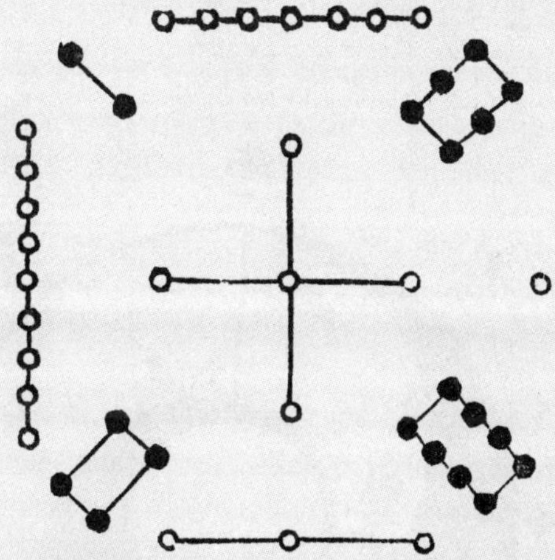

洛書四十五數一三七九奇數居四正天地水火也二四六八偶數居四隅雷風山澤也五居中爲皇極即太極也縱横斜正數之皆得十五以符八節内含勾三股四弦五者八隱寓矩方合成河圖規圓凡太極拳之周旋曲折皆依爲法而莫能外

伏羲八卦方位

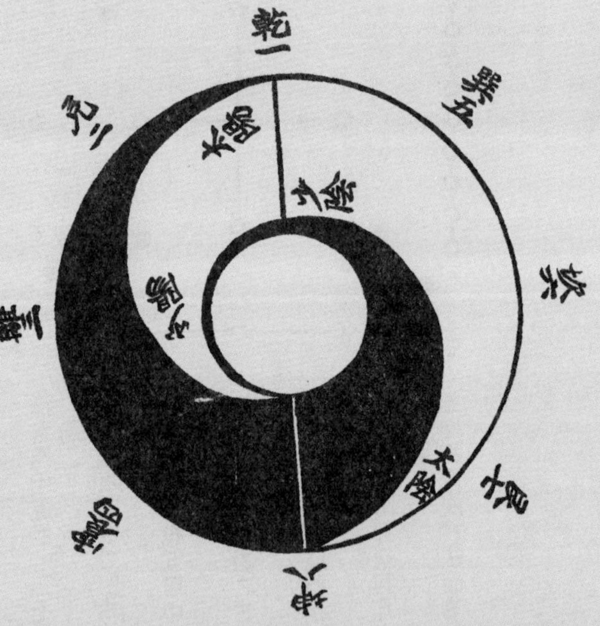
乾一
兌二
離三
震四
巽五
坎六
艮七
坤八
太陽
少陰
少陽
太陰

詳說列后

文王八卦方位

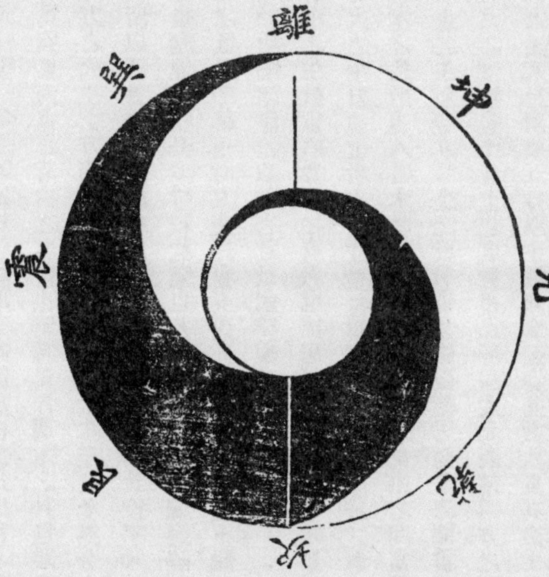

諸儒因邵子解文王之卦皆依邵子之說通說穿鑿了文王之方位本明而解之者反晦也殊不知文王之解已明矣帝出乎震一節是也又何必別解哉朱子乃以文王八卦不可曉處甚多不知何說也

蓋文王以伏羲之卦恐人難曉難以致用故就一年春夏秋冬方位卦所屬木火土金水相生之序而列也今以孔子說卦解之於後 來註

帝者天一也一年之氣始於春故出乎震震動也故以出言之齊乎巽巽者入也時當入乎夏矣故曰巽巽東南也言萬物之潔齊也蓋震巽皆屬木之卦也離者麗也故相見乎離坤者地也土也南方之火生土方能生金故坤艮之土界木水于東北界金火於西南土居乎中寄旺四季萬物之所以致養也所以成終成始也坤順也安得不致役乎坤兌悅也萬物於此而成所以悅也乾健也剛健之物必多爭戰坎陷也凡物升於上者必安逸陷於下者必勞苦故勞乎坎艮止也一年之氣於冬終止而又交於春矣蓋孔子釋卦多從理上說役字生於坤順戰字生於乾剛勞字生於坎陷諸儒皆以辭害意故愈穿鑿矣

一者水之生數也六者水之成數也坎居於子當水生成之數故坎屬水

二者火之生數也七者火之成數也離居於午當火生成之數故離屬火

三者木之生數也八者木之成數也震居東巽居東南之間當天三地八之數故震巽屬木

四者金之生數也九者金之成數也兌居西乾居西北之間當地四天九之數故兌乾屬金

五者土之生數也十者土之成數也艮坤居東北西南四方之間當天地五十之中數故艮坤屬土以上論八卦所屬五行以生數月令云春其數八夏其數七秋其數九冬其數六以成數何以

天一生水地二生火天三生木地四生金此皆從卦上來天地二字卽陰陽二字蓋一陰一陽皆生于子午坎離之中陽則明陰則濁試以照物驗之陽明居坎之中陰濁在外故水能照物于內而不能照物于外陽明在離之外陰濁在內故火能照物于外而不能照物於內觀此陰陽生於坎離端的矣坎卦一陽居其中卽一陽生於子也故謂天一生水及水之盛必生木矣故天三又生木離卦一陰居其中卽一陰生於午也故謂地二生火及火之盛必生土而生金矣故地四又生金從坎自艮至震巽乃自北而東子丑寅卯辰巳也屬陽皆天之生至巳則天之陽極矣故至午而生陰從離至坤至兌乾乃自南而西午未申酉戌亥也屬陰皆地之生至亥則地之陰極矣故至子而生陽艮居東北之間故屬天生坤居西南之間故屬地生 來註

竊謂伏羲先天文王後天之說時代固難臆斷要其先天而天弗違後天而奉天時二語緊承上文合德合明合序合吉凶而來顯見是有先後兩層功夫必須合一方能獲效猶言人心道心識神慧神有知無知之類譬如學拳者以後天人心有知之識神習其姿勢規矩久練純熟而先天道心不知之慧神發矣是後天者可知之整數也先天者不可知之零數也卦象皆能表明之故乾南坤北者辨六陰六陽平分相對之理離南坎北者推參天兩地奇零不齊之數如乾對坤兌

對艮離對坎震對巽粗觀之平分方位似無所謂參差也然細測之實有參兩九六大月七小月五之各證焉就日之出入觀之春分秋分晝六時夜六時也就天之昏曉觀之日出前半時卽曉日入後半時方昏則晝七時夜五時矣就歲之子午觀之冬至夏至陽六月陰六月也就歲之陰陽觀之陽不生於子而生於亥故超乾於亥前位乎西北名十月爲小陽其以此歟陰不生於午而生於未故次坤於未後位乎西南就周天三百六十度觀之平分十二宮爲十二月之限每宮三十度整數也每月二十九日半零數也自子至午七閏月二百一十度加超亥六度適符乾策二百一十六自未至亥五閏月一百五十度減去乾超六度適符坤策一百四十四乾策得三箇七十二九箇二十四坤策得兩箇七十二六箇二十四故曰參天兩地而倚數示零數爲整數之眞根也零數者何太極也无極也拳術家創立纏絲精法默行乾坤不息之螺旋線其至命矣夫技藝云乎哉意有未盡者乾盈於南而息於西北坤盈於北而息於西南返本還原窮其始也離息於東而盈於南以代乾坎息於西而盈於北以代坤雖曰離上而坎下也其實皆進步上達也離之上達由雷震坎之上達由兌澤口中生液不亦說乎兌象也兌澤之降由巽風詩曰習習谷風以陰以雨雨澤也澤潤生民谷神不死矣震起之成始由於艮止之成終終則有始循環無端帝出乎震帝齊乎巽帝相見乎離帝役乎坤帝說言乎兌帝戰乎乾帝勞乎坎帝成言乎艮帝卽神也神也者妙萬物而爲言也言有八方而不拘方言有四時而不拘時先天後天一合相矣拳乎道乎有志者諒能識矣

太極生兩儀四象八卦圖

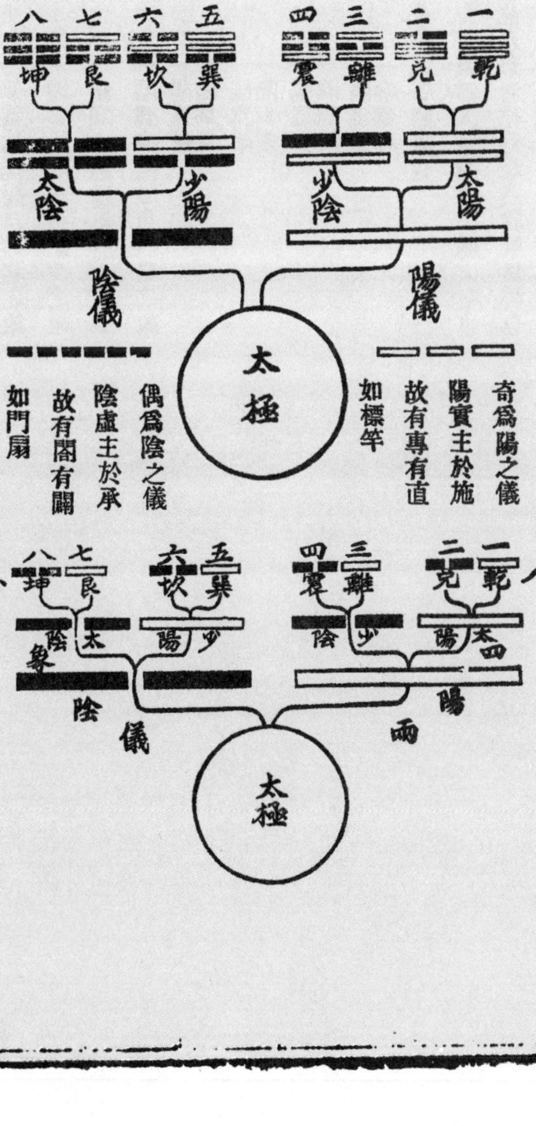
一 乾　二 兌　三 離　四 震　五 巽　六 坎　七 艮　八 坤
太陽　少陰　少陽　太陰
陽儀　陰儀
太極
奇爲陽之儀
陽實主於施
故有專有直
如標竿
偶爲陰之儀
陰虛主於承
故有闔有闢
如門扇
八卦
乾 兌 離 震 巽 坎 艮 坤
四象
太陽 少陰 少陽 太陰
兩儀
陽 陰
太極

伏羲只在一奇一偶上生出八卦又生出後聖許多文字如
一陽上加一陽爲太陽陽自然老之象
一陽上加一陰爲少陰陰自然少之象
一陰上加一陽爲少陽陽自然少之象
一陰上加一陰爲太陰陰自然老之象
太陽上加一陽爲乾一陰爲兑
少陰上加一陽爲離一陰爲震
少陽上加一陽爲巽一陰爲坎
太陰上加一陽爲艮一陰爲坤
太極生兩儀者陰陽也
兩儀生四象者太陽少陰少陽太陰也
四象生八卦者乾兑離震巽坎艮坤也

自然而然不假安排則所謂象者卦者皆儀也故天地間萬事萬物但有儀形者卽有定數存乎其中而人之一飲一啄一夭一壽皆毫釐不可逃者故聖人惟教人以貞以成大業

此三陽對三陰也故曰天地定位

此太陰對太陽於下一陽對一陰於上也故曰山澤通氣

此太陰對太陽於上一陽對一陰於下也故曰雷風相薄

此少陽對少陰於下一陰對一陽於上也故曰水火不相射來註

八卦相合數

一	二	三	四	五	六	七	八
乾	兌	離	震	巽	坎	艮	坤

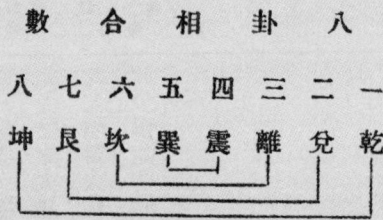

天一地八乃天地自然之數也乾始于一坤終于八今兌二艮七亦一八也離三坎六亦一八也震四巽五亦一八也八卦皆本於乾坤於此可見故曰乾坤其易之門耶乾坤毁則無以見易一部易經乾坤二字盡之

伏羲之卦起於畫故其法皆以畫論之若宋儒謂天位乎上地位乎下日生於東月生於西山鎮西北澤注東南風起西南雷震東北則謂其合天地之造化不以數論也

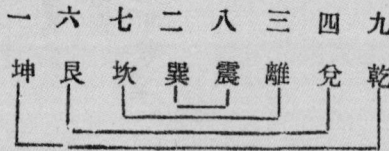

九	四	三	八	二	七	六	一
乾	兌	離	震	巽	坎	艮	坤

上圖用八卦次序數相合得九此圖用八卦配洛書數相合得十術學家分用各有取義拳學家合用無甚分別

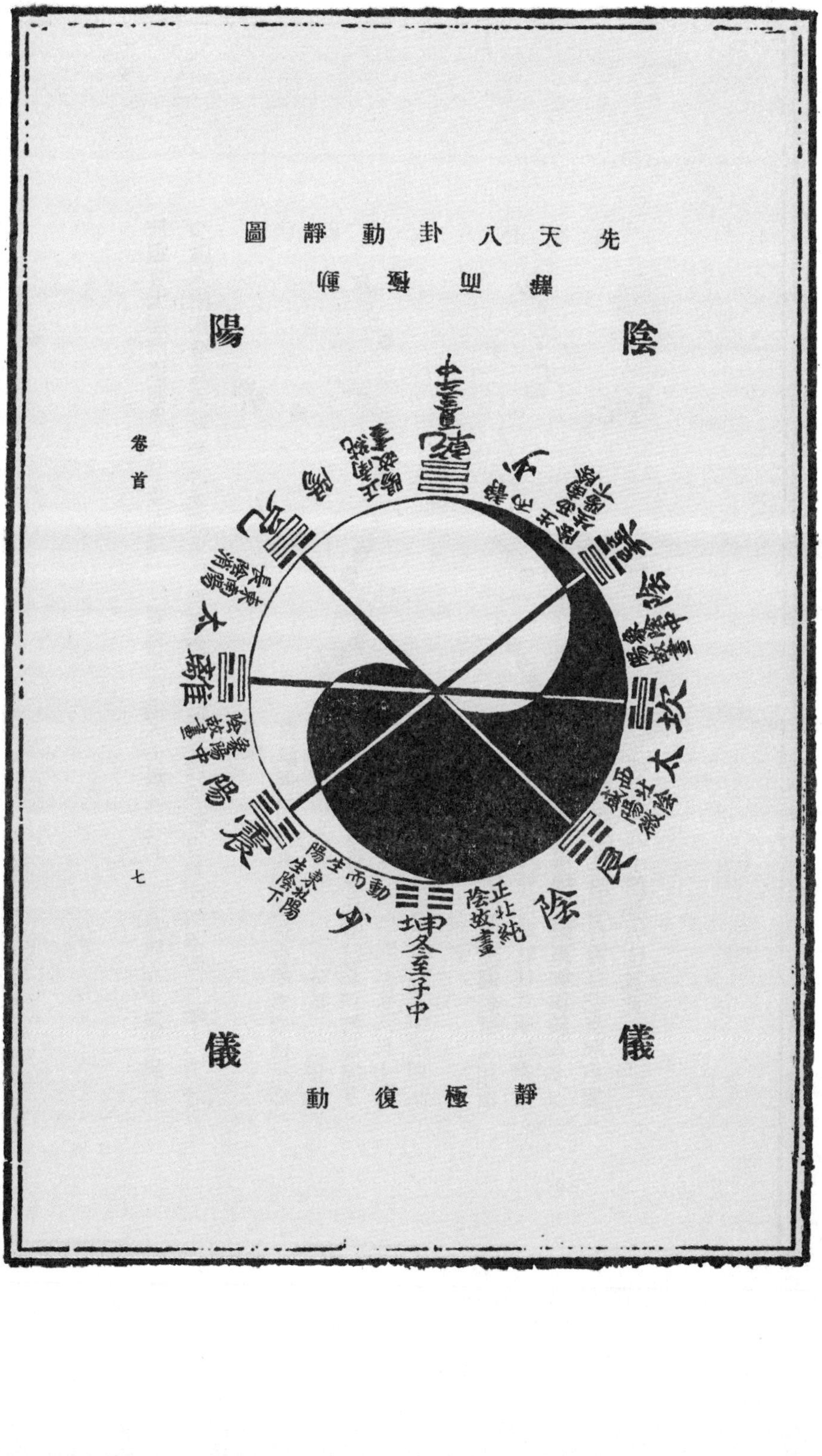
先天八卦動靜圖
動極而靜
陰儀
陽儀
卷首
七
靜極復動

按圖有太極兩儀四象八卦合而爲一分而爲二陽儀在左陰儀在右二分爲四左少陽太陽右少陰太陰四分爲八乾南坤北離東坎西震巽兌艮居於四隅皆自然而然不假一毫人力者也來註

伏羲先天八卦圓圖

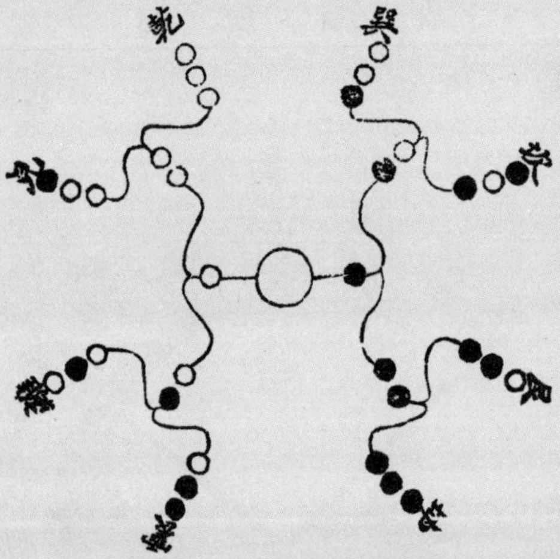

繫辭傳曰易有太極是生兩儀兩儀生四象四象生八卦邵子曰一分爲二二分爲四四分爲八也說卦傳曰易逆數也邵子曰乾一兌二離三震四巽五坎六艮七坤八自乾至坤皆得未生之卦若逆推四時之比也後六十四卦放此

說卦傳曰天地定位山澤通氣雷風相薄水火不相射八卦相錯數往者順知來者逆邵子曰乾南坤北離東坎西震東北兌東南巽西南艮西北自震自乾爲順自巽至坤爲逆六十四卦方位放此

八卦次序論

自乾而兌離震而巽坎艮坤乃順也今伏羲之卦乃不以巽次於震之後而乃以巽次於乾之左漸至於坤焉是巽坎艮坤其數逆也故曰易逆數也

八卦已成之謂往以卦之已成而言自一而二三四五六七八因所加之畫順先後之序而去故曰數往者順

八卦未成之謂來以卦之初生而言一陽上加一畫爲太陽太陽上添一畫則爲純陽必知其爲乾矣八卦皆然其所加之畫皆自下而行上謂之逆故曰知來者逆

一年卦氣論

自子而丑寅卯辰巳午者順也今伏羲之卦將乾安於午位逆行至於子是乾兌離震其數逆伏羲八卦方位自然之妙以橫圖論列乾一兌二離三震四巽五坎六艮七坤八不假安排皆自然而然可謂妙矣乃又顛之倒之錯之綜之安其方位疑若涉於安排者然以自然而然也今以自然之妙圖畫於後來註

乾坤所居論

乾位乎上君也左則二陽居乎巽之上焉一陽居乎坎之中焉右則二陽居乎兌之下焉二陽居乎離之上下焉宛然三公九卿百官之侍列也

坤居於下后也左則二陰居乎震之上焉一陰居乎離之中焉右則二陰居乎艮之下焉二陰居乎坎之上下焉宛然三妃九嬪百媵之侍列也

男女相配論

乾對坤者父配乎母

震對巽者長男配長女也

坎對離者中男配中女也

艮對兌者少男配少女也

乾坤橐籥論

乾取下一畫換於坤則爲震坤取下一畫換於乾則爲巽此長男長女橐籥之氣相交換也故彼此相薄乾取中一畫換於坤則爲坎坤取中一畫換於乾則爲離此中男中女橐籥之氣相交換也故彼此不相射乾取下一畫換於坤則爲艮坤取下一畫換於乾則爲兌此少男少女橐籥之氣相交換也故彼此通氣來註

八卦生六十四

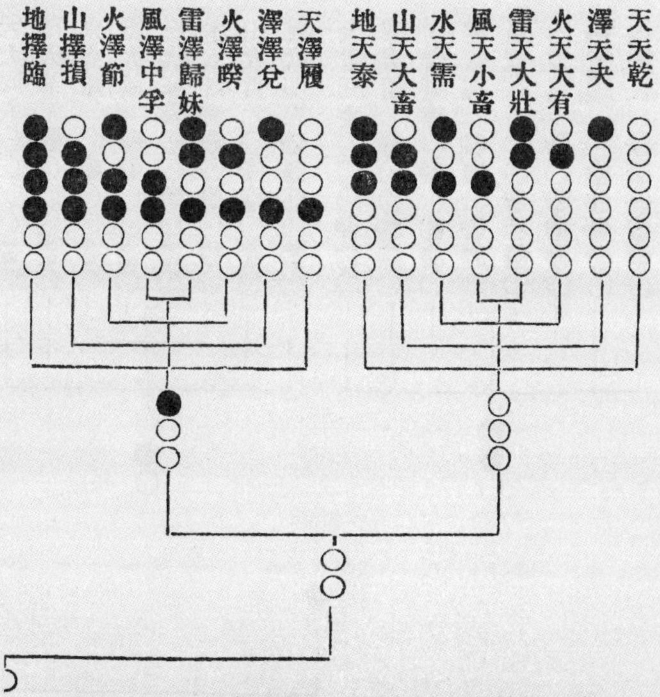

八卦生六十四卦論

是八卦之上各加八卦而成六十四卦皆自然而然試觀乾一兌二離三震四巽五坎六艮七坤八則八卦之與數豈安排而強合之哉一爲乾故于本卦一位上見之二爲兌卽于本卦二位上見之三爲離四爲震五爲巽六爲坎七爲艮八爲坤莫不然也況卽乾之一宮其八卦次序故依一二三四五六七八甏然不亂各宮皆然可見六十四卦聖人無一毫增損矣

卦陽儀橫圖

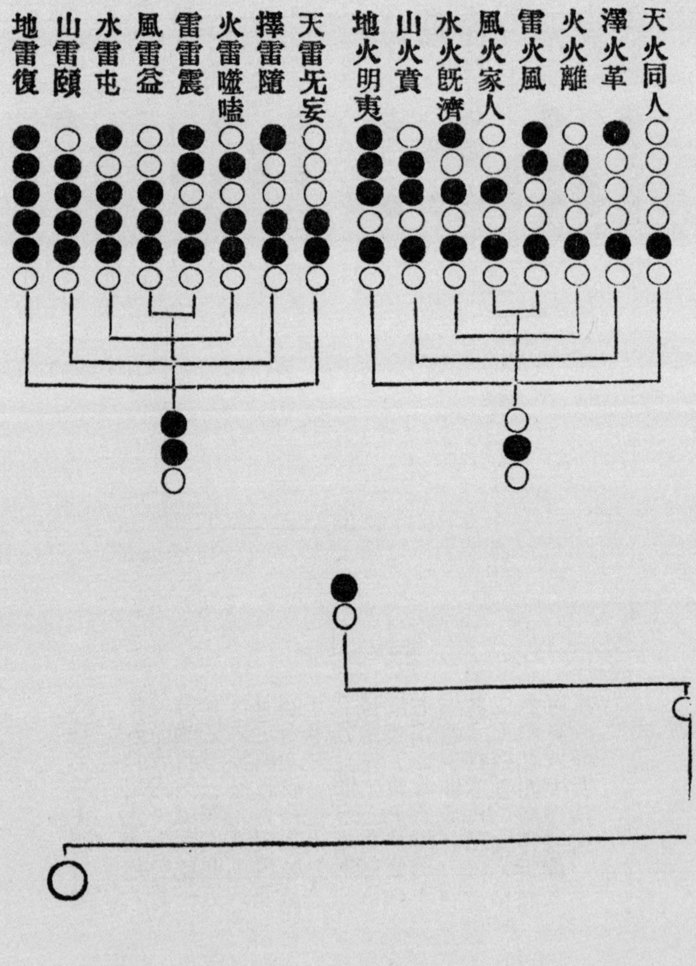
天火同人
澤火革
火火離
雷火風
風火家人
水火既濟
山火賁
地火明夷
天雷无妄
擇雷隨
火雷噬嗑
雷雷震
風雷益
水雷屯
山雷頤
地雷復

八卦生六十四

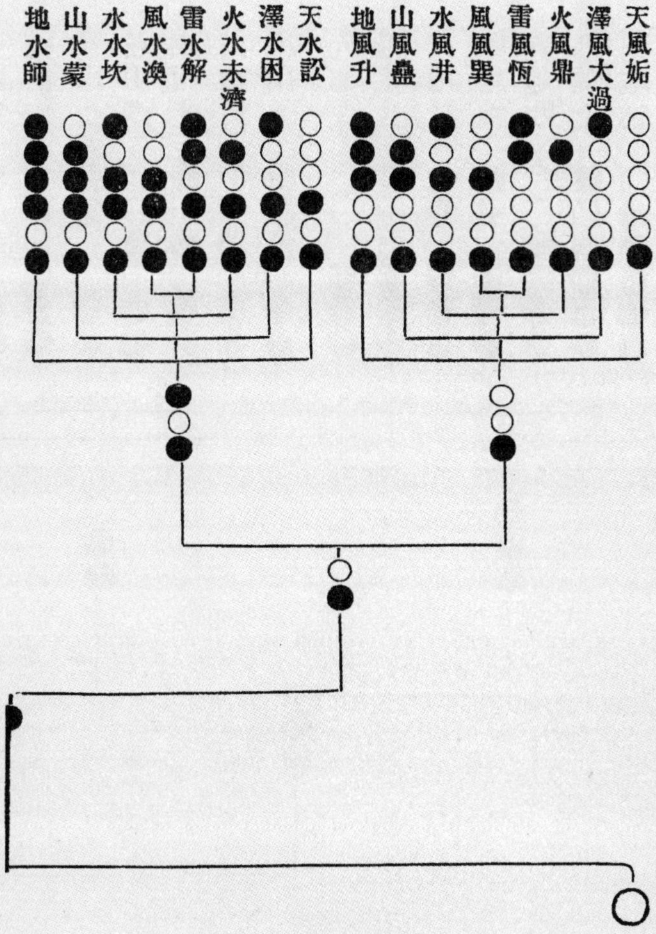
天風姤
澤風大過
火風鼎
雷風恆
風風巽
水風井
山風蠱
地風升
天水訟
澤水困
火水未濟
雷水解
風水渙
水水坎
山水蒙
地水師

卦陰儀橫圖

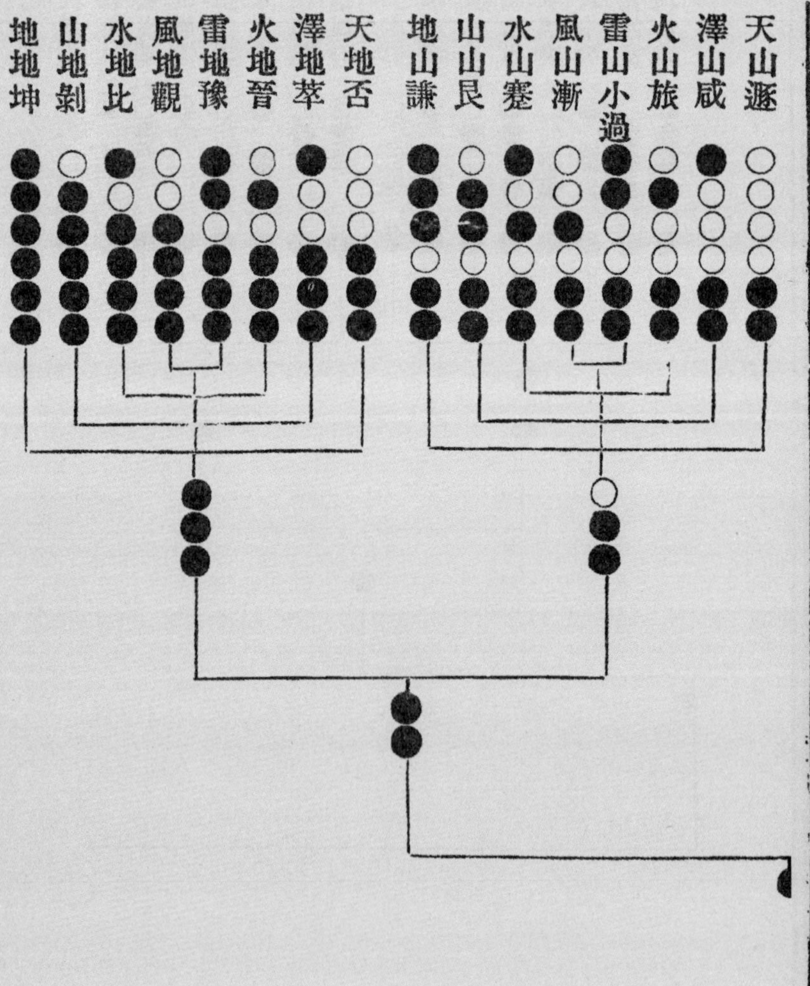

八卦變六十四卦圖

尾有 二火 无水 雷澤 尾有 二雷 无風 天火 尾有 二天 无地 澤雷 尾有 二澤 无山 火天 尾有 二山 无澤 水地

	歸原位	復還四爻變	五爻變	四爻變	三爻變	二爻變	初爻變	
一變	火天大有	火地晉	山地剝	風地觀	天地否	天山遯	天風姤	天天乾
二變	雷澤歸妹	雷山小過	地山謙	水山蹇	澤山咸	澤地萃	澤水困	澤澤兌
三變	天火同人	天水訟	風水渙	山水蒙	火水未濟	火風鼎	火山旅	火火離
四變	澤雷隨	澤風大過	水風井	地風升	雷風恆	雷水解	雷地豫	雷雷震
五變	山風蠱	山雷頤	火雷噬嗑	天雷无妄	風雷益	風火家人	風天小畜	風風巽

尾有 二地 无天 山風 尾有 二風 无雷 地水 尾有 二水 无風 火山

六變	七變	八變
地水師	風山漸	水地比
地火明夷	風澤中孚	水天需
雷火豐	天澤履	澤天夬
澤火革	火澤睽	雷天大壯
水火既濟	山澤損	地天泰
水雷屯	山天大畜	地澤臨
水澤節	山火賁	地雷復
水水坎	山山艮	地地坤

右八卦不過加太極兩儀四象八卦是也六十四卦不過變卽繫辭所謂八卦成列象在其中矣因而重之爻在其中矣剛柔相推變在其中矣如乾爲陽剛乾下變一陰之巽二陰之艮三陰之坤坤爲陰柔坤下變一陽之震二陽之兌三陽之乾是剛柔相推也蓋三畫卦若重成六畫則不能變六十四惟六畫則卽變六十四矣所以每一卦六變卽歸本卦下爻畫變爲七變連本卦成八卦以八加八卽成六十四卦古之聖人見天地陰陽變化之妙原是如此所以以易名之若依宋儒之説一分二二分四四分八八分十六十六分三十二三十二分六十四是一直死數何以爲易且通不成卦惟以八加八方見陰陽自然造化之妙

六十四卦相錯圖

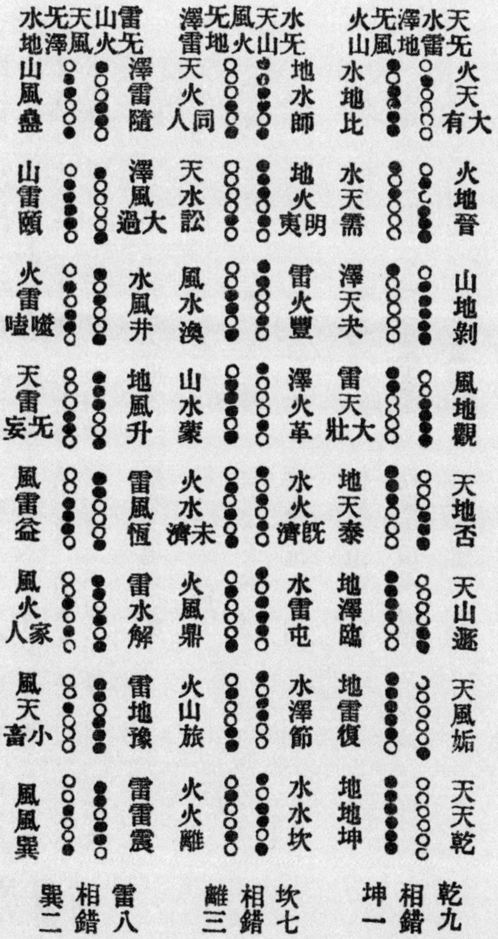
天无
水雷
澤地
无風
火山
火天大有
火地晉
山地剝
風地觀
天地否
天山遯
天風姤
天天乾
水地比
水天需
澤天夬
雷天大壯
地天泰
地澤臨
地雷復
地地坤
乾九
相錯
坤一
水无
天山
風火
无地
澤雷
地水師
地火明夷
雷火豐
澤火革
水火既濟
水雷屯
水澤節
水水坎
天火同人
天水訟
風水渙
山水蒙
火水未濟
火風鼎
火山旅
火火離
坎七
相錯
離三
雷无
山火
天風
无澤
水地
澤雷隨
澤風大過
水風井
地風升
雷風恆
雷水解
雷地豫
雷雷震
山風蠱
山雷頤
火雷噬嗑
天雷无妄
風雷益
風火家人
風天小畜
風風巽
雷八
相錯
巽二

八宮尾二卦正錯互綜圖

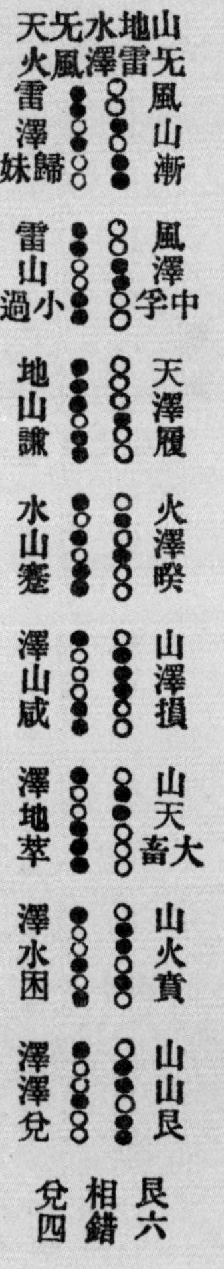

天地水火正卦相錯　風雷山澤隅卦相綜

其尾二卦則互相綜　其尾二卦則互相錯

天之火地晉　天之火天大有　地之水天需　地之水地比　雷之澤風大過　雷之澤雷隨　山之風澤中孚　山之風山漸

綜水之地火明夷　綜火之天火同人　綜火之天水訟　綜水之地水師　錯風之山雷頤　錯風之山風蠱　錯澤之雷山小過　錯澤之雷澤歸妹

序卦正綜（一）

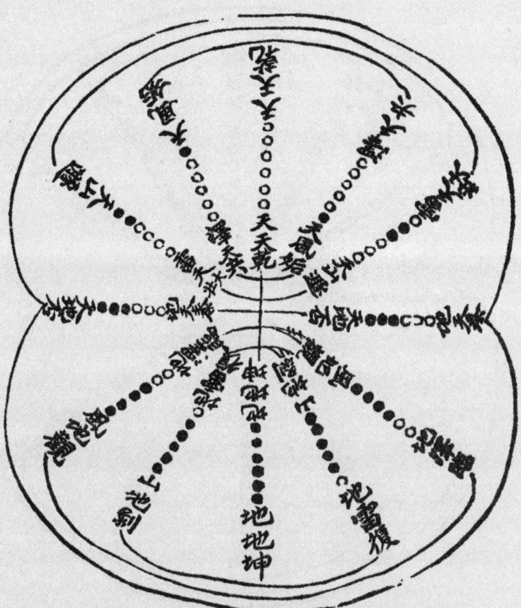

乾之屬自姤至剝順行與坤所屬相綜

姤	綜	夬
遯	綜	大壯
否	綜	泰
觀	綜	臨
剝	綜	復

坤之屬自復至夬逆行與乾所屬相綜

序卦正綜（二）

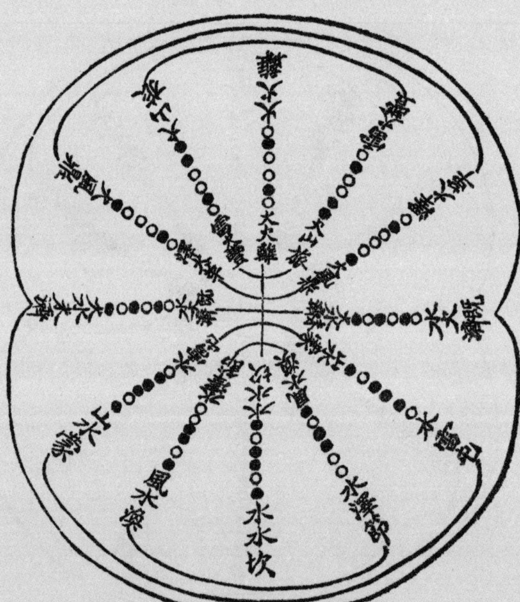

坎之屬自節至豐順行與離所屬相綜

節屯既革豐

濟

綜綜綜綜綜

未

渙蒙濟鼎旅

離之屬自旅至渙逆行與坎所屬相綜

序卦正綜（三）

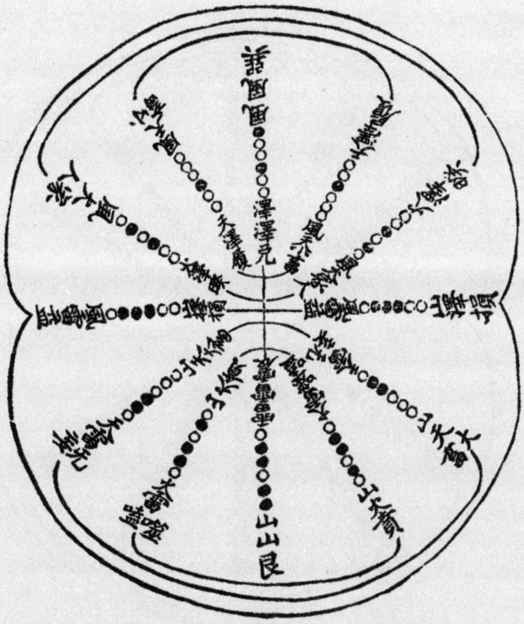

艮之屬自賁至履順行與巽所屬相綜

賁綜噬嗑
大畜綜无妄
損綜益
睽綜家人
履綜小畜

巽之屬自小畜至噬嗑逆行與艮所屬相綜

序卦正綜(四)

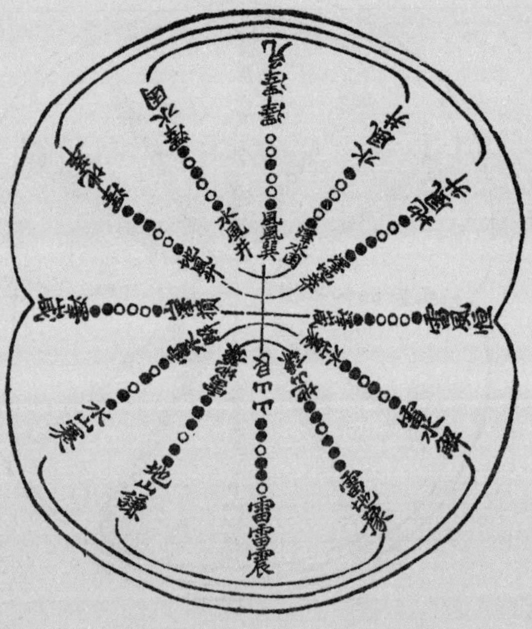

震之屬自豫至井順行與兌所屬相綜

豫	綜	謙
解	綜	蹇
恒	綜	咸
升	綜	萃
井	綜	困

兌之屬自困至謙逆行與震所屬相綜

此圖因伏羲八卦天澤火雷風水山地之序仍以天澤火雷風水山地依次加之顛倒綜之則乾坤坎離之四本卦頤大過中孚小過之四交卦共八卦仍相錯而其餘五十六卦綜爲二十八卦共得三十六卦故邵子曰三十六宮都是春也所謂八分爲十六十六分爲三十二三十二分爲六十四者尤見法象自然之妙也

六十四

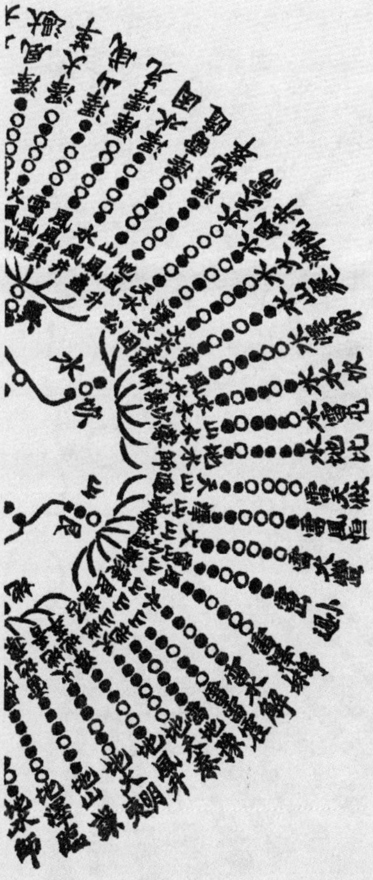

卦顛倒相綜圖

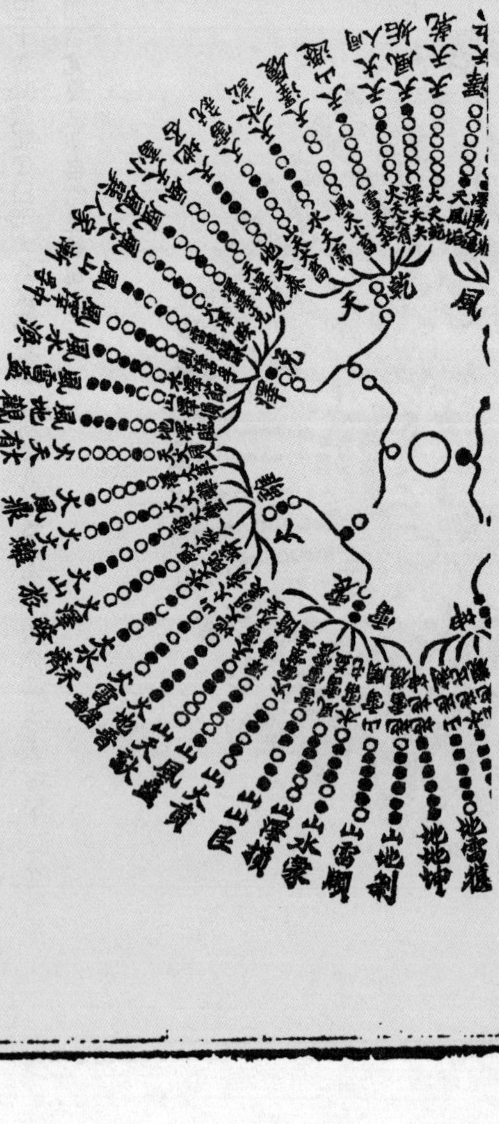

前圖六十四卦顛倒相綜此圖六十四卦顛倒相錯以明太極拳纏絲精之大圖小圖約有六層與人身之皮膚肌肉筋腱網膜骨節腦髓六層適相符合凡血氣之流通精神之凝聚皆可于上下升降表裏出入時驗其圖之大小而能得其環中者當自知之

太極生一百二十八卦相錯圖

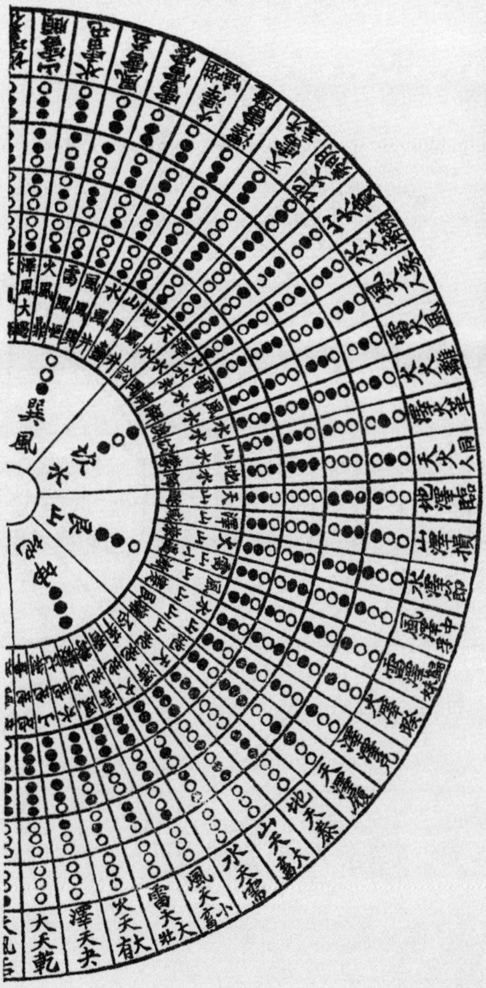

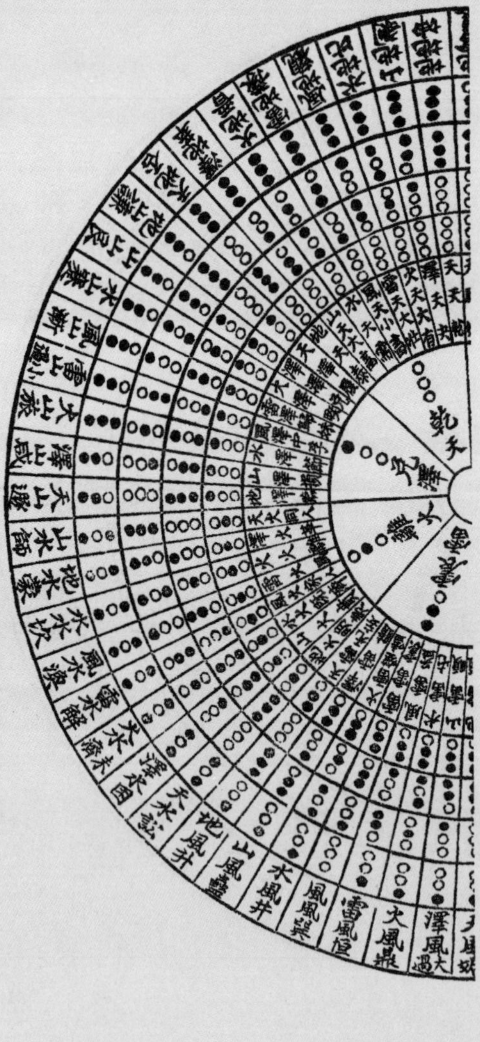

內一圈外十二圈陰陽各三十二
內二圈外十一圈陰陽各　十六
內三圈外十〇圈陰陽各　八
內四圈外九圈陰陽各四
內五圈外八圈陰陽各二
內六圈外七圈陰陽各一
易言一陰一陽之謂道者言其歸根復命乃團陰陽爲一而還於天

易曰天地定位山澤通氣雷風相薄水火不相射方圖

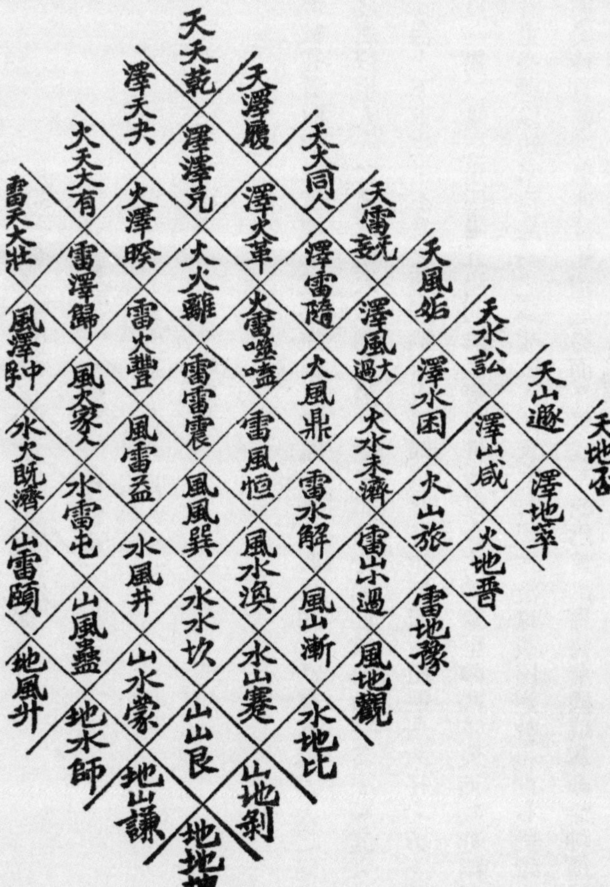

天地定位圖

觀易傳數往者順知來者逆是故易逆數也數語似乎爲前後關鍵具有奧義言人之爲須知天之所以生人人之所以囘天否則人道有虧失却造命根性故曰數往者順順其天地生六子自上下下生生不息之原理無時或違知以藏往也知來者逆逆用六子之力下學上達自一陽二陽三陽四陽五陽而六陽變化性命保合太和馴至神武不殺而物亦無能殺之者至矣神以知來也是易之爲書教人囘天之大經大法也故曰逆數也卽後數章之先言震巽後言乾坤也非徒乾道成男而且男成乎乾君首出庶物萬國咸寧非徒坤道成女而且女成乎坤后后以施命告四方乃得位乎天地之中而與天地參

易曰鼓之以雷霆潤之以風雨日月運行一寒一暑乾道成男坤道成女方圖

成男成女圖

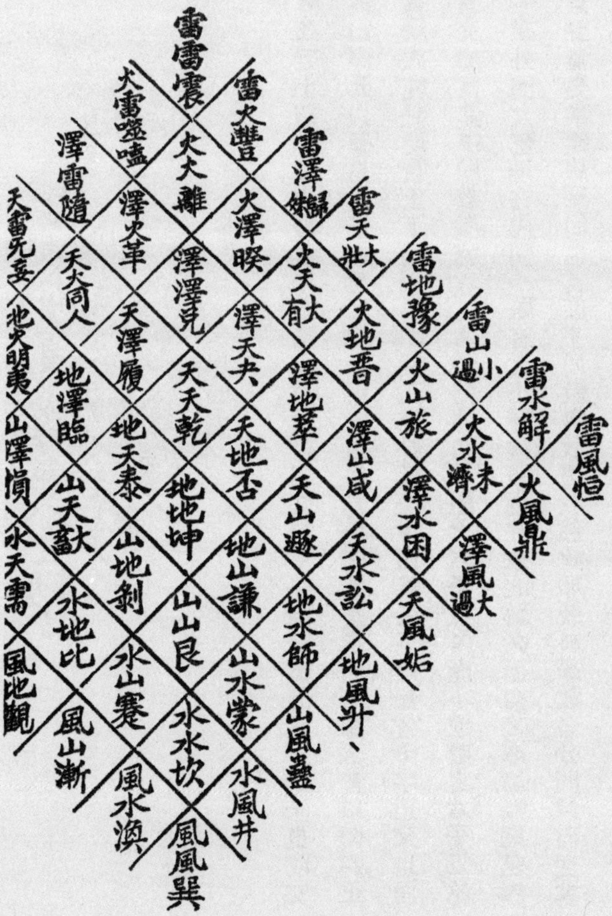

其工只在五十以學易學易者學逆也學逆數之相交於中央隅交爲五正交爲十也隅交者風雷山澤五以學易也正交者天地水火十以學易也圓圖是矣而方圖又皆以隅爲正以正爲隅八純卦縱貫上下爲東西之樞八交卦横亙東西爲上下之紐皆十字正交也而五字隅交亦寓其中順數者乾坤包六子乾坤在外圈大六子在內圈小逆數者六子包乾坤六子在外圈大乾坤在內圈小雖有大小舒捲順逆往來之跡久而久之渾淪無間色空莫辨無聲無臭拳拳服膺罔也其庶乎罔教儒教道教佛教耶教科學教各分門戶而泥其教者曾亦悟其均不能外於太極而無極歟習太極拳者其勉旃

易曰雷以動之風以散之雨以潤之日以烜之艮以止之兌以說之乾以君之坤以藏之方圖

乾　君

坤藏圖

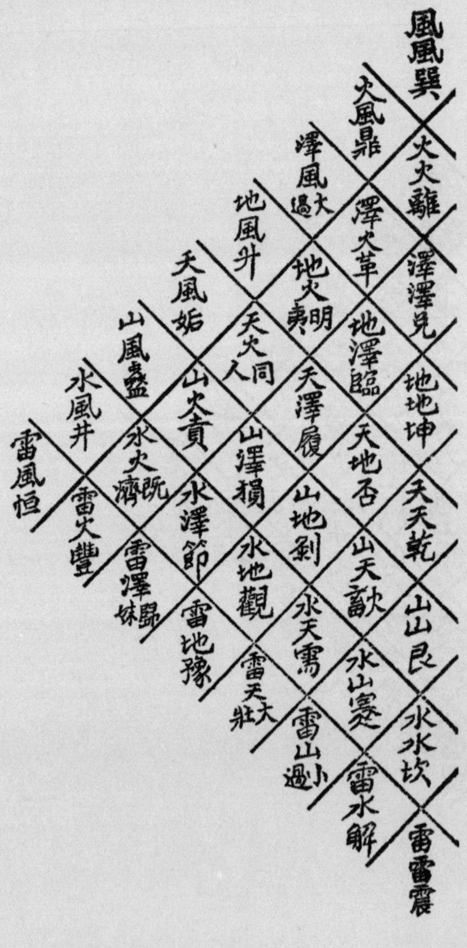
風風巽
火火離
澤澤兌
地地坤
天天乾
山山艮
水水坎
雷雷震
火風鼎
澤火革
地澤臨
天地否
山天大畜
水山蹇
雷水解
澤風大過
地火明夷
天澤履
山地剝
水天需
雷山小過
地風升
天火同人
山澤損
水地觀
雷天大壯
天風姤
山火賁
水澤節
雷地豫
山風蠱
水火既濟
雷澤歸妹
水風井
雷火豐
雷風恒

此圖自邵詩露出復姤端倪觸類引伸備見爻變次序參伍錯綜之妙言詮難罄如陰變一二三四五六陽陽變一二三四五六陰消長盈虛循環接續參以變也陽依陽序陰依陰序殊途同歸分道揚鞭伍以變也變序斜連成直線由長漸短曲之成圓線由大漸小陰陽爻各三十二爻各一卦卦各三十二閏月之法也六十四卦共三百八十四爻歲有

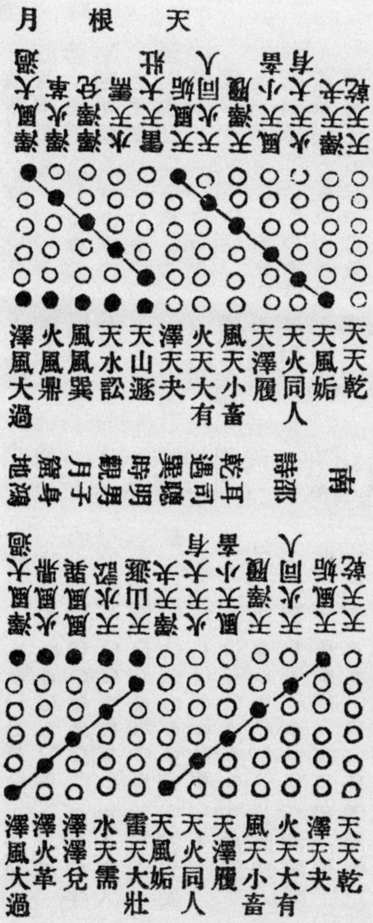

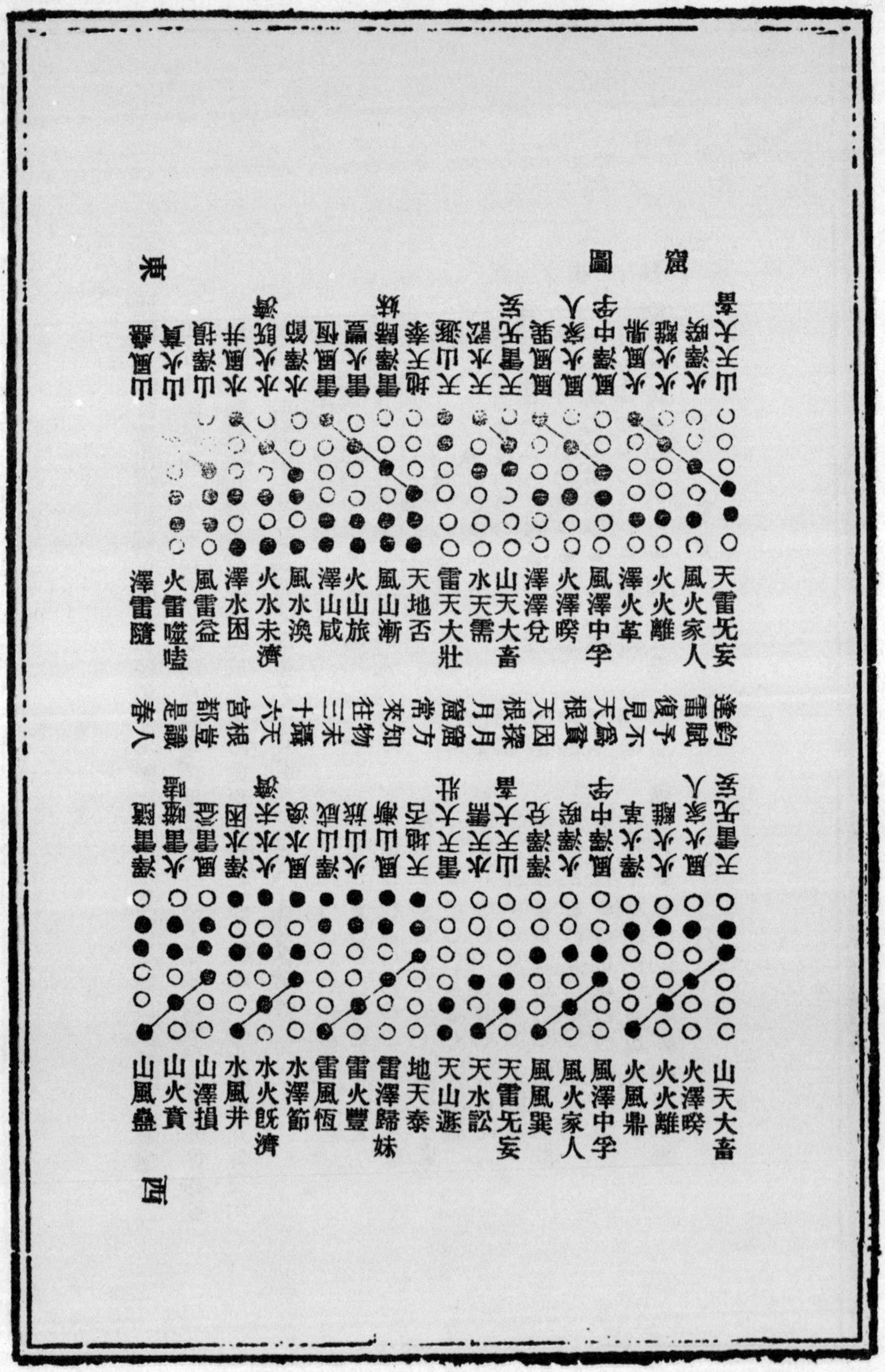
天雷旡妄
風火家人
火火離
澤火革
風澤中孚
火澤睽
澤澤兌
山天大畜
水天需
雷天大壯
天地否
風山漸
火山旅
澤山咸
風水渙
火水未濟
澤水困
風雷益
火雷噬嗑
澤雷隨
山天大畜
火澤睽
火火離
火風鼎
風澤中孚
風火家人
風風巽
天雷旡妄
天水訟
天山遯
地天泰
雷澤歸妹
雷火豐
雷風恆
水澤節
水火既濟
水風井
山澤損
山火賁
山風蠱
西

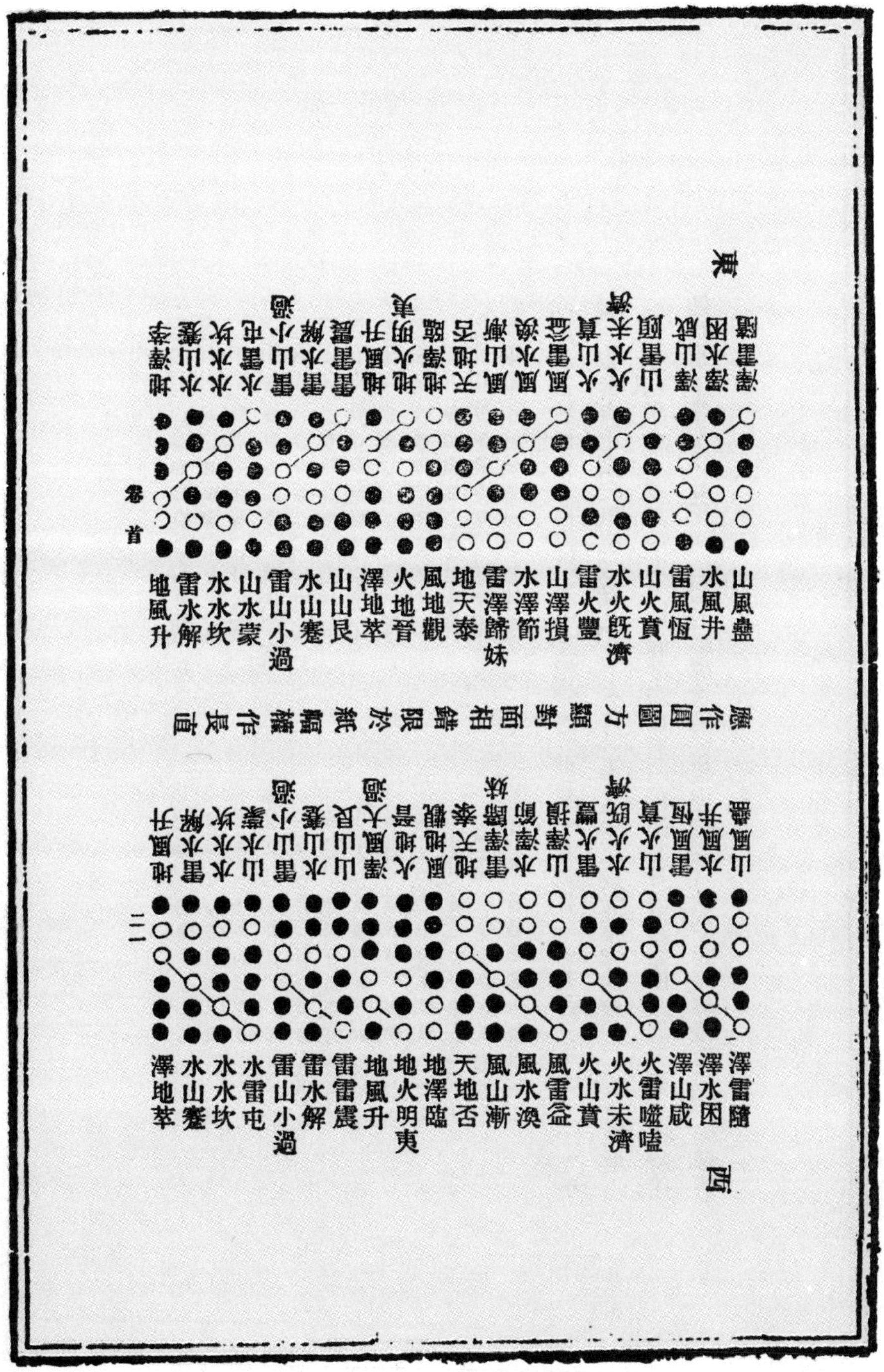
東
山風蠱
水風井
雷風恆
山火賁
水火既濟
雷火豐
山澤損
水澤節
雷澤歸妹
地天泰
風地觀
火地晉
澤地萃
山山艮
水山蹇
雷山小過
山水蒙
水水坎
雷水解
地風升
應作圓圖方顯對面相錯限於紙幅權作長直
澤雷隨
澤水困
澤山咸
火雷噬嗑
火水未濟
火山賁
風雷益
風水渙
風山漸
天地否
地澤臨
地火明夷
地風升
雷雷震
雷水解
雷山小過
水雷屯
水水坎
水山蹇
澤地萃
西

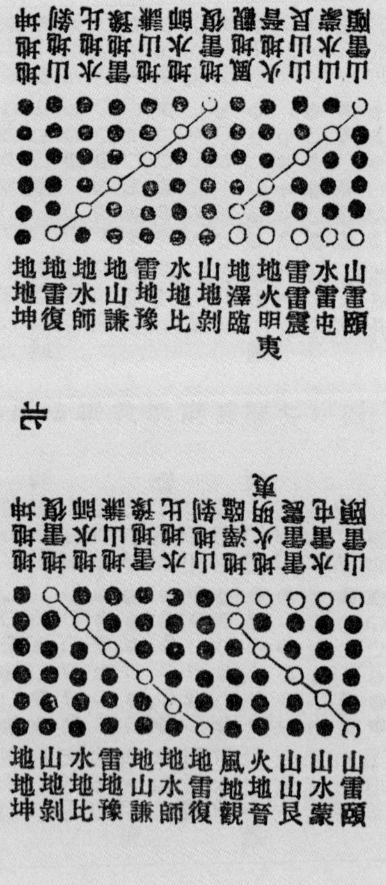

閏月之日數也各卦自相綜對卦互相錯得二百五十六卦共一千五百三十六爻十九年爲一章共有七閏之數也較統法一千五百三十九少三數者減去餘分一二五也積至一百五十二年合八章加一閏月則餘分盡西曆不用閏月月竄遇姤每錯過天根來復將迷凶作事不愼于謀始旡初恐歸於鮮終六陽始復而終姤六陰始姤而終復參以相錯錯成

一大圈三陽始復而終蠱三陰始姤而終隨伍以相綜綜爲二連圈二連圈各含九小圈天地位于上下水火濟以東西雷山自地起風澤從天降有輕重有虛實有動靜有伏見八方齊會於五十往來皆春變眞常矣易曰參伍以變錯綜其數通其變遂成天下之文極其數遂定天下之象非天下之至變其孰能與于此

陽直圖陰直圖消息盈虛說

太極拳之消息盈虛本係四德推而詳之則有接引進轉擊蓄留停八法接者交手也引者引透也進者前進也轉者轉關也擊者打敵也蓄者含蓄也留者留有餘地勿用十分力也停者窮兵莫追不犯吾界卽止也

復者陽息乾者陽盈姤者陽消坤者陽虛

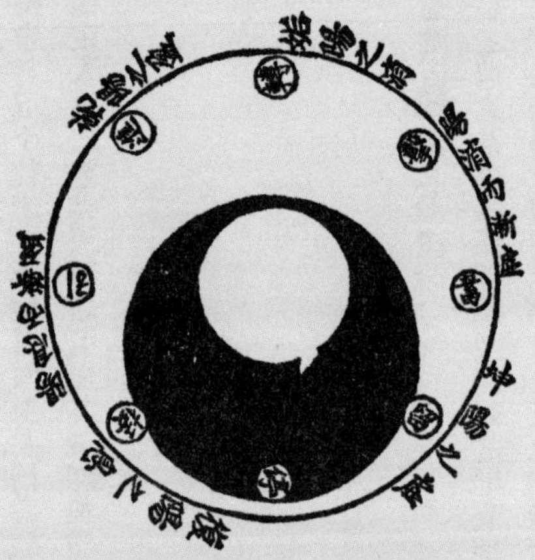

息者必盈盈者必消消者必虛虛者必息

姤者陰息坤者陰盈復者陰消乾者陰虛

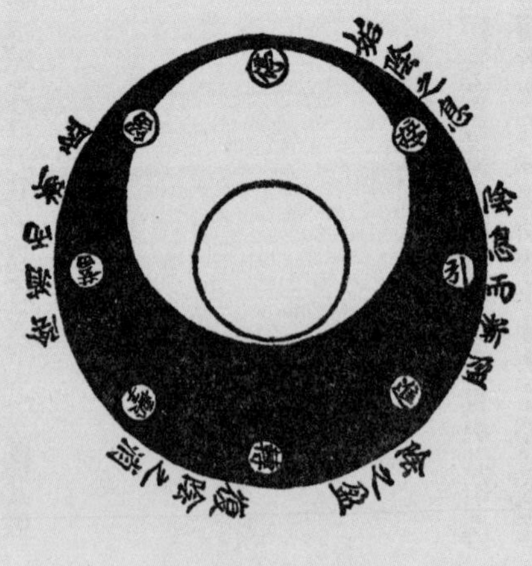

息者必盈盈者必消消者必虛虛者必息

三才圖

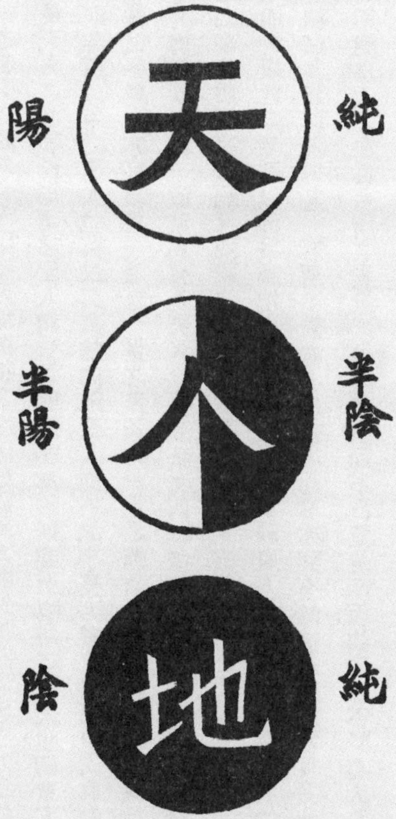

易曰窮理盡性以至於命所以謂之理者物之理也所以謂之性者天之性也所以謂之命者處理性者也所以處理性者非道而何是知道爲天地之本天地爲萬物之本以天地觀萬物則萬物爲物以道觀天地則天地亦爲物道之道盡之於天矣天之道盡之於地矣天地之道盡之於物矣天地萬物之道盡之於人矣人能知天地萬物之道所以盡於人者然後能盡民也天之能盡物則謂之昊天人之能盡民則謂之聖人謂昊天能異乎萬物則非所以謂之昊天也謂聖人能異乎萬民則非所以謂之聖人也萬民與萬物同則聖人固不異乎昊天者矣然則聖人與昊天爲一道則萬民與萬物亦可以爲一道也一世之萬民與一世之萬物既可以爲一道則萬世萬民與萬世萬物亦可以爲一道也明矣若昊天以春夏秋冬四時授人聖人以易書詩春秋諸經法天天人之事當如何哉仁配天地謂之人唯仁者眞可謂之人矣氣者神之宅也體者氣之宅也天六地四天以氣爲質而以神爲神地以質爲質而以氣爲神唯人兼乎萬物而爲萬物之靈如禽獸之能以其類而各得其一無所不能者人也推之他事亦莫不然唯人得天地日月交之用他類則不能也人之生眞可謂之貴矣天地與其貴而不自貴是悖天地之理不詳莫大焉

來註

天地形象

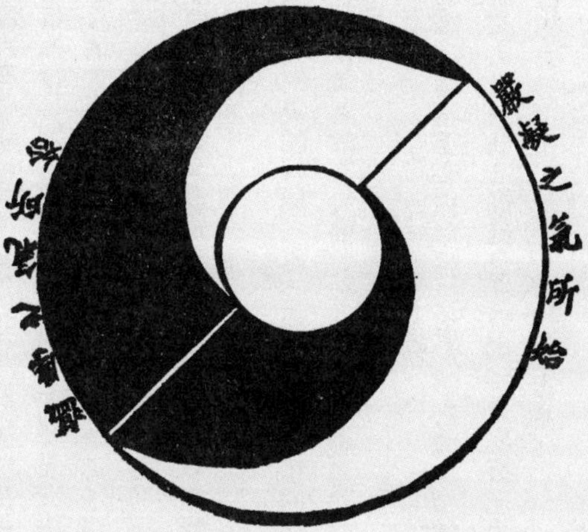

天地形象雖非如此然西北山高東南水多亦有此意

天地戌亥之交其形體未曾敗壞在此圖看出以氣機未嘗息也

天地西北高東南低論有數端以風水論是右邊白虎太極盛矣是以歷代帝王長子不傳天下通是二房子孫傳之

以人才論聖賢通生在西北一邊以山巒秀出于天外故也

以財賦論通在東南以水聚湖海故也

以中原論泰山在中原獨高所以生孔子舊時去岱岳一日路上見有一山巒秀問路邊人答曰此王府陵也次日行到孟廟在其下始知生孟子者此山也

以炎涼論天地嚴凝之氣始於西南而盛於西北天地溫厚之氣始於東北而盛於東南嚴凝之氣其氣涼故多生聖賢溫厚之氣其氣炎故多生富貴

以性情論西北人多質實多剛多蠢下得死心所以聖賢多也東南人多秀多柔多巧下不得死心所以聖賢少也

人事與天地炎涼氣候相同冬寒之極者春生必盛夏熱之極者秋風必悽雨之久者必有久晴晴之久者必有久雨故有大權者必有大禍多藏者必有厚亡知此可以居易以俟命不必怨天尤人來註

觀來子此條之論格手必占形勝之地形勝之地非指地勢之高下乃指兩人交手我之肐膊必先據上游據上游則我在高處彼在低處勝負之機已決此必素有工夫且本以中氣而能之而地基亦在其中

一年混沌氣象

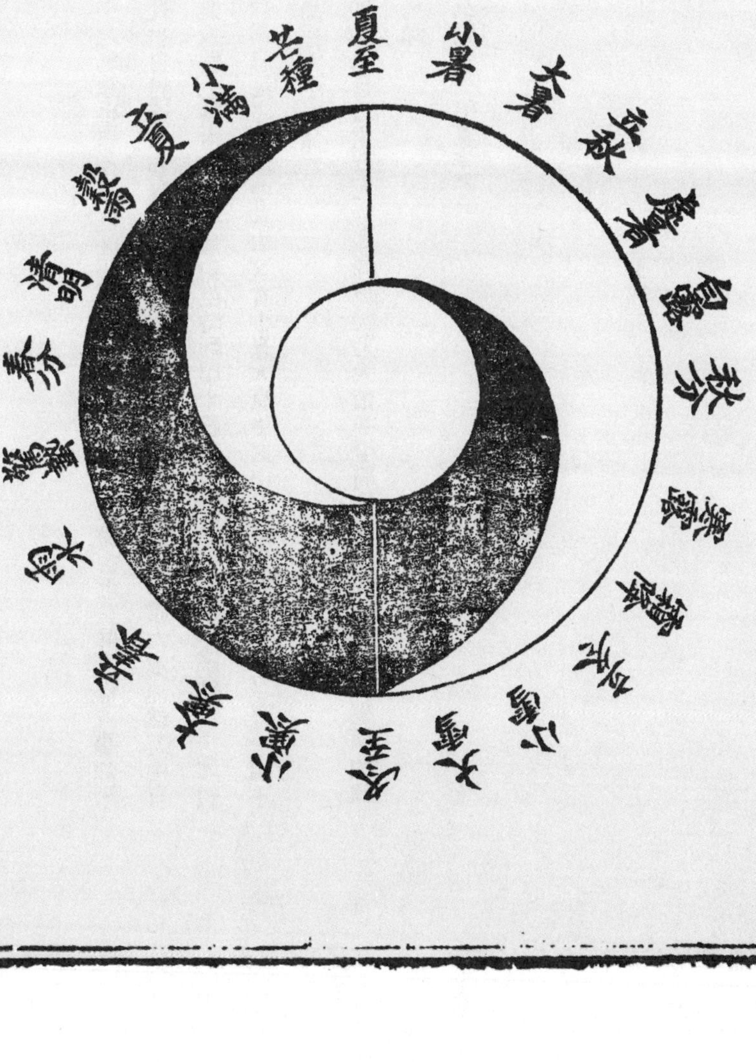

萬古之人事一年之氣象也春作夏長秋收冬藏一年不過如此自盤古至堯舜風俗人事以漸而長蓋春作夏長也自堯舜以後風俗人事以漸而消蓋秋收冬藏也此之謂大混沌然其中有小混沌以人身氣血譬之盤古至堯舜如初生時到四十歲自堯舜以後如四十歲到百年此以前乃總論也若以消息論之大消中其中又有小息大息中其中又有小消小息中又有小消小消中又有小息故以大小混沌言之

何以大消中又有小息且以生聖人論堯舜以後乃大消矣至周末又生孔子乃小息也所以祿位名譽通不如堯舜

邵子元會運世只就此一年算來註

月輪圖

一月混沌氣象

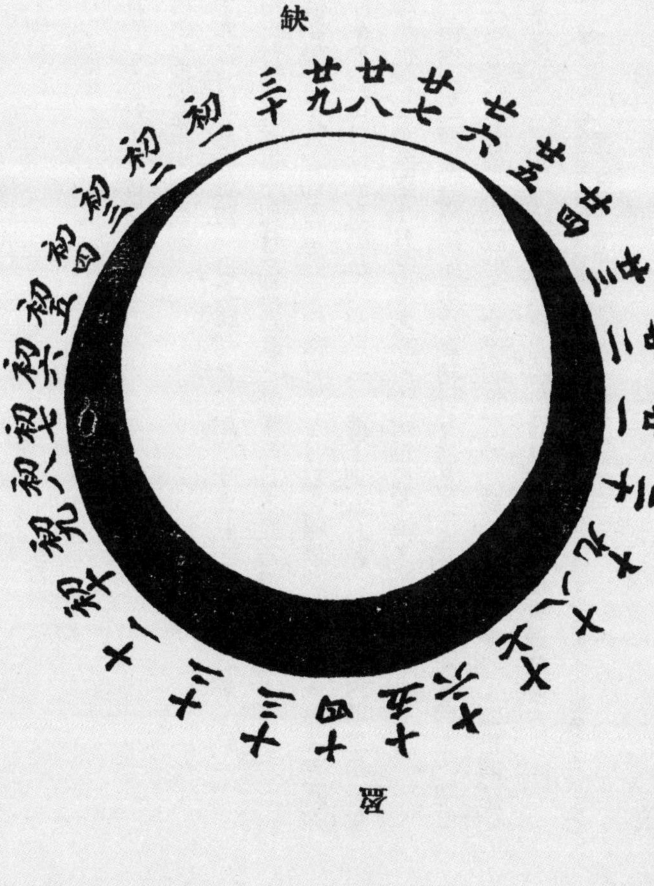
缺
三十
廿九
廿八
廿七
廿六
廿五
廿四
廿三
廿二
廿一
二十
十九
十八
十七
十六
十五
十四
十三
十二
十一
初十
初九
初八
初七
初六
初五
初四
初三
初二
初一
盈

月缺于三十日半夜止

盈於十五日半夜止

初一日子時息之始息至十五日而盈

十六日子時消之始消至三十日而虛

初一日與二十九日月同是缺但初一日之缺乃息之始二十九日之缺乃消之終

十六日與十四日月同是盈但十四日之盈乃息之終十六日之盈乃消之始

天地陰陽之氣即如人呼吸之氣四時通是一樣但到冬月寒之極氣之內就生一點溫厚起來所謂息也溫厚漸漸至四月發散充滿所謂盈也盈又消了到五月熱之極氣之內就生出一點嚴凝起來所謂息也嚴凝漸漸至十月翕聚充滿所謂盈也盈又消了

陰陽之氣如一個環動靜無端陰陽無始未曾斷絕特有消息盈虛耳朱子說陽無驟至之理又說一陽分作三十分云云雙峯饒氏說坤字介乎剝復二卦之間云云通說零碎了似把陰陽之氣作斷絕了又生起來殊不知陰陽剝復就是月一般月原不曾斷絕止有盈缺耳

周公碩果不食譬喻親切 果長不至碩則尙來可見氣未曾絕 氣長養至於碩果氣候已完將朽爛了外面氣盡中間就生起核之仁

天地陰陽之理不過息消盈虛而已故孔子倘消息盈虛打太極拳亦是消息盈虛坤與復之時陽氣通是一樣微但坤者虛之終而微也復者息之始而微也乾與姤之時陽氣通是一樣盛但乾者盈之終而盛也姤者消之始而盛也乾與陰氣通是一樣微但乾者虛之終而微也姤者息之始而微也坤與復之時陰氣通是一樣盛但坤者盈之終而盛也復者消之始而盛也

息者喘息也呼吸之氣也生長也故人之子謂之息以其所生也因氣微故謂之息消者滅也退也盈者中間充滿也虛者中間空也來註

一日混沌氣象

太極拳如一日氣象萬古之始終者一日之氣象也一日有晝有夜有明有暗萬古天地即如晝夜

做大丈夫把萬古看作晝夜此襟懷就海闊天高只想做聖賢出世而功名富貴即以塵埃視之矣來註

自子至丑寅我之引即息也自卯至辰巳我引之使進即長也自午至未申即敵之盛氣盡處即我之轉關處亦即擊人處敵不得勢其氣即消滅不能不有落脚之地所謂落也酉戌亥即敵之虛惟虛故空能不失敗乎是拳之引進落空亦一日之盈虛消長也

心易發微伏羲太極圖

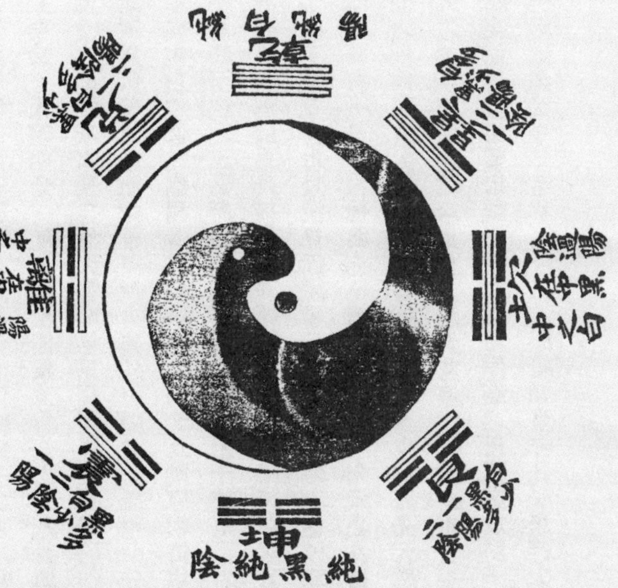

正南純陽方也故畫爲乾正北純陰方也故畫爲坤畫離于東象陽中有陰也畫坎于西象陰中有陽也東北陽生陰下于是乎畫震西南陰生陽下于是乎畫巽觀陽長陰消是以畫兌于東南觀陰盛陽微是以畫艮于西北來註

此圖乃伏羲氏所作也世不顯傳或謂希夷所作雖周子亦未之見也乃自作太極圖觀任道遜之詩可見矣詩云太極中分一氣旋兩儀四象五行全先天八卦渾淪具萬物何嘗出此圓又云造化根源文字祖圖成太極自然天當時早見周天子不費鑽研作正傳夫既謂八卦渾淪文字祖則知此圖爲伏羲所作而非希夷明矣其外一圈者太極也中分黑白者陰陽也黑中含一點白者陰中陽也白中含一點黑者陽中陰也陰陽交互動靜相倚周詳活潑妙趣自然其圈外左方自震一陽馴至乾之三陽所謂起震而歷離兌以至于乾是已右方自巽一陰馴至坤之三陰所謂自巽而歷坎艮以至於坤是已其間四正四隅陰陽純雜隨方布位自有太極含陰陽陰陽含八卦之妙不假安排也豈淺見近識者所能及哉伏羲不過模寫出來以示人耳予嘗究觀此圖陰陽渾淪蓋有不外乎太極而亦不離乎太極者本先天之易也觀周子太極圖則陰陽顯著蓋皆太極之所爲而非太極之所倚者實後天之易也然而先天所以包括後天之理後天所以發明先天之妙明乎道之渾淪則先天而天弗違太極體立也明乎道之顯著則後天而奉天時太極用行矣使徒玩諸畫象談諸空玄羲周作圖之意荒矣故周子詩云兀坐書房萬機休日暖風和草色幽誰道二十年遠事而今只在眼睛頭豈非孔子所論太極者之旨容有外於一舉目

之間哉是可默識其妙而見於性理指要可考也來註

古太極圖叙

天地間形上形下道器攸分非道自道器自器也器卽道之顯諸有道卽器之泯於無雖欲二之不可得也是圖也將以爲淪於無耶兩儀四象八卦與夫萬象森羅者已具在矣抑以爲滯於有耶凡儀象卦畫與夫羣分類聚森然不可紀者曾何形迹之可拘乎是故天一也無聲無臭何其隱也成象成形何其顯也然四時行百物生莫非其於穆之精神無方易無體不離乎象形之外自一而萬自萬而一卽此圖是也默識此圖而太極生生之妙完具胸中則天地之化機聖神之治敎不事他求而三才一貫萬物一體備是矣可見執中執此也愼獨愼此也上古之心傳傳此也可以圖象忽之哉來註

古太極圖說

道必至善而萬善皆從此出則其出爲不窮物本天然而萬物皆由此生則其生爲不測包羅主宰者天載也泯然聲臭之俱無纖巧悉備者化工也渾乎雕刻之不作赤子未嘗學慮言知能之良必歸之聖人絕無思爲言仁義之至必歸之蓋凡有一毫人力安排布置皆不可以語至道語

至物也況謂之太極則盤天地亙古今瞬息微塵悉統括於茲矣何所庸其智力哉是故天地之造化其消息盈虛本無方體無窮盡不可得而圖也不可圖者從而圖之將以形容造化生生之機耳若以人爲驕强分析於其間則天地之自然者反因之而晦矣惟是圖也不知畫於何人起於何代因其傳流之久名爲古太極圖焉嘗讀易繫辭首章若與此圖相發明說卦天地定位數章卽闡明此圖者也何也總圖卽太極也黑白卽陰陽兩儀天地卑高貴賤動靜剛柔之定位也黑白多寡卽陰陽之消長太陰太陽少陰少陽羣分類聚成象成形寒暑往來乾男坤女悉於此乎見也以卦象觀之乾坤定位上下坎離並列東西震巽艮兌隨陰陽之升降而布於四隅八卦不其畢其矣乎然太極兩儀四象八卦吉凶大業雖畢見於圖中而其所以生生者莫之見焉其實陰陽由微至著循環無端卽其生生之機也太極不過陰陽之渾淪耳原非先有太極而后兩儀生卽有兩儀而后四象八卦生也有豈兩儀生而太極遯四象生而兩儀亡八卦生而四象隱兩儀四象八卦各爲一物而別有太極宰其中統其外哉惟於此圖潛神玩味則造化之盈虛消息隱然呈象效法此之謂至道而不可離此之謂至物而物格知至也若云孔子以前無太極圖而先天圖畫於伏羲後天圖改於文王考之易皆無據今盡闕之可矣雖然乾坤之易簡久大之

德業卽於此乎在而虞廷執中孔門一貫此外無餘蘊但按圖索驥則又非古人畫象垂訓之意矣故曰神而明之存乎其人默而成之不言而信存乎德行

古太極圖聖人發洩造化之祕示人反身以完全此太極也是極也在天地匪巨人身匪細古今匪遙呼吸匪暫也本無象形本無聲臭聖人不得已而畫之圖焉陰陽剛柔翕闢摩盪凡兩儀四象八卦皆於此乎具而吉凶之大業生焉卽所謂一陰一陽之道生生之易陰陽不測之神也惟於此圖反求之身而洞徹無疑焉則知吾身卽天地而上下同流萬物一體皆吾身所固有而非由外鑠我者然而有根源焉培其根則枝葉自茂濬其源則流自長細玩圖象由微至著渾淪無窮卽易所謂乾元資始乃統天是也何也分陰分陽而陰卽陽之翕也純陰純陽而純陽卽一陽之積也一陽起於下者雖甚微而天地生生化化變通莫測悉由此以根源之耳況以此觀之河洛則知河圖一六居下洛書戴九履一其位數生尅不齊而一之起於下者寗有二哉以此觀之易六十四卦始於乾而乾初九潛龍勿用謂陽在下也先天圓圖起於復者此也橫圖復起於中者此也方圖震起於中者此也後天圖帝出乎震者亦此也諸卦爻圖象不同莫非變化特其要在反身以握乎統天之元於以完全造化與天地同悠久也是故天之所以爲天者此也故曰乾

以易知地之所以爲地者此也故曰坤以簡能人之所以爲人者此也故曰易簡理得而成位乎其中否則天地幾乎毁矣况於人乎信乎人一小天地而天地人統同一太極也以語其博則盡乎造化之運以語其約則握乎造化之樞惟太極圖爲然故揭此以冠之圖書編云來註

伏羲八卦消長圖

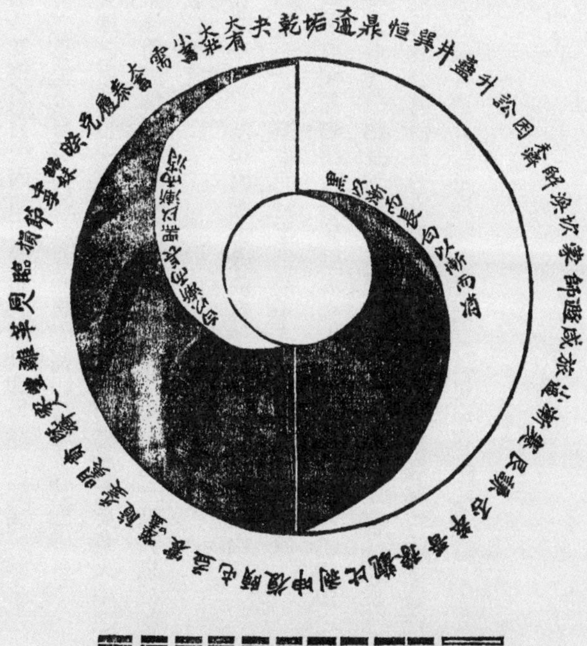

陽以漸而長

陰以漸而長

白路者一陽復也自復而臨而泰而壯而夬卽爲乾之純陽

黑路者二陰姤也自姤而遯而否而觀而剝卽爲坤之純陰

復者天地之生子也未幾而成乾健之體健極則必生女矣是火中之一點水也姤者天地之生女也未幾而成坤順之功順極則必生男矣是水中之一點火也故乾道成男未必不成女坤道成女未必不成男

坤而復焉一念之醒也而漸至夬故君子一簣之土可以成山

乾而姤焉一念之差也而漸至剝故小人一熖之火可以燎原

學者只將此圖黑白消長玩味就有長進然非深於道者不足以知之觀此圖者且莫言造化性命之學且將黑白消長玩安危進退四個字氣象亦已足矣了得此手便就知進知退知存知亡便卽於天地合其德日月合其明四時合其序鬼神合其吉凶故修德凝道之君子以居上不驕爲下不倍國有道其言足以興國無道其默足以容結之來註

太極黑白圖

白者陽儀也黑者陰儀也黑白二路者陽極生陰陰極生陽其氣機未嘗息也即太極也非中間一圈乃太極之本體也來註

太極圖弄圓歌

我有一丸　黑白相和　雖是兩分　還是一箇　大之莫載　小之莫破　無始無終
無右無左　八卦九疇　縱橫交錯　今古參前　乾坤在坐　堯舜周孔　約爲一堂
我弄其中　琴瑟鏗鏘　孔曰太極　惟陰與陽　是定吉凶　大業斯張　形卽五行
神卽五常　惟規能圓　矩以能方　孟曰弄此　有事勿忘　名爲浩然　至大至剛
充塞天地　長揖羲皇

此圖與周子之圖少異者非求異于周子也周子之圖散開書使人易曉此圖總畫解周子之圖者以中間一圈爲太極之本體者非也圖說周子已說盡了故不必贅

易以道陰陽其理止此矣世道之治亂國家之因革山川之興廢士伯之誠僞風俗之厚薄學術之邪正理學之晦明文章之純漓士子之貴賤賢不肖之進退華夷之强弱百姓之勞逸財賦之盈虛戶口之增減年歲之豐凶舉辟之詳略以至一草一木之賤一飲一食之微皆不外此圖程子曰天地萬物之理無獨必有對皆自然而然非有安排也于此圖見之矣畫此圖時因讀易七日來復見得道理原不斷絕往來代謝是如此因推而廣之作理學辨疑

河圖太極圖

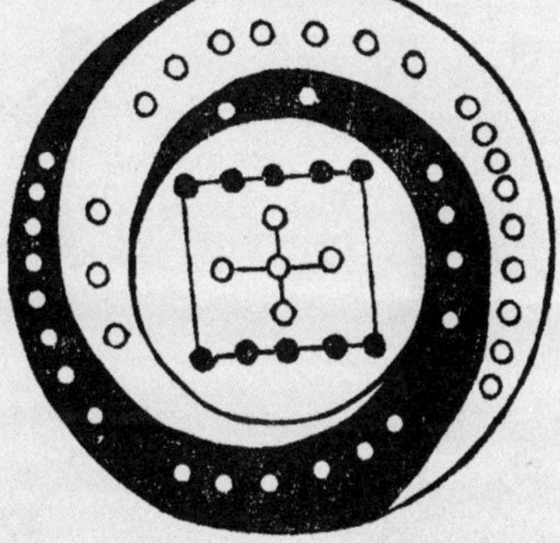

河圖太極說

雖曰一六在下二七在上其實皆陽上而陰下雖曰三八在左四九在右其實皆陰左而陽右雖曰以五生數統五成數其實皆生數在內成數在外雖曰陰陽皆自內達外其實陽奇一三七九陰耦二四六八皆自微而漸盛彼欲分裂其幾點置之某處而更亂之盍即此太極河圖觀之哉但陰陽左右雖旋轉無定在也而拘拘執河圖處中五十無位之說是又不知陰陽合於中心而土本天地之中氣也來註

洛書太極圖

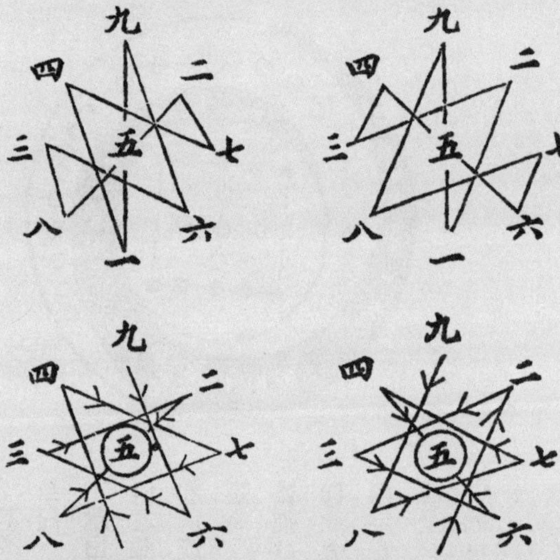

上右圖一二三四五六七八九挨次連三方者天地體數順行也上左圖一四七二五八三六九隔次連三方者甲子用數逆行也拳家纏絲精法所走之路適與相仿右仰手與左俯手相向若抱右手在下從一向二向三向六行頭領兩足從九向八向七向四行四六同向五扭纏猛力一抖氣結中宮左仰手在下從一向四向七向八行頭領兩足從九向六向三向二行二八同向五扭纏猛力一抖氣結

中宮左右扭縹落點時頭手足皆成一二三或一四七矩折三角形若兼帶俯仰伸縮法規矩方爲完全合一久練純熟則起落進退旋轉自由而輕重虛實剛柔齊發乃識太極確有眞相非徒託諸空言矣

河圖天地交圖

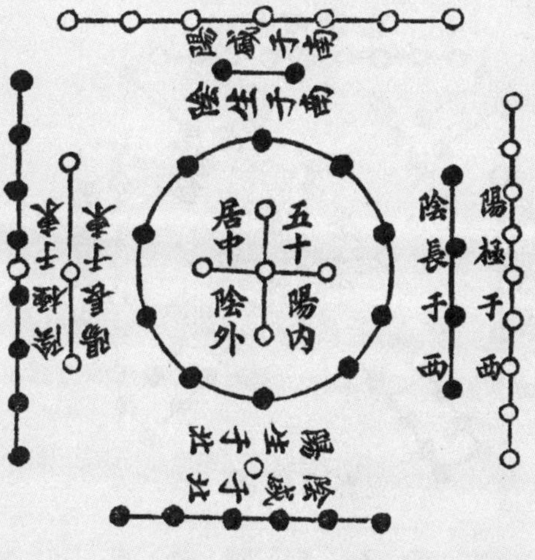

河圖天地交洛書日月交論

天地交則泰矣易卽嚴艱貞於九三日月交則既濟矣易卽謹衣袽於六四君子因圖書而致愼於交也深矣哉若夫統觀河圖除中五十則外數三十徑一圍三故圓謂圖爲天之象可也統觀洛書除中五數則外數四十徑一圍四故方謂書爲地之象亦可也圖之數五十有五其數奇而盈也非日之象乎書之數四十有五其

洛書日月交圖

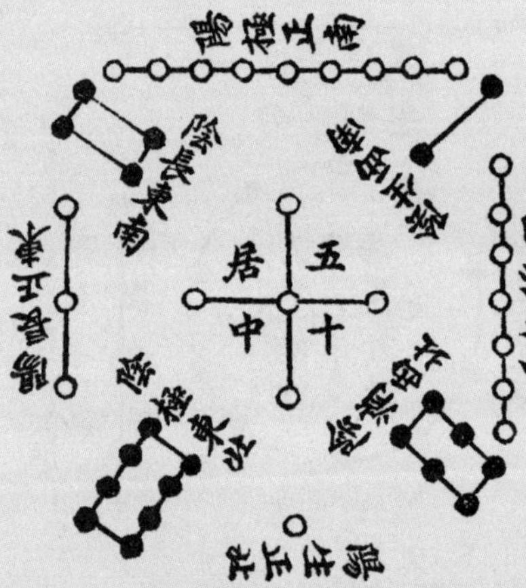

數耦而乏也非月之象乎潛神圖書者可無反身之功哉蓋天地日月之交卽吾人性命之理姤復之機也果能以此洗心退藏於密天地交而一陽含於六陰之中日月交而一貞完其純陽之體則天地合德日月合明生尅制化之神妙不在圖書而在我矣否則圖書固不當牽扯而圖自圖書自書亦方圓奇耦之象數耳於窮理盡性至命之學何與哉來註

太極拳內精圓圖

太極拳倣河圖作纏絲圓勁圖

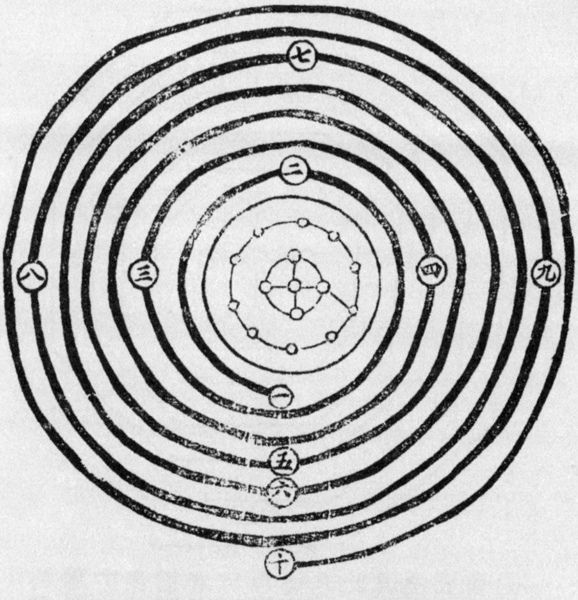

河圖實爲纏絲精之祖單開如一字兩頭合注週圍撑開則爲太極圖圖錯之則爲纏絲圖變之則爲褊圖再變之四角撑開則爲方圖至三角五角六角七角八角九角皆方圖也皆由一生二而推之也卽堯典所載日月運行錯綜之纏次圓圖莫非由一字所生也茲不俱論此圖專主纏絲勁說因拳中股肱宜用故推及之

太極拳外形方圖

太極拳做洛書作行體方正圖

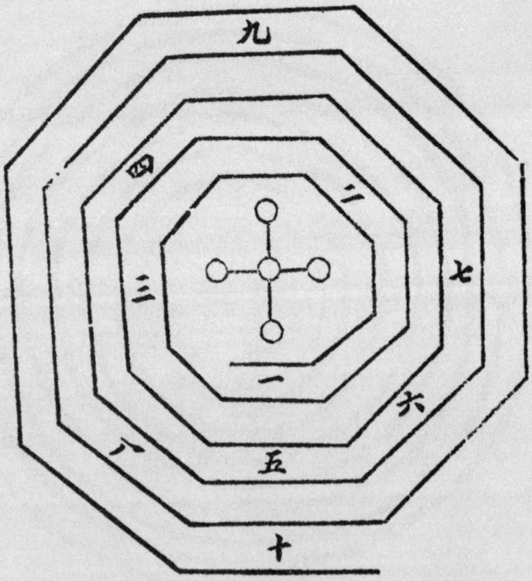

洛書實爲方形之祖猶是智欲圓而行欲方之意且太極拳實係外方而內圓上圓而下方方者其形圓者其神也要拳者不可不知

打拳雖有時倚斜然斜之中自寓有方正之意

此八角方形也一摸其棱即成太極圓圖矣方由圓生圓因方成此方圓相通之理要皆本一字所生

太極拳纏絲精圖

吾讀諸子太極圖圖而悟打太極拳須明纏絲精纏絲者運中氣之法門也不明此即不明拳

第一白路與黑路以象無極中自存太極之陰陽也第二白路黑路以象太極生兩儀兩儀陰陽也即天地也第三白路黑路以象人人秉陰陽五行之氣以生者也第四白路即孟子所謂浩然之氣黑路即人之血氣配以道義即爲正氣即是浩然之氣第五白路即道心所以宰乎氣者也氣非理無以行此性中之理也黑路即人心聖賢新謂私心也中間白點即克念黑點即罔念也惟聖人但存克念去其罔念罔念即告子所謂食色性也人皆有之人能去此一念之私使之永不發動則純乎天矣純乎天則打拳皆隨天機動宕莫非自然而然活潑潑地太極原象皆從吾身流露

外三大圖推陰陽所自始內三圖言陰陽有所宰內三圖皆在第三圖人所秉受之中本不必再圖恐打拳不知理以宰氣之故爾非另外別有一圖也姑圖之令人易曉要之內三圖皆在第三圖之中第三圖皆在第二圖之中第二圖皆在第一圖之中此圖專言衛生之本還氣妙訣能善運氣始能衛其生命能衛生命則復性有所資養氣有所賴矣此太極拳是有益於身心性命之學聖賢言修身在復性此言衛生運氣以爲修身復性之本未知是否姑爲圖說以留笑柄

旡極圖

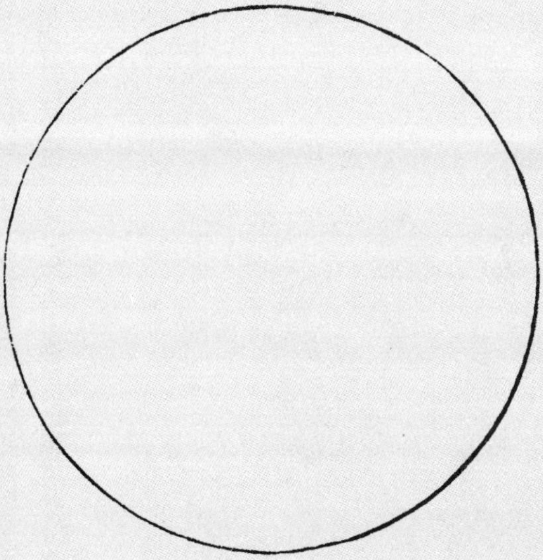

前吾畫一空圈名曰旡極圖此又畫一空圈何謂也天地萬物皆自無而生有自有以後事物不可枚舉卽如打拳一藝起初原無是術一旣有之正不妨卽其有以造至無心成化不著形迹則有者仍歸于無矣所謂色卽是空空卽是色空空色色色空空吾之又畫一圈者蓋以此

人身纏絲正面圖

渾身俱是纏勁大約裏纏外纏皆是隨動而發有左手前右手後右手前左手後而以一順合者亦有左裏合右背合者亦有用反背勁而往背面合者各因其勢之如何而以自然者運之

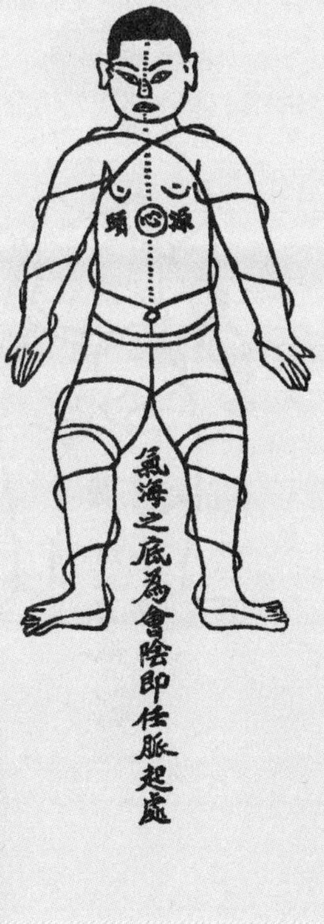

足大指待手氣走足後乃與手一齊合住此時方可踏實

其勁皆發于心內入于骨縫外達于肌膚是一股非有幾股勁卽氣之發于心者得其中正則爲中氣養之卽爲浩然之氣

人身纏絲背面圖

背面頭頂爲頂勁　大椎爲分路　分路下爲膂　正中骨爲脊　兩腎爲腰

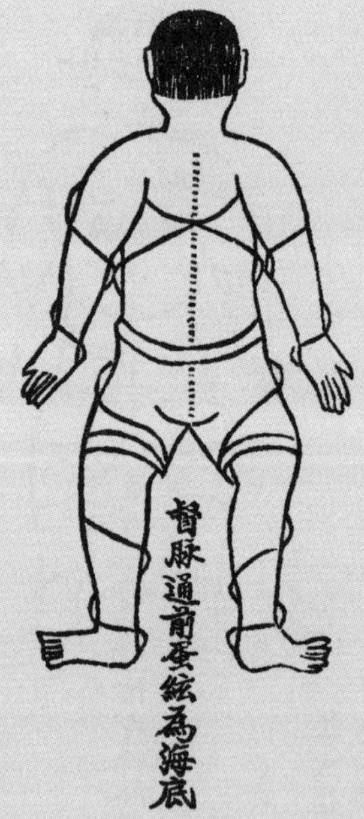

足之虛實因乎手　手虛足亦虛　手實足亦實

太極拳纏絲精論

太極拳纏絲法也進纏退纏左右纏上下纏裏外纏大小纏順逆纏而要莫非卽引卽纏卽進卽纏不能各是各着若各是各着非陰陽互爲其根也世人不知皆目爲軟手是一外面視之皆迹象也若以神韻論之交手之際剛柔並用適得其中非久于其道者不能澈其底蘊兩肩鬆下兩肘沉下秀若處女見人肆若猛虎下山手卽權衡稱物而知其輕重打拳之道吾心中自有權衡因他之進退緩急而以吾素練之精神臨之是無形之權衡也以無形之權衡權有形之迹象宜輕宜重而以兩手斟酌適得其當斯爲妙手

太極拳纏絲法詩四首

七言古

動則生陽靜生陰　一動一靜互爲根　果然識得環中趣　輾轉隨意見天眞

其二

陰陽無始又無終　來往屈伸寓化工　此中消息眞參透　圓轉隨意運鴻濛

其三

一陣清來一陣迷　連環闔闢賴撕提　理經三昧方才亮　靈境一片是破璃

五言古

理境原無盡　端由結蟻誠　三年不窺園　壹志並神凝　自當從良師
又宜訪高朋　處處循規矩　一線啓靈明　一層深一層　層層意無窮
一開連一合　開合遞相承　有時引入勝　工欲罷不能　時習加黽勉
日上自蒸蒸　一旦無障礙　恍然悟太空

手太陰肺經十一穴

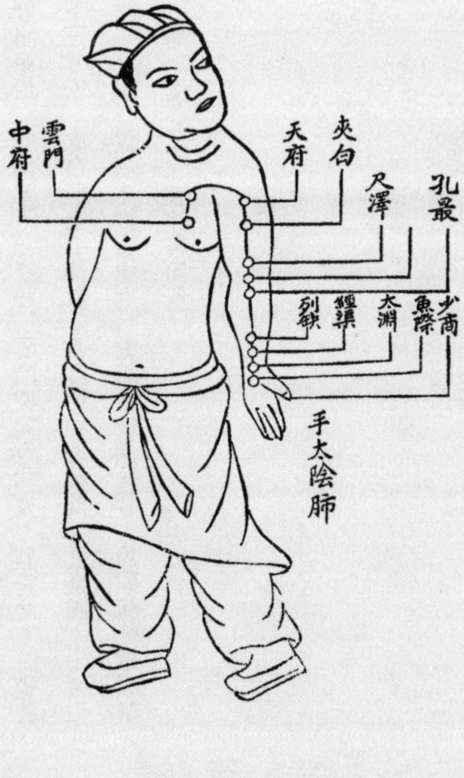

經穴歌錄內經註

歌云

太陰肺兮出中府　雲門之下一寸許　雲門璇璣旁六寸　巨骨之下二骨數

天府脅下三寸安　夾白肘上五寸數　尺澤肘中約紋論　孔最腕上七寸取

列缺腕側一寸半　經渠寸口陷中取　太淵掌後橫紋骨　魚際節後散脈舉

少商大指端內側　此穴若針病卽愈

手陽明大腸經二十穴

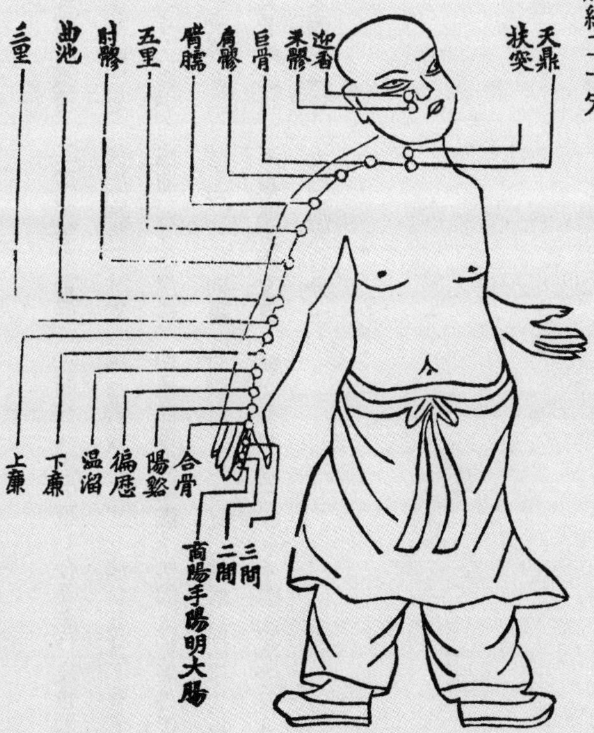

卷首

四二

歌云

商陽食指內側邊　二間來尋本節前　三間節後陷中取　合骨虎口歧骨間
陽谿上側腕中是　偏歷腕後三寸安　溫溜腕後去五寸　池前五寸下廉看
池前三寸上廉中　池前二寸三里逢　曲池曲骨紋頭盡　肘髎太骨廉外近
大筋中央尋五里　肘上三寸行向裏　臂臑肘上七寸量　肩髃肩端舉臂取
巨骨肩央端上行　天頂喉旁四寸眞　扶突天鼎旁三寸　禾髎水溝旁五寸
迎香禾髎上一寸　大腸經穴自分明

足陽明胃經四十五穴

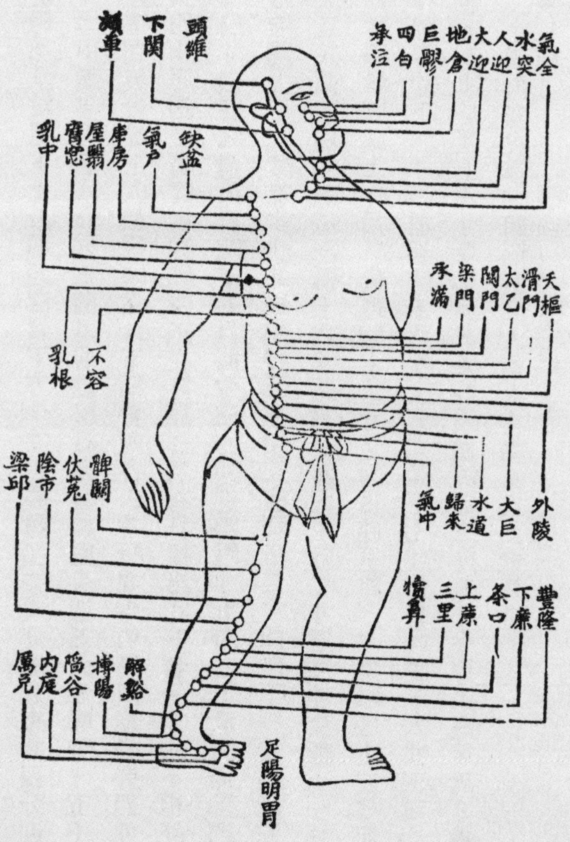
頭維
下關
頰車
承泣
四白
巨髎
地倉
大迎
人迎
水突
氣舍
缺盆
氣戶
庫房
屋翳
膺窗
乳中
乳根
不容
承滿
梁門
關門
太乙
滑門
天樞
外陵
大巨
水道
歸來
氣中
髀關
伏兔
陰市
梁邱
犢鼻
三里
上廉
条口
下廉
豐隆
解谿
衝陽
陷谷
内庭
厲兌
足陽明胃

歌云

胃之經兮足陽明承泣目下七分尋四白目下方一寸巨髎鼻孔旁八分地倉夾吻四分迎大迎頷下寸三中頰車耳下八分穴下關耳前動脈行頭維神庭旁四五人迎喉旁寸五中水突筋前迎下在氣舍突下穴相尋缺盆舍下橫骨內各去中行寸半明氣戶璇璣旁四寸至乳六寸又四分庫房屋翳膺窗迎乳中正在乳頭心次有乳根出乳下各一寸六不相侵却去中行須四寸以前穴道與君陳不容巨闕旁三寸却近幽門寸五新其下承滿與梁門關門太乙滑肉門上下一寸無多少共去中行三寸中天樞臍下二寸間樞下一寸外陵安樞下二寸大巨穴樞下四寸水道全樞上六寸歸來是共去中行二寸邊氣沖鼠鼷上一寸又去中行四寸專髀關膝上有尺二伏莵膝上六寸是陰市膝上方三寸梁邱膝上二寸記膝臏陷中犢鼻存膝下二寸三里至膝下六寸上廉穴膝下七寸條口味膝下八寸下廉看膝下九寸豐隆係却是踝上八寸量比那下廉外邊綴解谿去庭六寸半搏陽庭後五寸換陷骨庭後二寸間內庭次指五間陷厲兌大指次指端去爪如韭胃井判

足太陰脾經二十二穴

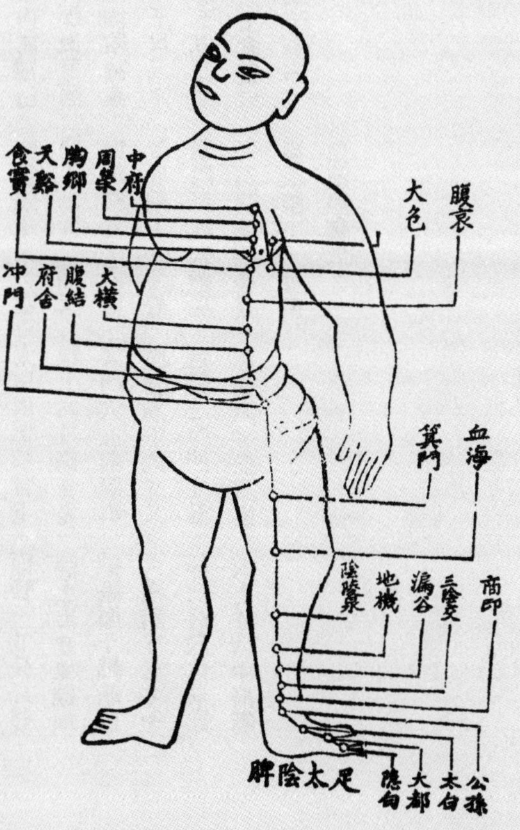

卷首

四四

歌云

大指端內側隱白　節後陷中求大都　太白內側核骨下　節後一寸公孫呼
商印內踝微前陷　踝上二寸三陰交　踝上六寸漏骨是　踝上七寸地機朝
膝下內側陰陵泉　血海膝臏上內廉　箕門穴在魚腹取　動脈應于越筋間
沖門期下尺五寸　腹舍期下九寸看　腹結期下六寸八　大橫期下五寸半
腹哀期下方二寸　期門肝經穴道現　巨闕之旁四寸五　却連脾穴休胡亂
自此以上食竇穴　天谿胸鄉周榮貫　相去六寸無多寡　又上寸六中府斷
大包腋下有六寸　淵液腋下三寸絆
淵液胆經穴

手少陰心經九穴

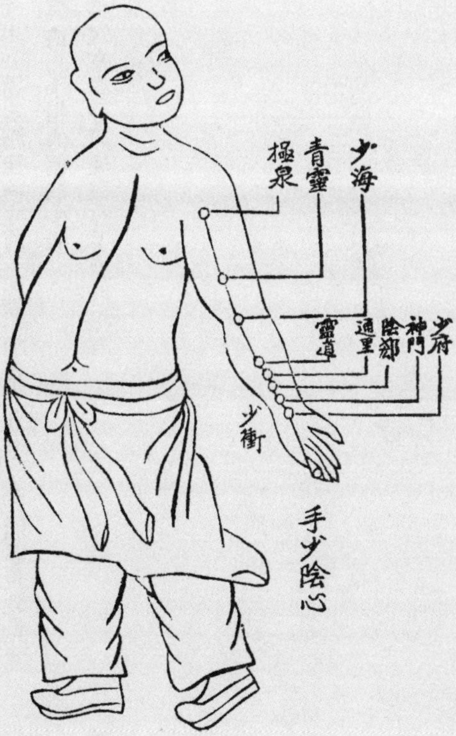

歌云

少陰心起極泉中　腋下筋間脈入胸　青靈肘上三寸許　少海肘後端五分

靈道掌後一寸半　通里腕後一寸同　陰郄腕後方寸半　神門掌後兌骨隆

少府節後勞宮直　小指內側取少衝

勞宮心包絡穴在右手節後與左手少府相對

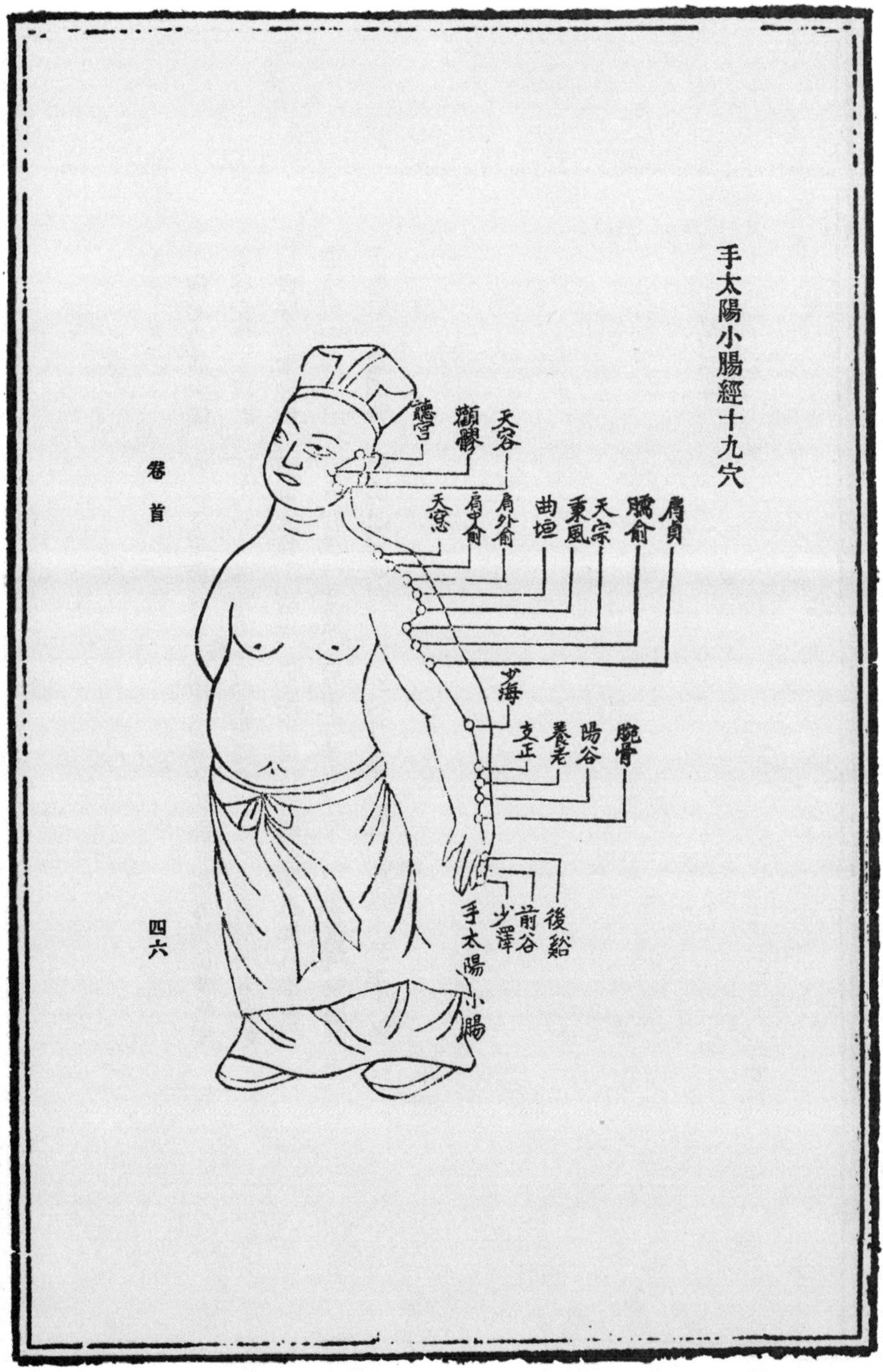
手太陽小腸經十九穴
聽宮
顴髎
天容
天窗
肩中俞
肩外俞
曲垣
秉風
天宗
臑俞
肩貞
少海
支正
養老
陽谷
腕骨
少澤
前谷
後谿
手太陽小腸
卷首
四六

歌云

小指端外爲少澤　前谷外側節前覓　節後捏拳取後谿　腕骨腕前骨陷側

陽谷兑骨下陷計　腕上一寸名養老　支正腕後量五寸　少海肘後五分好

肩貞胛下兩骨解　臑俞大骨下陷保　天宗秉風後骨陷　秉風髃外舉有空

曲垣肩中曲胛陷　外俞胛後一寸從　肩中三寸大抒旁　天窗扶突後陷詳

天容耳下曲頰後　顴髎面頄銳端詳　聽宮耳端大如菽　此爲小腸手太陽

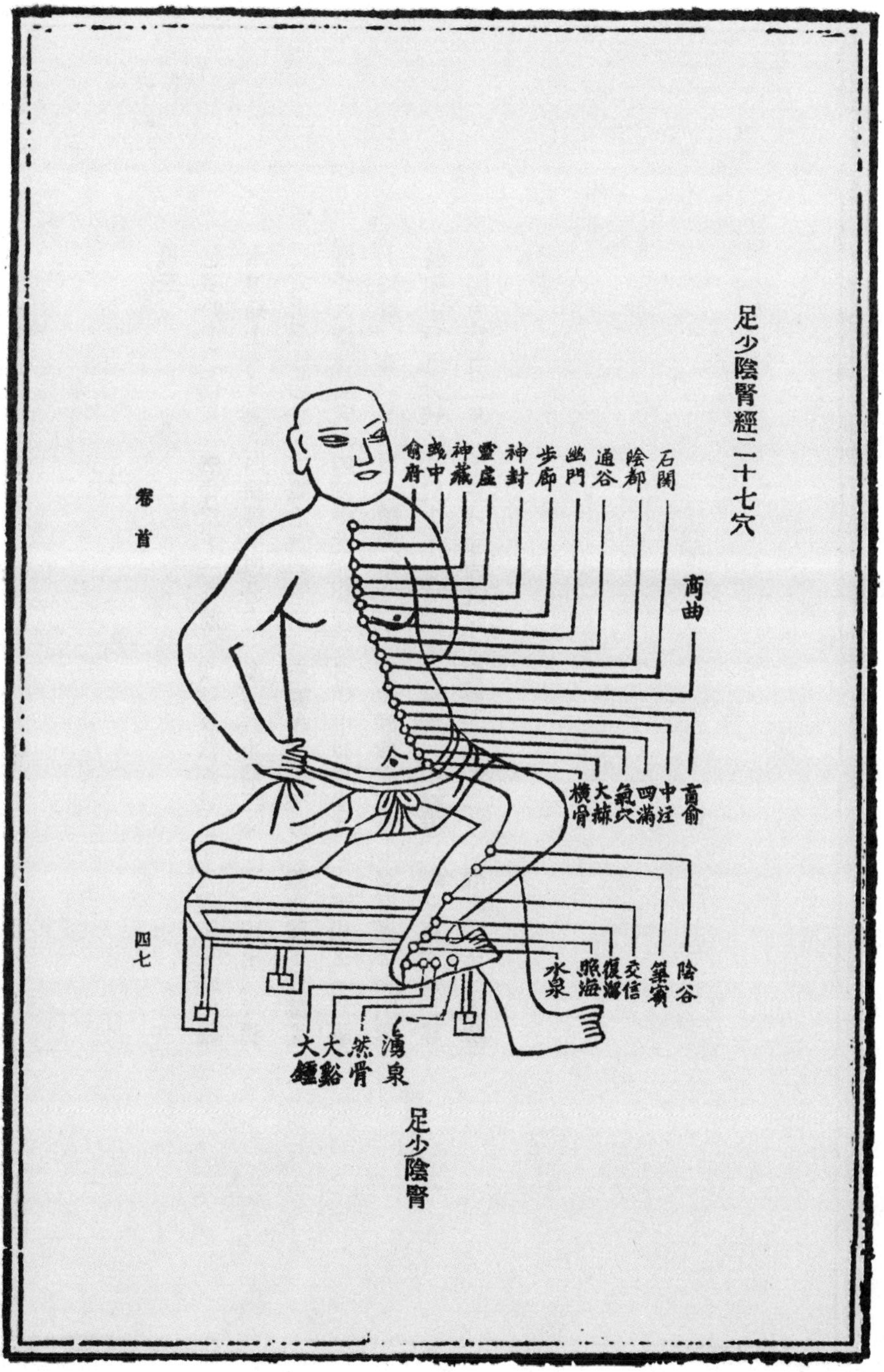
足少陰腎經二十七穴
石關
陰都
通谷
幽門
步廊
神封
靈墟
神藏
彧中
俞府
商曲
肓俞
中注
四滿
氣穴
大赫
横骨
陰谷
築賓
交信
復溜
照海
水泉
湧泉
然谷
大谿
大鍾
足少陰腎
卷首
四七

歌云

足掌心中是湧泉　然骨踝下一寸前　太谿踝後跟骨上　大鍾跟後踵中邊
水泉谿上一寸覓　照海踝下四分安　復溜踝上前二寸　交信踝上二寸聯
二穴止隔筋前後　太陽之後少陰前　築賓內踝上腨分　陰谷膝下曲膝間
橫骨大赫並氣穴　四滿中注亦相連　各開中行止半寸　上下相去一寸便
上隔肓俞亦一寸　肓俞臍旁半寸邊　肓俞商曲石關來　陰都通谷幽門開
各開中行五分挾　六穴上下一寸裁　步廊神封靈墟存　神藏彧中俞府尊
各開中行計二寸　上下六寸六穴同　俞府璇璣旁二寸　取之得法自成功

足太陽膀胱經六十三穴

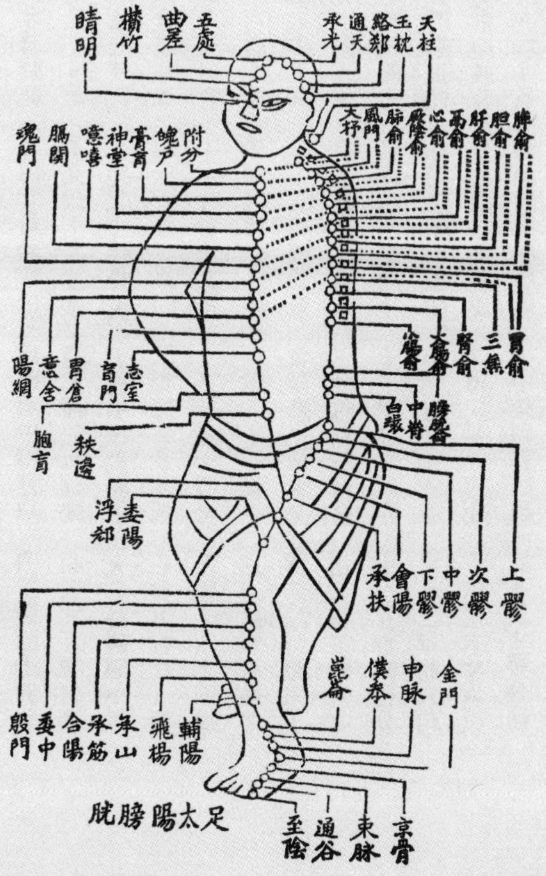

天柱
玉枕
絡郄
通天
承光
五處
曲差
攢竹
睛明
脾俞
胆俞
肝俞
膈俞
心俞
厥陰俞
肺俞
風門
大杼
附分
魄戶
膏肓
神堂
譩譆
膈關
魂門
胃俞
三焦
腎俞
大腸俞
小腸俞
志室
肓門
胃倉
意舍
陽綱
膀胱俞
中膂
白環
秩邊
胞肓
委陽
浮郄
上髎
次髎
中髎
下髎
會陽
承扶
金門
申脉
僕參
崑崙
輔陽
飛揚
承山
承筋
合陽
委中
殷門
足太陽膀胱
京骨
束骨
通谷
至陰

歌云

足太陽兮膀胱經　目內眥角始睛明　眉頭陷中攢竹取　曲差髮際上五分
五處髮上一寸是　承光髮上二寸半　通天絡郄玉枕穴　相去寸五調匀看
玉枕夾腦一寸三　入髮二寸枕骨現　天柱項後髮際中　大筋外廉陷中獻
自此夾脊開寸五　第一大抒二風門　三椎肺俞厥陰四　心俞五椎之下論
膈七肝九十胆俞　十一脾俞十二胃　十三三焦十四腎　大腸十六之下推
小腸十八膀十九　中膂內俞二十椎　白環二十一椎下　以上諸穴可排之
更有上次中下髎　一二三四腰空好　會陽陰尾尻骨旁　背部二行諸穴了
又從脊上開三寸　第二椎下爲附分　三椎魄戶四膏肓　第五椎下神堂尊
第六譩譆膈關七　第九魂門陽綱十　十一意舍之穴存　十二胃倉穴已分
十三肓門端正在　十四志室不須論　十九胞肓廿秩邊　背部三行諸穴匀
又從臀下陰紋取　承扶居于陷中主　浮郄扶下方六分　委陽扶下寸六數
殷門扶下六寸長　膕中內廉兩筋鄉　委中膝膕約紋裏　此下三寸尋合陽

承筋根脚上七寸　穴在腨腸之中央　承山腨下分肉間　外踝七寸上飛揚
輔陽外踝上三寸　崐崙後跟陷中央　僕參亦在踝骨下　申脈踝下五分張
金門申脈下一寸　京骨外側骨際量　束脈本節後陷中　通谷節前陷中强
至陰却在小指側　太陽之穴始周詳

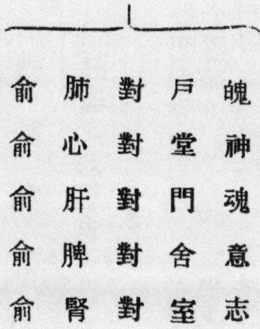

按五臟相對論

如

魄戶對肺俞
神堂對心俞
魂門對肝俞
意舍對脾俞
志室對腎俞

是爲五神

蓋五神藏于五臟之中所以與五臟相對試以五神所藏論其實

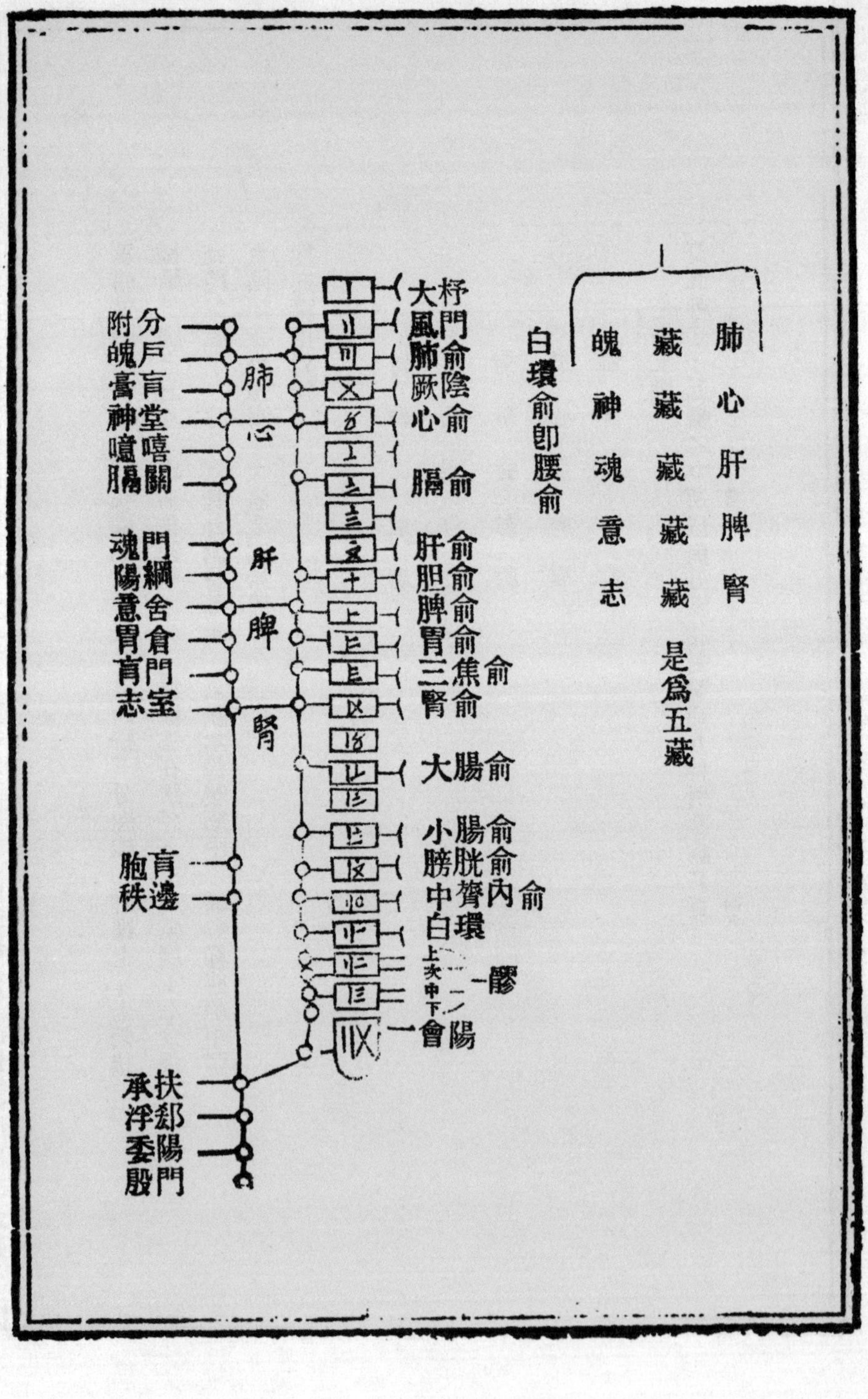
肺心肝脾腎
藏藏藏藏藏 是爲五藏
魄神魂意志
白環俞卽腰俞
大杼
風門
肺俞
厥陰俞
心俞
膈俞
肝俞
胆俞
脾俞
胃俞
三焦俞
腎俞
大腸俞
小腸俞
膀胱俞
中膂內俞
白環
上次中下 髎
會陽
肺
心
肝
脾
腎
附分
魄戶
膏肓
神堂
譩譆
膈關
魂門
陽綱
意舍
胃倉
肓門
志室
胞肓
秩邊
承扶
浮郄
委陽
殷門

手厥陰包絡經九穴

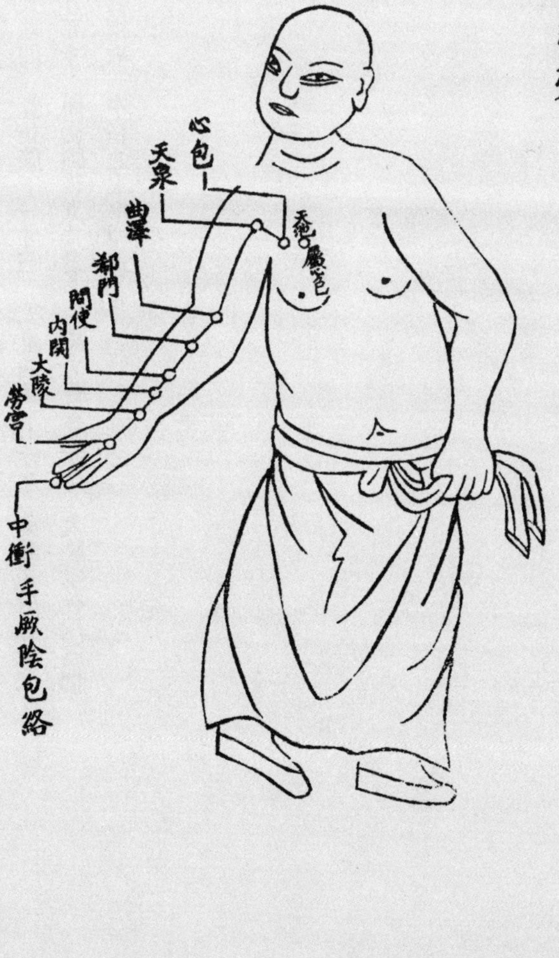

歌云

心包起自天地間　乳後腋下一寸三　天泉曲腋下二寸　曲澤屈肘陷中央

郄門去腕方五寸　間使腕後五寸量　內關去腕止二寸　大陵掌後兩筋間

勞宮屈中名指取　中指之末中冲良

手少陽三焦經二十四穴

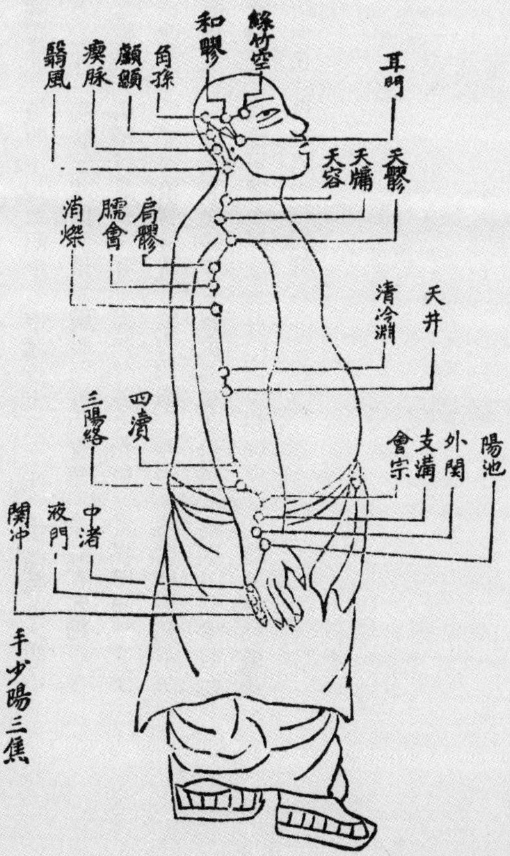

手少陽三焦

卷首

五一

歌云

無名指外端關沖　液門小指次陷中　中渚液上去一寸　湯池腕上之陷中
外關腕後方二寸　腕後三寸開支溝　腕後三寸內會宗　空外有穴細心求
腕後四寸三陽絡　四瀆肘前五寸看　天井肘外大骨後　骨罅中間一寸摸
肘後二寸清冷淵　消爍對液臂外看　臑會肩前三寸中　肩髎臑上陷中央
天髎缺盆陷處上　天牖天容之後有　翳風耳後尖角陷　瘈脈耳後青脈現
顱顖亦在青絡脈　角孫耳廓中間上　耳門耳前起肉中　和髎耳後動脈張
欲知絲竹空何在　眉後陷中仔細詳

足少陽胆經四十五穴

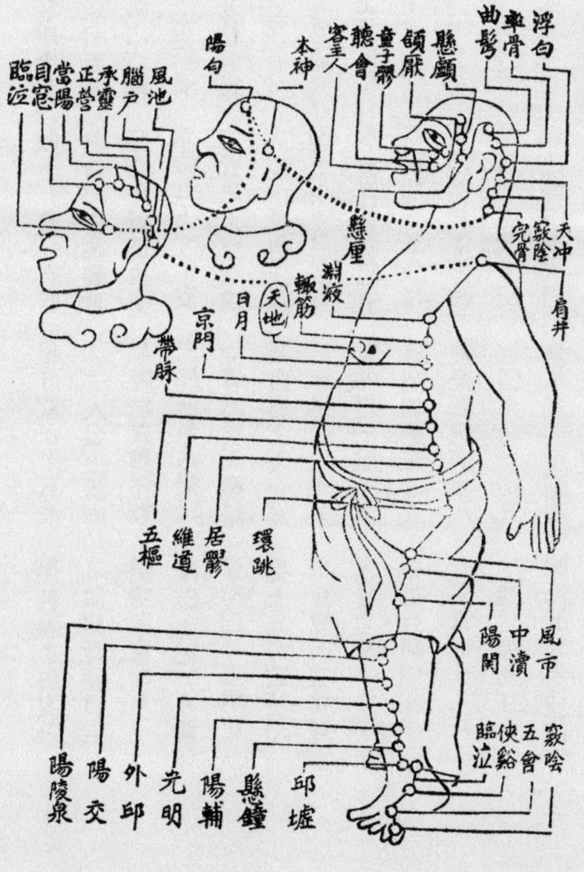

浮白
率骨
曲鬢
懸顱
頷厭
童子髎
聽會
客主人
本神
陽白
風池
腦户
承靈
正營
當陽
目窗
臨泣
天冲
竅陰
完骨
肩井
懸厘
淵液
輒筋
天地
日月
京門
帶脉
五樞
維道
居髎
環跳
風市
中瀆
陽關
竅陰
五會
俠谿
臨泣
邱墟
懸鐘
陽輔
光明
外邱
陽交
陽陵泉

歌云

足少陽兮四十五　頭上廿穴分三折　起自童子至風池　積數陳之依次第

瞳子髎近眥五分　耳前陷中尋聽會　客主人名上關同　耳前起骨開口空

頷厭懸顱之二穴　腦空上廉曲角下　懸釐之穴異于茲　腦空下廉曲角上

曲鬢耳上髮際隅　率骨耳上寸半安　天冲耳後入髮二　浮白入髮一寸間

竅陰即是枕骨穴　完骨之上有空連　完骨耳後入髮際　量得四分須用記

本神神庭旁三寸　入髮一寸耳上係　陽白眉上方一寸　髮上五分臨泣用

髮上一寸當陽穴　髮上半寸目窗貢　正營髮上二寸半　承靈髮上二寸攤

腦空髮上五寸半　風池耳後髮陷中　肩井肩上陷中求　大骨之前一寸半

淵液腋下方三寸　輒筋期下五分判　期門却是肝之穴　相去巨闕四寸半

日月期門下五分　京門監骨下腰絆　帶脈章門下寸八　五樞章下寸八貫

維道章下五寸三　居髎章下八寸三　章門亦是肝經穴　下脘之旁九寸含

環跳髀樞宛宛中　屈上伸下取穴同　風市垂手中指盡　膝上五寸中瀆論

陽關陽陵上三寸　陽陵膝下一寸從　陽交外踝上七寸　踝上六寸外邱用
踝上五寸光明穴　踝上四寸陽輔分　踝上三寸懸鐘在　邱墟踝前之陷中
此去俠谿四寸五　却是胆經原穴功　臨泣俠谿四寸半　五會竅陰二穴同

按頭上二十穴次第共分三折

第一折

一童子髎二聽會
三主人兮頷厭四
五懸顱兮六懸鼇
第七數分曲髩隨
八率谷兮九天沖
十浮白兮之穴從
十一竅陰亦相繼
十二完骨一折終

第二折

又自十三本神始
十四陽白二折隨

第三折

十十十十依胆
五六七九次經
臨目正腦細頭
泣窗營戶心上
目之十廿量穴
下穴八風取堪
穴宜靈池之知

足厥陰肝經十五穴

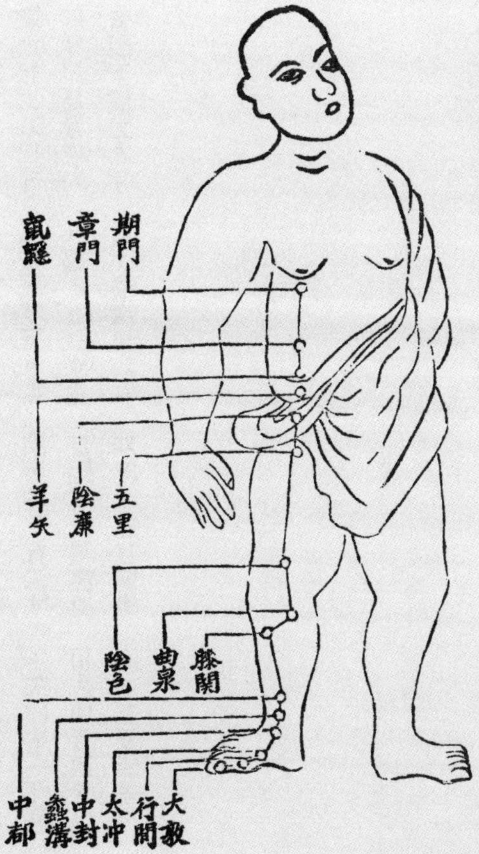
期門
章門
鼠鼷
五里
陰廉
羊矢
膝關
曲泉
陰包
大敦
行間
太冲
中封
蠡溝
中都

歌云

足大指端名大敦　行間大指縫中存　太冲本節後二寸　踝前一寸號中封

蠡溝踝上五寸是　中都踝上七寸中　膝關犢鼻下二寸　曲泉三膝盡横紋

陰包膝上方四寸　氣冲三寸下五里　陰廉冲下有二寸　羊矢冲下一寸許

氣冲却是胃經穴　鼠蹊之上一寸主　鼠蹊横骨端盡處　相去中行四寸主

章門下脘旁九寸　肘小盡處側臥取　期門又在巨闕旁　四寸五分無差矣

督脈圖二十八穴

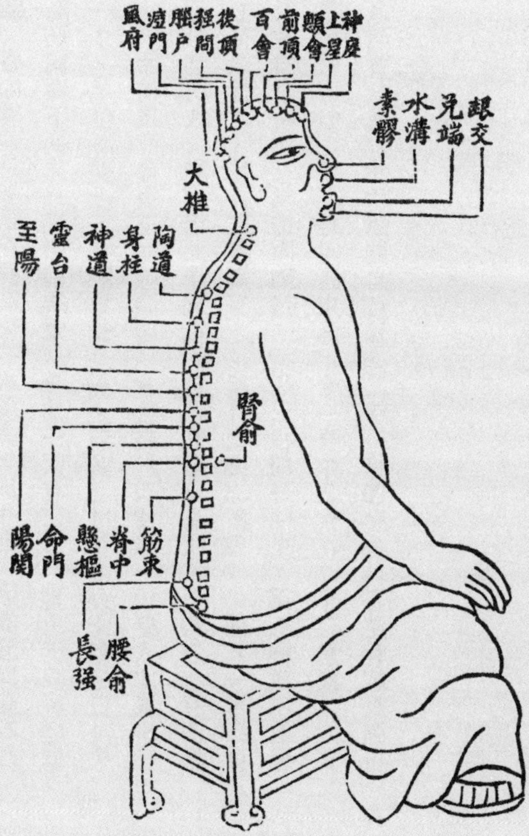

卷首

五五

歌云

督脈斷交唇內鄉　兌端正在唇端央　水溝鼻下溝中索　素髎宜向鼻端詳

頭形北高南面下　先以髮際前後量　分為一尺有二寸　髮上五分神庭當

髮上一寸上星位　髮上二寸顖會長　髮上前頂三寸半　髮上百會五寸央

會後寸半卽後頂　會後三寸强間明　會後腦戶四寸半　後髮八寸風府行

髮上五分瘂門在　神庭至此十穴眞　自此項骨下脊骶　分為二十有四椎

大椎上有項骨在　約有三椎莫算之　尾有長强亦不算　中間廿一可推排

大椎大骨為第一　二椎節內陶道知　等三椎間身柱在　第五神道不須疑

第六靈台至陽七　第九身內筋束思　十一脊中之穴在　十二懸樞之穴奇

十四命門腎俞並　十六陽關自可知　二十一椎卽腰俞　脊尾骨端長强隨

任脈圖二十四穴

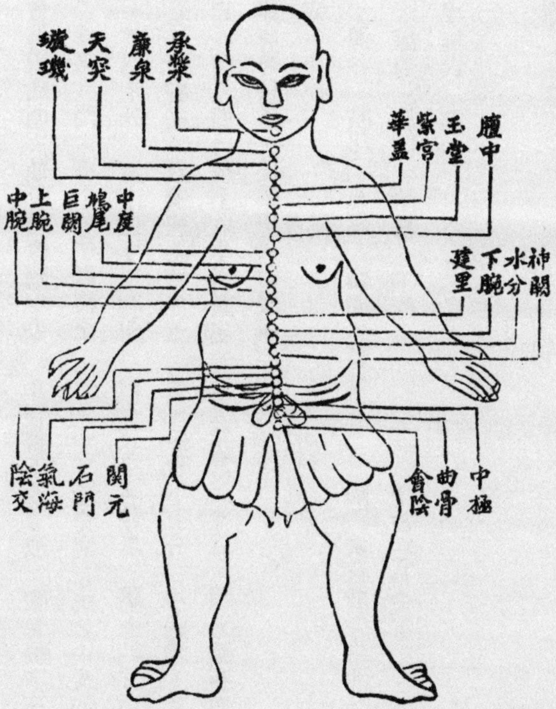

歌云

任脈會陰兩陰間　曲骨毛際陷中安　中脊臍下四寸取　關元臍下三寸連
臍下二寸名穴門　臍下寸半氣海全　臍下一寸陰交穴　臍之中央卽神闕
臍上一寸爲水分　臍上二寸下脘列　臍上三寸名建里　臍上四寸中脘許
臍上五寸上脘在　巨闕臍上六寸五　鳩尾蔽骨下五分　中庭膻下寸六取
膻中却在兩乳間　膻上六寸玉堂主　膻上紫宮二寸二　膻上華蓋四八舉
承漿頤前唇稜下　任脈中央行腹裏

衝脈十一穴

幽門　通谷　陰郄　石關　商曲　肓俞　幽門俠巨闕旁半寸
中注　髓府　胞門　陰關　下極　中注在肓俞下

帶脈束腰中無穴

十二經絡圖

八會正面圖

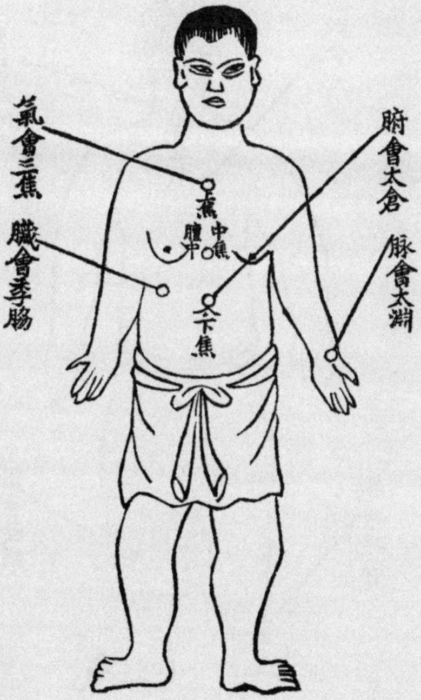

八會背面圖

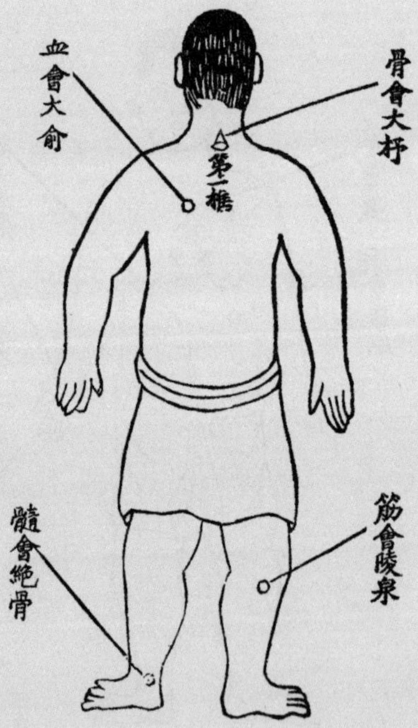

七衝門圖

卷首

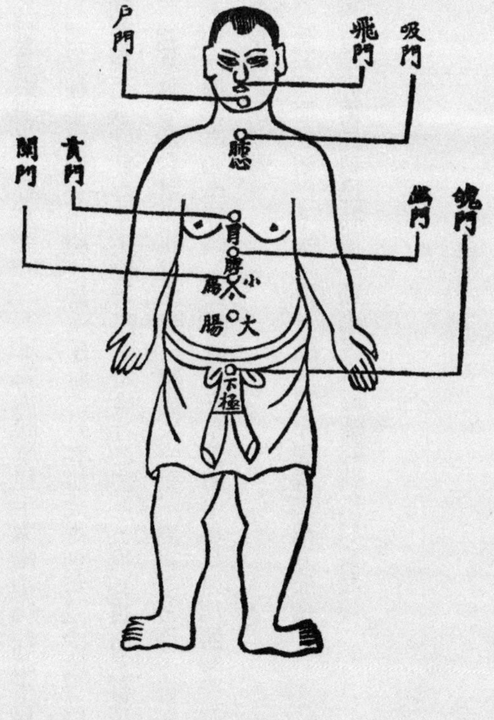

五八

衛氣論

靈樞衛氣行篇曰衛氣之行一日一夜五十周於身晝日行於陽二十五周夜行於陰二十五周平旦陰盡陽氣出於目目張則氣上行於頭（循精明）下足太陽膀胱經手太陽小腸經足少陽胆經手少陽三焦經足陽明胃經手陽明大腸經所謂一日而主外者如此夜則行足少陰腎經注於手少陰心經手太陰肺經足厥陰肝經足太陰脾經亦如陽行之二十五度而復合於目所謂平旦人氣生者卽上行於頭復合於目者是也打拳每一勢陽氣一動一周身至於靜一靜一周身卽心之一念動陽氣卽一周於身一念靜陰氣卽周於一身十二時中逐日無間隨時所在不可不知針着人神卽死犨之不死卽傷

歌曰　子髁丑腰寅在目卯面辰期巳手執午胸未腹申在心酉背戌期亥股續

又歌　子髁丑項寅耳邊卯面辰項巳乳間午肋未復申心處酉膝戌腰亥股端

臟腑配地支圖

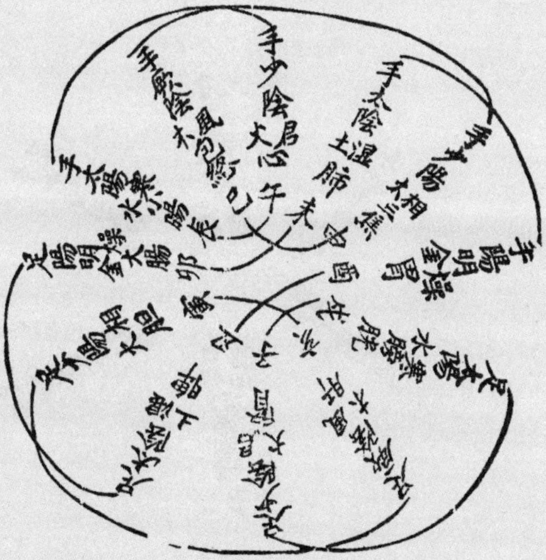

臟腑配地支歌

子腎午心少陰君
丑脾未肺太陰根
寅胆申焦少陰樞
卯大酉胃陽明分
辰小戌膀太陽本
巳包亥肝絡厥陰
五運六氣司變化
武術得之自通神

六氣主歲圖

六氣主歲歌

厥陰風木司初春
二氣少陽火爲君
三氣司天太陰土
四氣相火五氣金
克裹生出燥金體
六氣在泉終藏眞

陰陽臟腑歌

太陽小腸足膀胱　陽明大腸足胃當　少陽三焦足胆配
厥陰包絡足肝方　少陰心經足爲腎　太陰手肺足脾鄉

臟腑表裏歌

心與小腸肺大腸　包絡三焦足膀胱　脾與胃兮肝與胆　臟腑表裏辨陰陽

營血周行十二時歌

寅卯辰巳午未申酉戌亥子丑
手手足足手手足足手手足足
太陽陽太少太太少厥少少厥
陰明明陰陰陽陽陰陰陽陽陰
肺太胃脾心小腸膀腎包焦胆肝　續
手陰臟手陽手頭足陰足腑陽頭足

營血周行十二時表

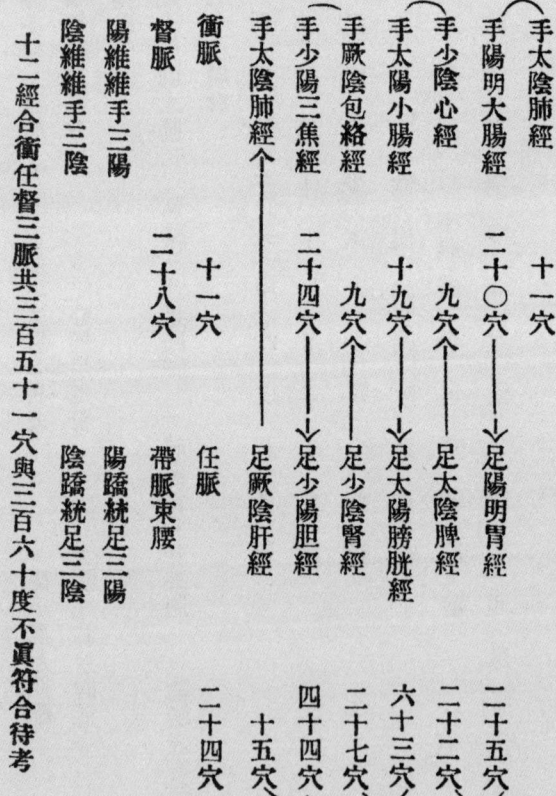

手太陰肺經	十一穴		
手陽明大腸經	二十〇穴 →	足陽明胃經	二十五穴
手少陰心經	九穴 ←	足太陰脾經	二十二穴
手太陽小腸經	十九穴 →	足太陽膀胱經	六十三穴
手厥陰包絡經	九穴 ←	足少陰腎經	二十七穴
手少陽三焦經	二十四穴 →	足少陽胆經	四十四穴
手太陰肺經 ←		足厥陰肝經	十五穴
衝脈	十一穴	任脈	二十四穴
督脈	二十八穴	帶脈束腰	
陽維維手三陽		陽蹻統足三陽	
陰維維手三陰		陰蹻統足三陰	

十二經合衝任督三脈共三百五十一穴與三百六十度不眞符合待考

任脈督脈論

任脈起於會陰上行循腹裏至天突廉泉止督脈亦由會陰起過長强順脊逆行而上至百會下降至人中止人身之有任督猶天地之有子午也人身任督以腹背言天地任督以南北言皆位乎中可以分可以合也分之以見陰陽之不離合之以見渾淪之無間一而二二而一也蓋人能明任督以運氣保身猶明愛民以安國民斃國亡任衰身謝是以上人行導引之術以爲修仙之根本打拳以調養血氣呼吸順其自然掃除妄念卸淨濁氣先定根基收視返聽含光默默調息綿綿操固內守注意玄關功久則頃刻則水中火發雪裏花開兩腎如湯熱膀胱似火燒眞氣自足任督猶車輪四支若山石亡念之發天機自動每打一勢輕輕運行默默停止惟以意思運行則水火自然混融久之水火升降如桔槔之吸水稻花之凝露勿然一粒大如黍米落於黃庭之中此採鉛家投汞之眞祕打拳行到此地注意不可散功不可停一散一停丹不成矣在昔紫陽眞人曰眞汞生於離其用却在坎姹女過南園手持玉橄欖正此謂也日日行之無差無間煉之一刻則一刻周天煉之一時則一時周天煉之一日則一日周天煉之一年則一年周天煉之終身則終身周天煉過十年以後周身混沌極其虛靈不知身之爲我我之爲身亦不知神由氣生

氣自有神周中規折中矩不思而得不勉而中水不求而自生火不求而自出虛室生白黑地引針不知所以然而然亦不知任之爲督督之爲任中氣之所以爲中氣也時措咸宜自然合拍此言任督之升降順逆佐中氣以成功氣動由腎而生靜仍歸宿於腎一呼一吸眞氣之出入皆在於此中極穴一名氣原在關元下一寸臍下四寸膀胱之募足三陰任脈之會氣海一名脖胦一名下肓臍下一寸宛宛中男子生氣之海人言氣歸丹田亦非無本總之任說千言萬語舉莫若清心寡慾培其本原以養元氣身本强壯打拳自勝人一籌

重要穴目

後頂　在百會後一寸

風府　在頂後髮際上以寸

頭維　在額角入髮際本神旁一寸五分

聽宮　在耳中珠子大如赤小豆聲之令人耳聾

腦空　在靈承後一寸

水溝　在鼻柱下溝中央

心俞　在五椎下兩旁各二寸

肝俞　在九椎下兩旁各二寸

胆俞　在十椎下兩旁各二寸

脾俞　在十一椎下兩旁各二寸

胃俞　在十二椎下兩旁各二寸

三焦　在十三椎下兩旁各二寸

腎俞　在十四椎下兩旁各二寸

膀胱　在十九椎下兩旁各二寸

腰俞　在二十一椎下宛宛中自大椎至此折三尺

長强　在骶骨下三分　以上屬督脈

乳根　在乳根下一寸六分

期門　在乳旁一寸半

章門　在臍上二寸兩旁各六寸其寸在胸前兩乳間横折八寸内之六寸

膻中　在兩乳間折中取之

氣海　在臍下一寸半

石門　在臍下二寸

關元　在臍下三寸

中極　在關元下一寸

會陰　在兩陰間　以上屬任脈

太陽　在日月角邊打碎腦出而死

分水　在困門下飲食分路處重打飲食不下日久則死

肝門　此二穴

耳門　卽耳輕打則迷重打則死

斗門　在乳盤上被打吸氣作痛凶不可言不致死

肺門　輕則生重則死

玉關　在腦後打破三日則死

肺底　在背心與前心對被打則笑咳嗽吐血三年而死

腎莖　左右被打笑而死

困門　喉腕打破一時卽死

命門　在背脊之中兩腎之間

前後心穴正位穴　在胸骨之中打傷則死

上海　在肘下生毛處重打則死

下海　卽腔之大肉被打日久發黃而死

前氣眼　在斗口下打之不死見凶

後氣眼　在肺俞之下與前氣眼照

打人必識穴道不識穴道恐打傷人如膻中上腕諸一被捶打心氣一提心血一聚隨時能令人昏迷且甚而至於死故將針灸面背圖任督脈圖繪之於前以備學者觀覽關緊穴熟讀記之

歌曰　身似弓身勁似弦穴如的兮手如箭按時癸兮須忖正千萬莫要與穴偏　杜補

太極拳經譜

太極兩儀天地陰陽闔闢動靜柔之與剛屈伸往來進退存亡一開一合有變有常虛實兼到忽見忽藏健順參半引進精詳或收或放忽弛忽張錯綜變化欲抑先揚必先有事勿助勿忘眞積力久質而彌先盈虛有象出入無方神以知來智以藏往賓主分明中道皇皇經權互用補短截長神龍變化疇測汪洋沿路纏綿靜運無慌肌膚骨節處處開張不先不後迎送相當前後左右上下四旁轉接靈敏緩急相將高擎低取如愿相償不滯於迹不涉於虛至誠（即太極之理氣）運動擒縱由余天機活潑浩氣流行佯輸詐敗制勝權衡順來逆往令彼莫測因時制宜中藏妙訣上行下打斷不可偏聲東擊西左右威宣寒往暑來誰識其端千古一日至理循環上下相隨不可空談循序漸進仔細研究人能受苦終躋渾然至疾至迅纏繞迴旋離形得似何非月圓精練已極極小亦圈日中則昃月滿則虧敵如詐誘不可緊追若踰界限勢難轉囘況一失勢雖悔何追我守我疆不卑不亢九折羊腸不可稍讓如讓他人人立我跌急與爭鋒能上莫下多佔一分我據形勝一夫當關萬人失勇拈連粘隨會神聚精運我虛靈彌加整重細膩斟帖中權後勁虛籠詐透只爲一轉來脈得勢轉關何難實中有虛人已相參虛中有實孰測機關不遮不架不頂不延（遲也）

不軟不硬不脫不沾突如其來人莫知其所以然只覺如風擯倒跌翻絕妙靈境難以言傳試一形容手中有權宜輕則輕斟酌無偏宜重則重如虎下山引視彼來進由我去來宜聽眞去貴神速一窺其勢一覘其隙有隙可乘不敢不入失此機會恐難再得一點靈境爲君指出至於身法原無一定無定（雖說無定）有定（自有一定）在人自用橫豎顚倒立坐臥挺前俯後仰奇正相生迴旋倚側攢躍皆中（皆有中氣放收宰乎其中）千變萬化難繪其形氣不離理一言可罄開合虛實卽爲拳經用力日久豁然貫通日新不已自臻神聖渾然無迹妙手空空若有鬼神助我虛靈豈知我心只守一敬

太極拳權譜

中氣（即太和之元氣不偏不倚無過無不及）貫足精神百倍（十年用功十年養氣）臨陣交戰切忌先進如不得已淺嘗帶引靜以待動堅我壁壘堂堂之陣整整之旗有備無患讓彼偸營一引一進奇正相生佯輸詐敗反敗爲功一引即進轉（轉者從引而忽轉之）進如風進至七分疾速停頓兵行詭計嚴防後侵（前後皆是敵人）前後左右俱要留心進步莫遲不直不遂足隨手運圓轉如神忽上（手足向上）忽下（手足向下）或順（用順纏法其精順）或逆（用倒轉法其精逆）日光普照不落邊際（以上是敵侵我）我進擊人令其不防彼若能防必非妙方（四句是我侵人）大將臨敵無處不愼任他圍繞一齊並進斬將搴旗霸王之眞太極至理一言難盡陰陽變化存乎其人稍涉虛僞（學思並用須下實在功夫）妙理難尋

太極拳經論

自古混囤之後一畫初開一陰陽而已天地此陰陽萬物亦此陰陽惟聖人能葆此陰陽以理御氣以氣行理施之于人倫日用之間以至仰不愧天俯不怍人而爲天地之至人要手亦是以理爲主以氣行之其用功與聖賢同但聖賢所行者全體此不過全體中之一端耳烏足貴雖然由一端以恆其功亦未始不可以卽一端以窺其全體所以平素要得以敬爲主臨場更得恭敬平素要先養氣臨場更要順氣而行勿使有惰氣參勿使有逆氣橫至于用力之久而一旦機趣橫生妙理悉現萬殊一本豁然貫通焉不亦快哉今之學者未用功而先期效稍用力而即期成其如孔子所謂先難後獲何問工夫何以用必如孟子所謂必有事焉而勿正心勿忘勿助長也而後可理不明延明師路不清訪良友理明路清而猶未能再加終日乾乾之功進而不止日久自到問得幾時小成則三年大成則九年至九年之候可以觀矣抑至九年之後自然欲罷不能烝烝日上終身無住足之地矣神手復起不易吾言矣躁心者易勉諸

太極拳權論

天地一大運動也星辰日月垂象於天雷雨風雲施澤於地以及春夏秋冬遞運不已一晝一夜循環無窮者此天地之大運動也聖人一大運動也區劃井田以養民生興立學校以全民性以及水旱盜賊治理有方鰥寡孤獨補助有法此聖人之大運動也至於人之一身獨無運動乎秉天地元氣以生萬物皆備於我得聖人教化以立人人各保其天因而以陰陽五行得於有生之初者爲一身運動之本於是苦心志勞筋骨使動靜相生闔闢互見以至進退存亡極窮其變此吾身自有之運動也向使海內同胞人人簡練揣摩不惰躬修萬象森列顯呈法象又能平心靜氣涵養功夫令太極本體心領神會豁然貫通將見理明法備受益無窮在我則精神強健可久天年在國則盜寇蕩除可守疆域內外實用兩不蹈空熙熙皞皞永慶昇平豈不快哉運動之爲用大矣哉雖然猶有進蓋有行之運動未若無形運動之爲愈而無形之運動尤不若不運動自運動者之爲神運動至此亦神乎運動矣則其運動之功既與聖人同體又與天地合德渾渾穆穆全泯迹象亦以吾身還吾心之太極焉已耳亦卽以吾心之太極還太極之太極焉已耳豈復別有作用哉妙矣哉太極之爲太極也神矣哉太極之爲太極也愚妄以臆見聊書數語以冠其

端殊令方家之一笑云

太極拳名義說

拳以太極名古人必有以深明乎太極之理而後於全體之上下左右前後以手足旋轉運動發明太極之蘊立其名以定爲成憲義至精也法至嚴也後之人事不師古不流於狂妄即涉於偏倚而求一不剛不柔至當却好者以與太極之理相脗合蓋亦戛戛乎其難矣然吾思古之神聖能發明太極之理者莫如包羲氏夏后氏河圖洛書有明證也惜乎予學識淺未能窺其蘊奧且其書最精深又不易闡發於河圖洛書未能道破一語而特於羲經所著陰陽錯綜六爻變化與神禹所傳之五行相生相尅者竊取萬分之一焉然所取者或以卦名或以爻辭或以水火木金土生尅之文因其近似者引之以爲佐証其泛濫膚淺亦不過古人之糟粕已耳雜亂無章隨意採擇於圖書生生大數之序毫不相似况其內之精華者乎雖然亦不必泥古人筆墨原非爲拳而設其包括宏富亦若爲拳而設隨意拾取無不相宜此亦足見太極之理精妙活潑而令萬事萬物各適其宜用之者無不各如其意以償之事雖纖細理無或遺任天下紛紜繁賾萬殊皆歸於一本妙何如也後之人苟能於古人之糟粕即其委而求其源未始無補於身心命名之學雖曰拳爲小道而太極之大道存焉況其爲用最廣運動者宜留心焉深玩細思久之自有得也拳

之益人豈淺鮮哉

太極拳推原解

斯人父天母地莫非太極陰陽之氣（言氣而理在其中）蘊釀而生天地固此理（言理而氣在其中）三教歸一亦此理卽宇宙（太極是體陰陽是體中之氣四方上下曰宇古今往來曰宙）之萬事萬物又何莫非此理况拳之一藝焉能外此理而另有一理此拳之所以以太極名也拳者權也所以權物而知其輕重者也然其理實根乎太極而其用不遺乎兩拳且人之一身渾身上下都是太極卽渾身上下都是拳不得以一拳目拳也其樞紐在一心心主乎敬又主乎靜能敬而靜自葆虛靈天君有宰百骸聽命動則生陽靜則生陰一動一靜互爲其根清氣上升濁氣下降百會中極一體管鍵初學用功先求伏應來脈轉關一氣相生手眼爲活不可妄動其爲氣也至大至剛直養無害充塞天地配義與道端由集義渾灝流行自然一氣輕如楊花堅如金石虎威比猛鷹揚比疾行同乎水流止侔乎山立進爲人所不及知退亦人所莫名速理精法密條理縷析放之則彌六合卷之則退藏於密其大無外其小無內中和元氣隨意所之意之所向全神貫注變化猶龍人莫能測運用在心此是眞訣不偏不倚無過不及內以修身外以制敵臨時制宜祗因素裕不卽不離不沾不脫接骨鬥筍細心揣摩眞積力久

升堂入室

太極拳著解

人之一身心爲主而宰乎肉心者謂之道心卽理心也然理中能運動者謂之氣其氣卽陰陽五行也然氣非理無以宰而理非氣無以行故理與氣不相離而相附此太極根無極者然也天之生人卽以此理此氣生于心待其稍有知識而理氣在人心者渾然無迹象然心之中或由內發或由外感而意思生也當其未生渾渾混混一無所有及其將生其意微乎其微而陰陽之理存乎其中順其自然之機卽心搆形仍在人心之中卽中庸所謂未發也及其將發而心中所搆之形呈之于外或上或下或左或右或前或後或偏或正全體身法無不俱備當其未發搆形之時看其意像什麼形卽以什麼命名亦隨意拾取初無成心是時卽形命名之謂著而每著之中五官百骸順其自然之勢而陰陽五行之氣運乎其中所謂動則生陽靜則生陰一動一靜互爲其根是所謂陽中有陰陰中有陽此卽太極拳之本然如以每著之中必指其何者爲陽何者爲陰何者爲陽中之陰何者爲陰中之陽此言太滯言之不勝其言卽能言亦不無遺漏是在學者細心揣摩日久自悟前賢云能與人規矩不能使人巧舉一反三在學之者不可執泥亦不可偏狃

七言俚語

掤攦擠捺須認眞　引進落空任人侵　周身相隨敵難近　四兩化動八千斤

其二

上打咽喉下打陰　中間兩肋並當心　下部兩臁合兩膝　腦後一掌要眞魂

身

拳之一藝雖是小道然未嘗不可卽小以見大故上場之時不可視爲兒戲而此身必以端正爲本身一端正則作事無不端正矣大體不可跛倚倒塌況此藝全是以心運手以手領肘以肘領身手雖領身而身自有身之本位論體則身領乎手論要手則以手領身身雖有時歪斜而歪斜之中自寓中正不可執泥能循規蹈矩不妄生枝節自然合拍合拍則庶乎近矣

心

天地間人爲萬物之靈而心又爲五官百骸之靈故心爲一身之主心一動而五官百骸皆聽命焉官骸不循規矩者非官骸之過實心之過也孟子曰出入無時莫知其鄉者惟心之謂又一人雖聽之一心以爲有鴻鵠將至可見人之有心但視其操與不操耳能操則心神內歛故足重手恭頭直目肅凡一切行爲無不皆在個中不操則心外馳故視不見聽不聞食亦不知其味凡一切行爲無不皆在個外況打拳一道由來口授居多著述甚少蓋由義理則經史備載子集流傳不必再贅但打拳之勢人皆不知皆由太極而發其外面之形迹與裏面之精意往往視爲拳勢是拳勢理路理路是不能合到一處是皆不知由理而發之于勢故也不知運勢者氣也而所以

運勢者理也其開合擒縱無可加損無可移易動合自然是皆天理之應然而然也苟細揣摩如行遠自邇登高自卑則由淺入深不躐等而進不中道而止以我之智力窮道之旨歸壹志凝神精進不已層累曲折胥致其極雖高遠難至之境莫非眼前中庸之境是在操心

意

意者吾心之意思也心之所發謂之意其一念之發如作文寫字下筆帶意之意意于何見于手見之此言意之發于外也意發于心傳于手極有意致極有神情心之所發者正則手之所形者亦正心之所發者偏則手之所形者亦偏如人平心靜氣則手法身法自然端正如人或急切惝張或怠慢舒緩則手之所形莫不側倚必也躁釋矜平而後官骸所形自然中規中矩實理貫注于其間自無冗雜間架即有時身法偏斜是亦中正之偏偏中有正具有眞意有眞意其一片纏綿意致非同生硬挺霸流于硬派此其意一則由理而發一則由氣而鍊若硬手純是鍊氣氣鍊成亦能打死人但較之于理究竟低耳故吾之意可知而彼之意可想學者所當留心體會以審其意之所發

志

心之所之謂之志凡人貴立志不立志則一事辦不成終身居人下矣如能立志則所有條理自始至終層層折折悉究底藴不敢懈惰由勉然以造于渾然所謂有志者事竟成不然者敗矣人顧可不立志哉

恆

天地之道一恆而已惟其恆也日月得天而能久照四時變化而能久成聖人久于其道而天下化成何況一藝苟獨懸懸懃懃始終無懈何至苗而不秀秀而不實乎書曰學貴有恆孔子曰人而無恆不可以作巫醫可見人之用功惟恆最貴志爲功之始基恆爲功之究竟能恆則成不恆則敗志恆二字乃作事之要訣學者不可不知尤當猛醒嘗見人之用功或作或輟不植將落反怨師不敎人抑何不返躬自問其功何如哉

着

自古聖人有文事者必有武備但文事皆有成書經史子集無所不備至于武備則略而不言自黄帝堯舜以至唐宋元明總戎機者雖各著有兵書然不過步法止齊耳至打拳皆未之及拳之

一藝不知始自何時俱未見有成書歷唐宋元明大清卽間有書亦不過畫圖已耳皆未詳言其理以示階級可升且嘗習此藝者往往失之于硬蓋由尙血氣不尙義理義理不明勢不至留于放僻邪侈而不止我陳氏自山西遷溫帶有此藝雖傳有譜亦第圖畫義理亦未之及愚無學識工夫極淺不敢妄議註譜但爲引蒙不得不聊舉大意以示學者下手工夫每一着必思手從何處起何處過至何處止外面是何形象裏邊是何勁氣要從心坎中細細過去此着之下與下着之上夾縫中如何承上如何起下必使血脈貫通不至上下兩着看成兩橛始而一着自成一着繼而一氣貫通千百着如一著矣如懶插衣右手從左腋前起端手背朝上手指從下斜行而上先繞一小圈中間手從神庭前過去徐徐落下肐膊只許展九分手與肩平停止手背似朝上微向前合其手自始至終行走大勢爲弓彎之意上面如此運行底下右足亦照此意與手一齊運行手行到地頭然後足趾亦放得穩當手中內勁由心發起過右乳越中府踰青靈穴冲少海經靈道渡列缺至中冲少冲少商諸穴止足是先落僕參過湧泉至大敦隱白諸穴上且其內勁必由于骨之中以充于肌膚之上運至五指上而後止頂勁提起腰勁搨下長强以下翻起來襠勁落下右手與左手合住膝與襠與胸與小腹諸處無不合住合也者神氣積聚而不使之散漫非

徒以空架閒着苟且了事惟恭敬將事則神氣處處皆到方不蹈空下着單鞭大槪與此着同大凡手動爲陽手靜爲陰背則爲陽胸則爲陰亦有陰中之陽陽中之陰某手當令某手爲陽某手不當令某手爲陰亦有一着也先陽而後陰一手也外陰而内陽一陰一陽要必以中峯勁運之中峯者不偏不倚卽吾心之中氣所謂浩然之氣也理宰于中而氣行于外是也濁氣下降合住膅勁下盤穩當上盤亦靈動千言萬語難形其妙當場一演人人可見可曉落于紙筆皆成糟粕形于手足亦成迹象而更非迹象無以顯精神猶之非糟粕無以寫義理是在善學者孟子曰能與人規矩不能使人巧其斯之謂歟

理

理者天地之節文人事之儀則也順其性之自然行其事之當然合乎人心之同然而究乎天理之所以然一開一合絕無勉然一動一靜恰合天然此卽吾道之粹然

氣

何謂氣卽天行健一個行字天體至健而所以行此健者氣也不滯不息不乖不離不偏不倚卽是中氣加以直養無害工夫卽是乾坤之正氣亦卽孟子所謂浩然之氣一拂氣之自然參以橫

氣則生硬横中勢難圓轉自如一遇靈敏手段自覺束手無策欲進不能欲退不敢但聽他人發落而已鈍何如也所以不敢徒恃血氣而並參之以横氣

附中氣辨

中氣者中是中氣是氣中是不偏不倚無過不及之名以理言氣是天以陰陽五行之氣化生萬物有是形卽有是氣是人所秉受于天本來之元氣也氣不離乎理理不離乎氣氣非理無以立理非氣無以行氣與理兩相需者也理有其偏氣亦有其偏理之偏私以參焉氣之偏横以行焉惟兩得其中合而言之曰中氣

竊謂不可以言語形容者中氣耳中氣卽孟子所謂浩然之氣卽易所謂保合太和之元氣也氣不離乎理言氣而理自在其中打拳以運氣爲主然其中自有理以宰之理之得中者更不易言故但以氣之附麗于形者大略言之氣之在體無不充周而其統率在心心氣一發能先聽命者腎中之志心機一動志則順其心之所向而五官百骸皆隨之而往焉且各有各體之精而隨各體所往之地位而止也此是一齊俱到有分先後有不分先後所謂小德川流大德敦化道並行而不悖也如單鞭一勢起初心欲先合兩手卽用倒轉精合住左

足卽收到右足邊而與右足合住心欲展開左手卽用順轉精右手卽用倒轉精兩大腿用精左則順右則倒項精卽領胸卽合住腰精卽下臑開足之後有心無心之間說合上下一齊合住且官體之精各隨各經絡運行無纖悉之或差心卽大體官骸卽小體德卽大體小體中當然之理也心機一動百骸聽命非所謂小德川流大德敦化道並行而不悖乎此所謂中氣流行一氣貫通者如此

中氣與浩然之氣血氣辨

中氣與浩然之氣稍異與血氣大不相同中氣者太和之元氣卽中庸所謂不偏不倚而平常之理宰乎不剛不柔至當却好之正氣能用此氣以行于手（言手而全體皆在其中）天下未有窮之者如或有人窮之非功夫未到十分火候卽涉於偏倚不中故也涉於偏倚非人能窮我我自窮之也此氣之貴得乎中名之曰中氣非氣之行于官骸之中之謂也（官骸之中是當中之中中氣之中是不偏不倚）（無過不及之理宰乎剛柔得中之正氣元氣）浩然之氣者大約涉于剛一邊多觀于孔子孟子之氣象可知孔子言語極和平孟子氣象就帶廉隅卽其自謂亦曰至大至剛吾故曰涉于剛一邊居多然要亦是秉受之元氣特稍涉于嚴厲謂之爲元氣則可謂之爲太和元氣似少遜耳此所以與中氣

略有不同處要拳者能以浩然之氣行之技亦過乎大半矣再加涵養功夫則幾乎中氣矣至于血氣乃血脈中流通之氣卽拳家所謂橫氣也全仗年輕力氣勇猛而以不情不理淩壓敵人失敗者多卽間獲勝力氣過大偶然勝之一遇行手氣雖大而亦敗苟能稍遵規矩（謂打拳成法）亦能打人但能屈敵人之身而不能服敵人之心至于中氣能令敵人進不敢進退不敢退渾身無力極其危難足下如在圓石上站着不敢亂（平聲）動几乎足不動卽欲跌倒此時雖不打敵敵自心服以上所辨未知是否以俟高明者指正

情

理與氣發于外者爲情人之交接往來則曰人情文之抑揚頓挫則曰文情打拳之欲抑先揚欲揚先抑其間天機活潑極有情致拳無情致如木偶人一般死蛇塌地有何景致又安能見其生龍活虎令觀者眼欲快覩口中樂道心中願學此拳之不可無情致也至于與人交手斷不可看人情一看人情則人以無情加我矣烏乎可

景

一片神行之謂景其開合收放委宛曲拆種種如畫是之謂景景不離情猶情之不離乎理相連

故也心無妙趣打拳亦打不出好景致問何以打出景致始則遵乎規矩繼則化乎規矩終則神乎規矩在我打得天花亂墜在人自然拍案驚奇裏面有情外面有景直如天朗氣清惠風和暢陽春烟景大塊文章處處則柳鮮花驕着着則山明水秀遊人觸目興懷詩家心怡神暢眞好景致拳景至此可以觀矣

神

神者精氣發生于外而無難澀之弊之靈氣也天地間無論何物精神足則神情自足在人雖存乎官骸之中實溢乎官骸之外大約心手眼俱到則有神無神則死煞不活不足動人神之在人不止于眼而要於眼則易見故打拳之時眼不可邪視必隨手往還如打懶擦衣眼隨右手中指而行懶擦衣手到頭眼亦到頭注於中指角上不可他視眼注於此則滿身精神皆注於此如此則懶擦衣全着俱有精神神聚故也打單鞭眼注於左手發端處隨住左手徐徐而行至單鞭打完眼卽注於中指角上不可妄動打披身錘眼注於後脚尖打肘底看拳及小擒拿眼注於肘底拳上打斜行拗步右手在前眼着於右手打抱頭推山兩手雖俱在前而以右手爲主眼雖並注而注於右手居多打指膛錘眼注於下打下步跨虎眼注於上打演手錘眼注於前打囘首錘眼

注於後大抵上下四旁某處當令則眼神注於某處此是大規矩亦有神注於此而意反在于彼者此正所謂大將軍八面威風必眼光四射而後威風八面處處有神也打拳之道本無此勢而創成此勢此卽自無而有何其神也而況神乎其神何莫非太極陰陽之所發而運者乎拳至此已入室矣動靜緩急運轉隨心何患滯澀而無神情乎

化

化也者化乎規矩者也化之境有二有造化有神化造言其始化言其終神化者夫子七十從心所欲不踰矩是也打拳熟而又熟無形迹可擬如神龍變化捉摸不住隨意舉動自成法度莫可測度技至此眞神品矣太極之理發於無端成於無迹無始無終活盤托出噫觀止矣拳雖小道所謂卽小以見大者蓋以此拳豈易言哉

太極拳用說

五行生尅無處不有無時不然如兩人交手敵以柔來者屬陰陰當以陽尅之屬水水當以火尅之此當然之理勢也人所易知者也獨至於拳則不然運用純是經中寓權權不離經何言乎爾彼以柔來者是先以柔精聽也忖我如何答應而後乘機擊我我以剛應是我正中其謀愚莫甚也問該如何應答彼以柔法聽我（以肐膊聽我非以耳聽也）我以柔法聽彼拳各有界彼引我進我只可至吾界邊不可再進再進則失勢如曰不入虎穴焉得虎子是以天生大勇者論之非爲常人說法也即爲大勇亦爲涉險問該如何處置如彼引吾前進未出吾界即變爲剛是彼懼我而變柔爲剛是不如我者也我當以柔克之半途之中生此變態我仍是以柔道之引進落空者擊之如彼引我已至吾界是時正宜窺彼之機勢視彼之形色度彼之魄力如有機可乘吾即以柔者忽變而爲剛擊之此之謂以剛克柔以火克水如彼中途未變其柔交界之際强爲支架亦宜擊之如彼引我至界無隙可乘彼之柔精如故是勁敵也對手也不可與之相持吾當退守看吾門戶先時我以柔進聽之者至此吾仍柔道聽之漸轉而退仍以柔道引之使進彼若不進是智者也彼若因吾引而遽進誤以我怯冒冒然或以柔來或中途忽以柔變爲剛來我但稍底其手徐徐引之使進

且令其不得不進至不得勢之時彼之力盡矣彼之智窮矣彼之生機更迫促矣是時我之柔者忽變而爲剛並不費多力一轉卽克之矣是時彼豈不知孤軍深入難以取勝然當是時悔之不及進不敢進進亦敗退不敢退退亦敗卽不進不退亦至於敗蓋如士卒疲弊輜重皆空惟束手受縛降服而已矣何能爲哉擊人之妙全在於此此之謂以柔克剛以火克水仍是五行生尅之道也天一生水水外陰而內陽外柔而內剛屬腎其以柔進如水之波流旋繞不先尙其力用其智也地二生火火外陽而內陰外剛而內柔在人屬心水火有形而無質天三生木地四生金則有形有質矣天五生土水火勢均者不相下言以勝水者以火之多於水者言之耳彼以柔進忽變而爲剛者是水之所生之木也木陽質也卽水中之陽性因滋以成質者也水與木本自一串故柔變剛最易以其形與質皆屬陽也上言以火克水蓋以火能生土土能生金火外明而內暗陰性也金陰所成之質也木在人屬肝金在人屬肺天下能克木者惟金金與火皆陰類也所言以剛克柔者是以火尅水以金尅木也是以其外者言之火性激烈金質堅硬心火一起脾氣動也怒氣發洩於外有聲可聽金爲之也脾氣動則我之肝與腎無不與之俱動雖曰以剛克柔其原實是以柔克剛蓋彼先柔而後剛我是柔中寓剛內文明而外柔順故克之若彼先以剛來則

制之又覺易易何言之如人來擊我其勢甚猛我則不與之硬頂將肱與身與步一順身卸下步手落彼之旁面讓過彼之風頭彼之銳氣直往前衝不顧左右且彼向前之氣力陡然轉之左右甚不容易我則從旁擊之以我之順力擊彼之横而無力易乎不易吾故曰克剛易克柔難

界限

何謂界限凡分茅胙土設官分職以及動靜語默莫不各有界限一踰分一失言卽過界過界卽與人有干涉矣凡事如此況拳乎如人之行步儘足可開二尺五寸此勉强爲之非天然也天然者隨便行步約不過尺一二寸上體之手與下體之足趾齊此卽是界限大約肐膊只展四五分內精只用一半足步只開尺餘如此則一身之上下左右循環周轉無不如意蓋動不越界如將士在本界內山川地理人情風俗一一了亮於心故進攻退守綽有餘地一入他人界裏處處更得小心防護稍有不密卽萌失敗之機此君子所以思不出其位也

打拳原爲保身之計故打拳之時如對敵人長進愈快然又恐啓人爭鬥之心故前半套多言規矩不言其用至後半套方始痛快言之以示其用之之法然第可知之不可輕試如不獲已爲保性命計用之可也大約此拳是個人自耍之勢徒手空運非有敵人在其前後左右也自己下功夫遍數愈多愈好根未固而枝葉榮況衞生保命之道莫善於此學者但先難可也至於後獲則當置之度外不可以毫髮望效之念中分吾事心致志之功金針已渡學者勉旃

爭走要訣

兩人手交各懷爭勝之心彼此擠到十分九釐地位只餘一釐分勝負全在此一釐地位彼先佔據我卽失敗我先佔據彼亦失敗蓋得勢不得勢全系於此此兩人俱到山窮水盡也當此際者該如之何曰必先據上游問如何據上游頂精領住中氣手略提高居於敵手之上身略前侵逼迫彼不得勢力貴迅發機貴神速一遲卽失敗一迅疾卽得勢勢得則手一前送破竹不難矣如兩人對弈棋到局殘勝負在此一步又如逐鹿惟高才捷足者先得之又如兩國興兵先奪其輜重糧草此皆據上游鹽腦之法也故平素打拳全在一起一轉所謂得勢爭來脈出奇在轉關本勢手將起之時必先使手如何承住上勢不令割斷神氣血脈既承接之後必思手如何得機得勢來脈眞機勢得轉關自然靈動能如此他日與人交手自能身先立於不敗之地指揮如意來脈轉關顧可忽乎哉

陳氏太極拳圖說

卷首

褚民誼題

陳氏太極拳圖說

許鈞署

太极拳谱题词

陈泮岭[①]

天地元始，无极太极；太极赋物，各一太极。

人而体天，原本返始；精气与神，合为一理。

至大至刚，可塞天地；其玄莫测，其勇无比。

吾宗温人，天纵英义；实辟拳宗，悉本太极。

其嗣昌之，推阐以易；尽人可学，内外一致。

愚耽国术，所见多矣；功用之神，莫若此极。

潜玩力追，默识厥旨；知其不诬，可标一帜。

喜其书成，用识数语；以志钦仰，以勖同志。

注 释

① 陈泮岭：1891—1967 年，字俊峰，河南西平县（原漯河地区）人，武术教育家。自幼文武双修，少时在家习练少林拳，后到北京大学学习期间，又习形意、太极、八卦等拳术。1920 年在河南开封发起、创办“青年改进俱乐部”，后改为“河南省武术会”。1931 年又更名为“河南省武术馆”，首任馆长。在担任南京中央国术馆副馆长、教育部及军训部国术编审委员会主任时，组织编辑了武术教材五十余种。

订补《陈氏太极拳图说》

目　录

《陈氏太极拳图说》序

拳法者，古兵家之支流，《汉书·艺文志》所谓技巧者是也；志列手博六篇、蹴鞠二十五篇、剑道三十八篇，其书不传，未知所言视今拳法何如。然其习手足，便器械，积机关，以立攻守之胜，安见今必异于古所云耶？温县陈沟陈氏，世以拳名河南，咸丰三年，粤寇李开方以十万众自巩渡河，屯温南河滩柳林中时，李文清公方家居，用民团击之，团众率乌合，尝敌即败走。陈英义先生仲甡与弟季甡直入阵，诱其酋杨辅清陷沟中，以单手出枪毙之。杨辅清者，寇中号大头王，以善攻城名。由是夺气，遂移众西去。至今父老谈英义柳林杀敌事，犹眉飞色舞，口角流沫，津津不置，大河南北言拳法者，必曰陈沟陈氏云。岁乙卯吾征中州文献，得《陈氏家乘》，即采其事列《义行传》。越辛酉，英义哲嗣品三，介吾友王子伟臣以所述家传《太极拳图说》四卷。索序读其书，以易为经，以礼为纬，出入于黄老而一以贯之，以敬内外交养，深有合于儒家身心性命之学，不徒以进退击刺、阳开阴合，示变化无穷之妙。如古兵家所言，盖技也，近乎道矣。自火器日出，杀人之具益工，匹夫手持寸铁，狙击人于数里之外，当者辄靡，拳法与遇，顿失功能，浅识者遂以为无用，弃而去之，其术至今遽不振。夫拳法用以御侮制敌，特廿粗迹耳。而乃因其粗之稍绌，遂废其精者，于以叹吾国民轻弃所长，日失其故步，为可伤也。向使我中华人人演习，卫身卫国无在不有益也夫？

中华民国十年小阳月卫辉汲人敏修李时灿[①]识

注 释

① 李时灿：1866—1943 年，字敏修，河南卫辉市人，教育家、史学家。16 岁中秀才，20 岁考举人，26 岁入进士。曾任刑部部曹，后任河南教育总会会长、学务公所议长、河南教育司长。

《陈氏太极拳图说》序

天地之道，阴阳而已，人身亦然。顾人身之阴阳，往往不得其平，则血气滞而疾病生，故炼气之术尚焉。中国拳术流传已久，然皆习为武技，其中精义瞢然不讲，即有略知一二者，或珍秘不以示人，殊为憾事。品三陈先生，英义先生之哲嗣，夙精拳术，又深学理，积数十年之心得，著《太极拳图说》一书。己巳初夏，策杖过余，须鬓飘然，年已八十有一矣。以弁言属余，受而读之。其于拳术之屈伸开合，即阴阳合辟之理，反复申明，不厌求详，可谓发前人所未发。方今提倡国术，设馆教士若得此书，以资讲授，将见事半功倍，一日千里，其裨益岂浅显哉！先生此书，拳术骨肉停匀，盖即动静交相，养阴阳得其平之精义也。余学植浅薄，未能窥测奥妙，谨杼管见，待质诸高明。

中华民国十八年五月杜严[①]敬识

注 释

① 杜严：1875—1938 年，字友梅，河南博爱县人。清光绪三十年（1904 年）中进士，进入翰林院为庶吉士。后留学日本政法大学。回国后历任河南省咨议局议长、河南省民政厅长、都督府秘书长、河南省第二届众议院议员及省政务厅长等职。

自 序

古人云："莫为之前，虽美而弗彰；莫为之后，虽盛而弗传。[1]"此传与受[2]之两相资者也[3]。我陈氏自陈国支流山左派衍河南[4]，始于河内而卜居[5]，继于苏封而定宅[6]。明洪武七年，[7]始祖讳卜[8]耕读之余，而以阴阳开合、运转周身者，教子孙以消化饮食之法，理根太极，故名曰太极拳。传十三世至我曾祖讳公兆[9]，文兼武备；再传至我祖讳有恒与我叔祖讳有本[10]。我叔祖学业湛深[11]，屡荐未中，终成廪贡[12]；技艺精美，出类拔萃，天下智勇未有尚之者也[13]。于是以拳术传之我先大人讳仲甡与我先叔大人讳季甡[14]。我先大人与我先叔大人同乳而生，兄弟齐名，终身无怠，诣臻神化。

注 释

① 莫为之前……虽盛而弗传：出自唐·韩愈《与于襄阳书》。

② 传与受：传播、传授与接受（学习）。

③ 资者也：资助，引申为互相促进的意思。

④ 陈国支流山左派衍河南：陈国，指古陈国，现位于今河南省睢阳地域。周朝灭商后，周武王将“陈地”封于虞舜后代胡公满，都邑定在宛丘（今睢阳城关），后将此地称为陈国。支流，流入干河的水流，比喻从主体派生的分支。山左，“山”指的是太行山，太行山右侧为山之西，所以古时称山西省为“山右”；太行山左侧为山之东，古时山东也称为“山左”（据《山东省志》记载）。中国古时地理概念为“上南下北，左东右西”，地图的标示与现在的地理概念相反。派衍，宗族支派繁衍。河南，现河南省。

⑤ 始于河内而卜居：河内，本文指现河南省沁阳市。沁阳市在隋朝时被置为“河内县”，明朝时隶属怀庆府。古时，把黄河以北的河南省地域和河北省南部地区称为“河内”，1913 年改为沁阳县。卜，卦。卜居，占卜而定居。

⑥ 继于苏封而定宅：继于，接着到。苏封，代指温县。周武王时封有功大臣司寇念生于苏地，《温县志》记载念生“封邑于苏，国于温”，即分封“苏”为领地，定国都在温县。故念生被称为“苏念生”，温县也被称为“苏城”，后人称苏念生的封地为“苏封”。

⑦ 明洪武七年：洪武，中国明代第一个年号（1368—1398 年，当时在位皇帝为明太祖朱元璋），七年即 1374 年。

⑧ 始祖讳卜：指陈氏迁徙温县第一世祖陈卜。

⑨ 曾祖讳公兆：指陈氏十三世，太极拳第五代传人陈公兆，字德基，陈有恒、陈有本之父。

⑩ 我祖讳有恒与我叔祖讳有本：指陈氏第十四世，太极拳第六代传人陈有恒、陈有本。

⑪ 湛深：精深，学问高深。

⑫ 廪贡：廪，音 lǐn。廪贡，廪生与贡生合称。明清两代由府、州、县按时发给膳食补助，廪生也称廪膳生。贡生指府、州、县的廪生中成绩或资格优异者，可推荐入京师国子监读书的人。

⑬ 天下智勇未有尚之者也：天下，形容词，意指方圆之地，如河南、山东等地。尚，有“上”“超过”之意。之：代词他（指陈有恒）。

⑭ 我先大人讳仲甡与我先叔大人讳季甡：甡，音 shēn。陈仲甡、陈季甡陈氏十五世，陈有恒之子，太极拳第七代传人。详见后《陈氏家乘》。

倘非有先达传之于前，虽有后生，安能①述之于后也。我先大人命我先兄讳垚②习武，命愚习文。习武者，武有可观；习文者，文无所就，是诚予之罪也③。夫所可幸者，少小侍侧，耳闻目见，薰蒸④日久，窃于是艺管窥一斑⑤。虽未通法华三昧⑥，而于是艺⑦仅得枝叶，其中妙理循环，亦时觉有趣。迄今老大，已⑧七十有余矣，苟不即吾之一知半解传述于后，不且又加一辜⑨哉。愚今者既恐时序迁流⑩，迫不及待；又恐分门别户，失我真传，所以课读余暇，急力显微阐幽⑪，纤悉毕陈⑫，自光绪戊申以至民国己未⑬，十有二年，其书始成。又急缮写简册⑭，虽六月盛暑，不敢懈也。

注 释

① 安能：怎能、怎么能。

② 垚：音 yáo，指陈垚，陈仲甡之长子，陈焱、陈鑫之兄。陈氏第十六世，太极拳第八代传人，武庠生（武秀才）。陈淼、陈森为陈季甡之子，陈淼承陈伯甡嗣。兄弟取名按水土木火金排序，详见后《陈氏家乘》。

按：陈氏家族的血脉传宗是以“世”论辈分，太极拳的法脉传承则是按“代”来排序的。

③ 是诚予之罪也：这实在是我的罪过（过错）呀。予，余、我。罪，过

失、过错。

④ 薰蒸：薰，古同“熏”。后同。

⑤ 管窥一斑：出自南朝宋·刘义庆《世说新语·方正》：“此即亦管中窥豹，时见一斑。”比喻见到事物一少部分也能推知事物的全貌。

⑥ 法华三昧：汉传佛教天台宗用语，指“三谛圆融的妙理，分明现前，障中道之天明止息”。法华，又指《法华经》，也指“达一乘理”（自性空）；三昧；又作三摩地，意为“正定”，即将心定于一处（一境）的一种安定状态，俗语称“妙处”。达到三昧的状态，即能开启正智慧而开悟真理。

⑦ 是艺：此门技艺。

⑧ 巳：应为“已”，已经。

⑨ 辜：辜负，对不起。

⑩ 时序迁流：时间迁移流动。时序，时间的先后顺序。迁流，变化、演变。

⑪ 急力显微阐幽：急力，极力、竭力，非所谓急于“赶在他人之前”之“急”。显微阐幽，显示细微之事，说明隐幽之理，使之显见著明。出自《易系·辞下》：“夫《易》彰往而察来，而微显阐出。”

⑫ 纤悉毕陈：细微而详尽地全部陈列出来。

⑬ 自光绪戊申以至民国己未：光绪戊申，1907 年。民国己未，1919 年。

⑭ 又急缮写简册：指作者年事已高，已逾古稀，时日无多，“急力”缮写书册。

说中所言[1]，吾不知于前人立法之意，有合万一与否。而要于先大人六十年之攻苦，庶不至湮没不彰也[2]；亦不至以祖宗十六世之家传，至我身而断绝也。愚无学问，语言之间不能道以风雅，而第[3]以浅言俗语，聊写大意。人苟不以齐东野语[4]唾而弃之，则由升堂以至入室[5]，上可为国家御贼寇，下可为筋骨强精神。庶宝塔圆光[6]，世世相传于弗替，岂不善哉。是书传之于家则可，传之于世恐贻方家之一笑。

民国八年[7]岁次己未九月九日书于木栾店训蒙学舍陈鑫序

注 释

① 说中所言：说，指《陈氏太极拳图说》。

② 庶不至湮没不彰也：庶，副词，表示可能或期望。不彰，不能彰显、发扬、传承。

③ 第：但、且。

④ 齐东野语：齐国东部，乡下人的话。出自《孟子·万章上》：“此非君子之言，齐东野人之语也。”

⑤ 升堂以至入室：古代的宫室，前为堂后为室。比喻学识或技能由浅入深，循序渐进，达到很高的成就。出自《论语·先进》：“由也升堂矣，未入于室也。”

⑥ 庶宝塔圆光：庶，众多。宝塔，佛教建筑物，原为葬佛舍利之所，固有七宝装饰，故称宝塔，后为塔的美称。圆光，菩萨顶上之圆轮光明，表示佛法的光明、智慧和威仪。

⑦ 民国八年：即1919年，按照干支纪年法，该年为“己未”年。

《陈氏太极拳图说》凡例

一、学太极拳不可不敬。不敬则外慢师友，内慢身体。心不敛束[①]，如何能学艺?

二、学太极拳不可狂，狂则生事。不但手不可狂，即言亦不可狂；外面形迹必带儒雅风气。不然，狂于外必失于中。

三、学太极拳不可满，满则招损。俗语云：天外还有天。能谦则虚心受教，人岂不乐告之以善哉。积众以为善，善斯大矣。

四、学太极拳，着着当细心揣摩[②]。一着不揣摩，则此势机致情理终于茫昧[③]。即承上启下处，尤当留心。此处不留心，则来脉[④]不真，转关[⑤]亦不灵动。一着自成一着，不能自始至终，一气贯通[⑥]矣。不能一气贯通，则与太和元气终难问津[⑦]。

五、学太极拳，先学读书。书理明白，学拳自然容易。

六、学太极拳，学阴阳开合而已。吾身中自有本然之阴阳开合，非教者所能加损[⑧]也。复其本然[⑨]，教者即止教者教以规矩，即大中至正之理。

七、是书尚未付梓，或有差字，或有漏字，或有错字，未经查明，阅者当改正勿吝。

八、太极拳虽无大用处，然当今之世，列国争雄，若无武艺，何以保存？惟取是书演而习之，于陆军步伐止齐之法，不无小补。我国苟人人演习，或遇交手仗，敌虽强盛，其奈我何？是亦保存国体之一道也。有心者，勿以刍荛之言[10]弃之。

九、学太极拳不可借以为盗窃抢夺之资，奸情采花之用。如借以抢夺采花，是天夺之魄，鬼神弗佑，而况人乎！天下孰能容之？

十、学太极拳不可凌厉欺压人。一凌厉欺压，即犯众恶，罪之魁也。

按：此“凡例”由该书“编辑者”陈雪元等人，依据“原著者”陈鑫存留下的草稿修订而成。

注 释

① 敛束：收缩、回缩。三国·杨泉《草书赋》：“书纵竦而值立，衡平体而均施。或敛束而拥抱，或婆娑而四垂。”

② 着着当细心揣摩：着着，音 zhāo zhāo，招，招势，每着（招）每势。揣摩：悉心探求，研究；推敲，反复地思考。出自《战国策·秦策之一》：“（苏秦）乃夜发书，陈箧（qiè）数十，得太公《阴符》之谋，伏而诵之，简练以为揣摩。”

③ 茫昧：模糊不清，不可揣测。出自《汉武故事》：“神道茫昧，不宜为法。”

④ 来脉：来龙去脉。原意指山似一条龙，头尾像血脉似的连贯着，可以清楚地看出它从哪儿来，向哪儿去，即指山脉的高低起伏气势。现指一件事情前后关联，有线索可寻。此处讲“精（劲）、着”的来路，即“上招势从哪来，

下招势往何处去”。

⑤ 转关：转换，转动关节。关，即人之同身穴节，故转关亦曰转节。（引用陈子明《陈氏世传太极拳术》。陈子明 10 岁即随陈鑫习文练武，是陈鑫的得意门生）

⑥ 一气贯通：一气，指构成天地万物之本源，在人体则指元气、内气。贯通，连接、沟通。人体的元气、内气（内劲、中气）贯通全身，连绵而无断处。

⑦ 则与太和元气终难问津：太和元气，太，通“大”。和，指对立面的均衡和谐与统一。太和，指天地、日月阴阳会合，冲气之合。气，指元气，原意为派生出世界的最原始物质“木、火、土、金、水”之基质。问津，询问渡口，问路。出自《论语·微子》：“长沮、桀溺耦而耕，孔子过之，使子路问津焉。”

⑧ 非教者所能加损：加，增加；损，减少。

⑨ 本然：本性。

⑩ 刍荛之言：刍荛（chú ráo），在向别人提出意见时把自己比作草野鄙陋的人。刍荛之言，浅陋的话。

按：《陈氏太极拳图说》（以下简称《图说》）是一部实践性很强的武术专著。陈鑫撰写这部著作时，为什么取名“图说”呢？为什么又用易学家来知德（瞿塘）的易图呢？

由序言已知，明末清初陈王廷（1600—1680 年）创立太极拳时有较为漫长的实践、理论相互交错的历史过程，由于到陈王廷时代，主、客观条件均已经具备，在这种情况下，就会创立出与宇宙运动规律同步的太极拳。陈氏十六世陈鑫所撰《陈氏太极拳图说》一书，是对太极拳的全面概括与总结，因此，其理论的逻辑也必须与宇宙运动规律一致。哲学是研究宇宙发展一般规律的学科，因此，陈鑫所撰《图说》一书必须以哲学思哲为指导。中国古代哲学朴素的唯物主义即阴阳五行学说，朴素的辩证法即周易学说，而阴阳五行理论又是和易学紧密结合的，因此，《图说》一书必须以易学理论为依据。

易学完整的理论体系形成于周朝，发展到两汉形成象数派和易理派，实现了易学发展史上第一次辩证的否定；再发展到北宋，两派的趋同实现了又一次否定，完成了易学发展历程的否定之否定的全过程，以此为新的起点，开创了北宋以来以易符、易图说易之风。大道至简，从对最基本的卦爻线条符号的破解到河图洛书数字符号的推演，再到太极图图像符号的展示，不仅训练了人们的抽象思维能力，还实现了用简单而又玄妙的太极图揭示易学深奥哲理的目的。然而，截至明末来知德之前的太极图，缺少动态性和实践性，而来知德的太极图的特点恰是动态性和实践性。

陈王廷生于1600年，来知德于1604年去世，所以陈王廷在家传108式长拳的基础上创立太极拳时，自然受到来知德具有动态性、实践性特点的高层次的太极图的影响。换句话说，陈王廷所创的太极拳，是以来知德一系列太极图所表现出来的易学理论为根据的。所以，陈氏十六世陈鑫第一次全面总结太极拳理论著《陈氏太极拳图说》一书时，通书所用的易图都是来知德的太极图。自然书名辅以“图说”也就不难理解了。

无图①

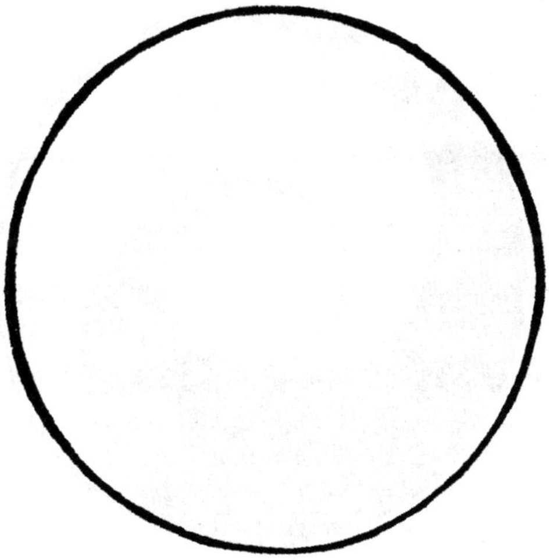

注释

① 无图：原刻本为“无图”，疑为编排时将“极”字漏印。

太极图

按：此二图（指"无极图""太极图"）是来知德对前人太极图特别是周敦颐五层太极图的高度概括和抽象，同时又受到刘牧等人的"空心圆太极图"的启示而画的。这两幅图看似简单，却集中表现了宇宙发展的一般规律。因此，此二图也是该书理论的总纲，陈鑫就是通过来知德的此二图去阐释太极拳的拳理拳法的。

《老子·二十八章》言："复归于无极。"无极本是道家的概念，指无形无象的宇宙原始概念。无极图是宇宙混沌未分时的状态，从现代科学的角度去分析，它涉及宇宙起源问题：原始宇宙大爆炸后，似乎任何事物都以无的状态表现出来了，这就叫“无极”，用图来表示“无极”就是个空心“圆”。但无极中却隐含着宇宙中一切的物质、能量和信息存在。“无极之精，妙合而聚”，无极概念，是取其虚静的性质，以静止为无极的本性。太极的运动，来自于无极的静止，用它来指导我们的太极拳，那就是在起势前，所站的姿势必须全身放松。这个“放松”并不是“松散无力”，而是要求全身协调统一，将人体这个小宇宙融入大宇宙，并呈现混沌未分的无极状态，包括意识在内，要以入静的方式回归宇宙，全身心地处于无极状态。这种状态练到真正静下来，就能打通各种信息及能量随调随到的通道，在实践中起到无法估量的作用（练静功有素的气功师为什么体能很大，就是这个道理，太极拳既不是外家机械拳，也不是内家内功拳，而是内、外家拳的辩证统一，它是武术和气功的辩证统一，所以其层次高、威力最大）。所谓以静制动，实际上，就是首先要使自己处于无极状态、混沌状态。

无极状态内在隐含着两种相反的因素，那就是阴和阳。只要有阴阳两种因素相互作用，就有运动。相对而言，无极图是理、是静态，太极图是气、是动态。

第二幅图是太极图，它的最基本含义是：第一，它有阴和阳两个方面，宇宙最基本的规律“道”，就是一阴一阳，所以《易传·系辞》中说“一阴一阳之谓道”，该书通篇都体现出阴和阳。第二，阴阳互消长、互转化。第三，阴和阳中，阴是矛盾的主要方面，阳是次要方面；阴是物质，阳是能量，是运动。《易传·系辞上》中讲到大衍（天地）之数五十有五，阳（天数）为二十五，阴（地数）为三十，同时阳在阴中，天数合地数。所以，打太极拳时，注重物质性的体，才能发出能量“阳”，气沉丹田要沉到太极图所示的最下面、最基层的涌泉穴，才能阴极生阳发出巨大的力。来知德的太极图就反映了这种微妙关系，而不是传统的阴阳鱼太极图，即左为阳鱼，头在南，右为阴鱼，头在北。第四，中间的圆又是无极图，但它又不等同于第一个空心圆图的无极图，它是动态的、与太极两仪一阴一阳直接相联系的无极图。第五，无极到太极再到无极，形成否定之否定，是宇宙发展的大循环，打拳也必须遵循此规律。

河图

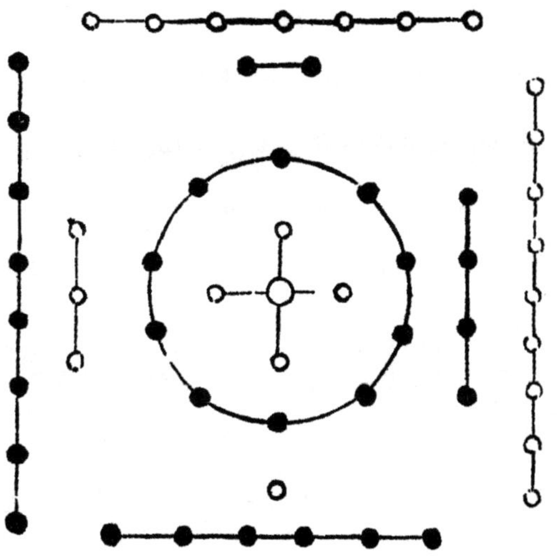

易曰[1]：天一，地二[2]；天三[3]，地四；天五，地六；天七，地八；天九，地十。天数五：一、三、五、七、九；地数五：二、四、六、八、十。五位相得，而各有合。一得六为水，二得七为火，三得八为木，四得九为金，五得十为土。一得四、二得三为五；六得九、七得八、五得十为十五；一合九、二合八、三合七、四合六为十。天

合一、三、五、七、九为二十五；地合二、四、六、八、十为三十。凡天地之数，五十有五。此所以成变化而行鬼神[④]也。

按：1926年，瑞典天文学家林德布拉德证明银河系有围绕中心的自转运动，该中心在人马座方向。

如果现代科学能推知几千年前宇宙天空垂象人马座运动投影到以银河系为背景的天幕上，并将星宿分布之“河图”图案，全息显现于人马座背上，那么，“河图”起源之谜就能够破解了。当代多有发现的天文蛋，是天文星象图于特定条件下，在一个鸡蛋壳上显现出来的奇异现象，此可谓“河图”源于对银河系观察的佐证。《易传·系辞下》曰：“古者包牺氏之王天下也，仰则观象于天，俯则观法于地，……于是始作八卦……”可见，是仰观“天河”（银河）得“河图”之图，非黄河出龙马背负之“河图”。

这个图叫“河图”，实为银河系的结构图和功能图。宇宙是全息的，它又反映了整个宇宙的结构、功能及动态规律。

此段话反映出宇宙有层次之分，整个宇宙为第四层次，数为阳数1、3、5、7、9相加共25为阳为天，阴数2、4、6、8、10相加共30为阴为地；二十八宿为第三层次；银河系为第二层次；太阳系为第一层次。以太极拳为例说明不同层次有不同情况。

第一层的事物运动规律由洛书来展示，见下文“洛书”；第二层次在银河系，例如一得六为水的问题，在一和六的时空里，因二者相合为水，在人为肾，在相应的时间和方位打拳，就接纳了银河系中水的能量，使人的肾更健康；如在二十八宿即第三层次范围内，一和六为甲和己，因甲己化土，所以一和六为“土”，相应的时空练拳对于脾胃很有好处。这就说明打拳功夫也有层次问题，即“一层功夫一层架”。达不到第一层次的功夫，直接按第二层次练拳是不行的。

注释

① 易曰：指宇宙的规律说。

② 天一，地二：指天为阳为奇数，地为阴为偶数。

③ 天三：天也为阳，“天三”虽阴阳属性与“天一”相同，都为阳，但位置不同了。

④ 鬼神：指微观世界的阴（鬼）和阳（神）。

洛书

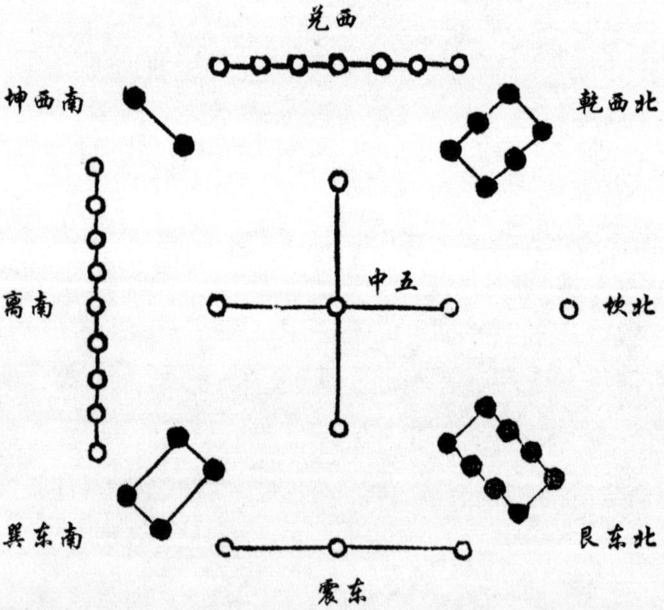

洛书四十五数。一、三、七、九奇数居四正[①]，天、地、水、火也；二、四、六、八偶数居四隅[②]，雷、风、山、泽也；五居中为皇极[③]，即太极也。纵、横、斜、正数之皆得十五[④]，以符八节[⑤]，内含

勾三、股四、弦五者八，隐寓矩方，合成河图规圆。凡太极拳之周旋曲折，皆依为法而莫能外。

按：该图叫洛书图，与河图联系起来分析，河图为先天八卦的数理图式，是圣人仰观天象得到的天体运转规律，相对洛书而言，河图是“理”。洛书为后天八卦的数理图式，是圣人俯察地理得到的地理运转规律，相对于河图而言，洛书是“法”。

打太极拳时如果要利用天上的能，则以河图为指导，如果要利用地下的能，则以洛书为指导。

洛书的卦位及相应的数为：坎为北为一，坤为西南为二，震为东为三，巽为东南为四，中宫无卦为五，乾西北为六，兑为西为七，艮为东北为八，离为南为九。

原书中该图印刷时有误，应顺时针旋转90度，此即“九宫八卦图”，如下图。

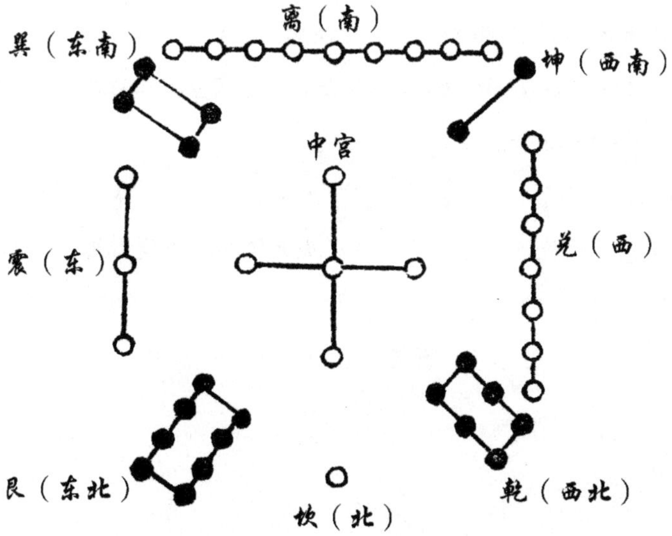

河图洛书是先、后天卦的数理表达式，二者囊括了天上地下万事万物运动规律，所以无极图、太极图、河图、洛书是指导太极拳拳法的总纲。其中，第一图具有抽象性，第二、三、四图带有具体性，以后拳法书中任一地方讲到的易理部分，都是这四项内容的外化。

注 释

① 四正：东、南、西、北分别为雷、火、泽、水。

② 四隅：东北、东南、西南、西北，分别为山、风、地、天。

③ 皇极：至大之谓皇，至中之谓极，皇极，大中也，也就是太极。

④ 纵、横、斜、正数之皆得十五：九宫八卦图的各相对通过中宫的线上，三数之和均为15，四边每边三数之和也为15。

一年二十四节气中每个节或每个气都为15天，每15天由“三元”（三候）组成，每元（候）5天，每天12个时辰，5天即60时辰，为一个六十花甲子，所以每5天又为一候，一节或一气为三候。一年24节气，每节或每气分为三候，一年共$24 \times 3 = 72$候，每候5天，一年共$72 \times 5 = 360$天，现代科学测得恒星年一年为365天5时48分46秒，那么每候就是5天1小时44分50秒多。每候由八卦中的一卦管，共72卦，64卦有8个宫，每宫多出相对的一卦，则每宫对应有9个卦，$8 \times 9 = 72$卦。

如此而来，按每一卦对应的时空节点去顺应宇宙自然去练太极拳，则一年下来功夫大长，这就是该页最后一句“凡太极拳之周旋曲折，皆依为法而莫能外”的深刻含义。

⑤ 以符八节：与冬至、夏至、春分、秋分；立冬、立夏、立春、立秋相符合。

伏羲八卦方位

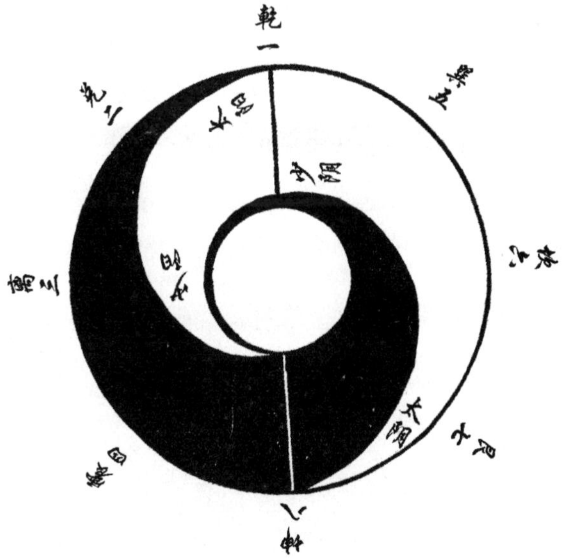

按：此图表现出在地球上仰观天象得到阴阳二因素消长的真实情况。“一阴一阳之谓道”，则宇宙的基因就是阴和阳，二者用图表示则为⚋（阴）和⚊（阳），⚋再与阴、阳组合则为⚏（太阴）、⚎（少阳），⚋再与阴阳结合则为⚍（少阴）、⚌（太阳），阴和阳再分别与上四种组合即为☷、☶、☵、☴、☳、

☲、☱、☰，这就形成坤艮坎巽震离兑乾，数为87654321，如按卦序排列则为12345678，即乾兑离震巽坎艮坤，按方位排列就如文王八卦方位图所示，这里就有了除重阳重阴乾坤二卦外，其余都是“阳卦多阴，阴卦多阳”的问题。看着卦符图就不难理解。如巽卦为阴，卦符为☴，阳多阴少，但它为阴卦，因阳快到最大量了，物极必反就朝少的方向走。其余卦同理。所以，看阴或阳的大小，不仅看绝对数量，还要看其处的位置和运动方向，即要参考量，关注质，不只看其体，更要看其“能”，由此也不难理解巽离兑都是阴卦。但从数量上看都是二阳一阴，可为何三者又不同呢？因从图上看，巽离兑所处位置决定其方向的潜能不同，即“能”依次少了，所以对应人，就是长女、次女、幼女。

用于打拳，以“五阴五阳为妙手”为例，它是力量和方向综合的概念，如倒卷肱打人时，因方向为退，欲达同等效果发力就要大。

文王八卦方位

按：此图为文王八卦方位图，即通常说的后天八卦方位图，相对而言，伏羲八卦方位图是先天图为体，文王八卦方位图是后天图为用。“盖文王以伏羲之卦，恐人难晓，难以致用”，才将先天图与太阳系内的天象季节等实际结合，从而列出后天八卦方位图。我们打拳要利用太阳系范围内的能量，就要以此文王八卦图为指导。此卦的方位揭示了季节的时效性，如立春开始以艮卦为指导卦，

5天后以贲卦为指导，等等。此外，还要结合地支之属性，如此一来，打拳之人与天、地融为一体，形成天、地、人三才制化的宇宙图景。

诸儒因邵子[1]解文王之卦，皆依邵子之说，通说穿凿了。文王之方位本明，而解之者反晦也。殊不知文王之解已明矣[2]，帝出乎震一节是也，又何必别解哉！朱子[3]乃以文王八卦不可晓处甚多，不知何说也。

盖文王以伏羲之卦，恐人难晓，难以致用。故就一年春、夏、秋、冬方位，卦所属木、火、土、金、水相生之序而列也。今以孔子《说卦》解之于后来注[4]。

帝者，天一也[5]。一年之气始于春，故出乎震。震，动也，故以出言之。齐乎巽，巽者，入也，时当入乎夏矣，故曰巽。巽，东南也，言万物之洁齐也。盖震、巽皆属木之卦也。离者，丽也，故“相见乎离”。坤者，地也，土也。南方之火生土方能生金，故坤、艮之土，界木、水于东北，界金、火于西南。土居乎中，寄旺四季[6]，万物之所以致养也，所以成终成始也。坤，顺也，安得不致役乎坤[7]。兑，悦也，万物于此而成，所以悦也。乾，健也，刚健之物必多争战[8]。坎，陷也，凡物升于上者必安逸，陷于下者必劳苦，故劳乎坎。艮，止也，一年之气于冬终止，而又交于春矣。盖孔子释卦多从理上说，役字生于坤顺，战字生于乾刚，劳字生于坎陷，诸儒皆以辞害意，故愈穿凿矣[9]。

注释

① 邵子：指邵雍，谥号康节，北宋哲学家，著有《皇极经世》《先天图》等。

② 殊不知文王之解已明矣：来知德《周易集注》原文为“殊不知文王之卦，孔子已解明矣”。

③ 朱子：朱熹，南宋理学家，儒学集大成者，谥号朱文公，世尊朱子，著有《四书章句集注》《太极图说解》等。

④ 来注：来知德的注释，后同。

⑤ 天一也：来知德原著无“一”字。

⑥ 寄旺四季：来知德《周易集注》原文为“寄旺于四季”。

⑦ 安得不致役乎坤：来知德《周易集注》原文为“安得不致役，顾言致役乎坤”。

⑧ 刚健之物必多争战：来知德《周易集注》原文此句后为“故阴阳相搏而战”。

⑨ 故愈穿凿矣：来知德《周易集注》原文为“故愈辩愈穿凿矣”。

一者[1]，水之生数也；六者，水之成数也。坎居于子，当水生成之数，故坎属水。

二者[2]，火之生数也；七者，火之成数也。离居于午，当火生成之数，故离属火。

三者[3]，木之生数也；八者，木之成数也。震居东，巽居东南之间，当天三地八之数，故震、巽属木。

四者[4]，金之生数也；九者，金之成数也。兑居西，乾居西北之间，当地四天九之数，故兑、乾属金。

五者[5]，土之生数也；十者，土之成数也。艮、坤居东、北、西、南四方之间，当天地五十之中数，故艮、坤属土。

以上论八卦所属五行，以生数、月令云，春其数八，夏其数七，秋其数九，冬其数六，以成数。

注释

① 一者：来知德《周易集注》原文为“八卦所属：坎，一者”。

② 二者：来知德《周易集注》原文为“离，二者”。

③ 三者：来知德《周易集注》原文为“震巽，三者”。

④ 四者：来知德《周易集注》原文为“兑乾，四者”。

⑤ 五者：来知德《周易集注》原文为“艮坤，五者”。

何以天一生水，地二生火，天三生木，地四生金，此皆从卦上来。

天地二字，即阴阳二字。盖一阴一阳，皆生于子午坎离之中。阳则明，阴则浊。试以照物验之：阳明居坎之中，阴浊在外，故水能照物于内，而不能照物于外；阳明在离之外，阴浊在内，故火能照物于外，而不能照物于内。观此，阴阳生于坎、离端的矣。坎卦一阳居其中，即一阳生于子也，故谓天一生水。及水之盛，必生木矣，故天三又生木。离卦一阴居其中，即一阴生于午也，故谓地二生火。及火之盛，必生土而生金矣，故地四又生金。从坎自艮至震、巽，乃自北而东，子、丑、寅、卯、辰、巳也，属阳，皆天之生。至巳，则天之阳极矣，故至午而生阴。从离至坤至兑、乾，乃自南而西，午、未、申、酉、戌、亥也，属阴，皆地之生。至亥，则地之阴极矣，故至子而生阳。艮居东北之间，故属天生；坤居东南之间，故属地生来注。

窃谓伏羲先天、文王后天之说，时代固难臆断，要其“先天而天弗违，后天而奉天时”[①]，二语紧承上文，合德、合明、合序、合吉凶[②]而来，显见是有先后两层功夫，必须合一，方能获效。犹言人心道心、识神慧神、有知无知之类。譬如学拳者，以后天人心、有知之识神，习其姿势、规矩，久练纯熟，而先天道心、不知之慧神发矣。是后天者，可知之整数也；先天者，不可知之零数也，卦象皆能表明之。故乾南坤北者，辨六阴六阳平分相对之理；离南坎北者，推参天两地奇零不齐之数。如乾对坤，兑对艮，离对坎，震对巽，粗观之，平分方位似无所谓参差也，然细测之，实有参两九六，大月七，小月五之各证焉。

按：以上两图出自来知德画的原图（见来知德《周易集注卷之首上》）。陈鑫引用此图着重在于说明伏羲先天卦方位、文王后天卦方位，为奉天时之体用，太极拳也是“奉于天时”而创造和演练的。来知德指出此图为“此圣人作易之原也，理气象数，阴阳老少，往来进退，常变吉凶，皆尚乎其中”。中间白圆指“主宰者气”太极之本体（物质为混沌状存在）树立了一个核心，大圆黑白为阴阳二仪“对待者数”（阴阳对立而平衡统一），运行变化为“流行者气”（阴阳二气的运动形式）。太极拳的创造就是尊奉了“先天不违自然之理，后天奉天时而为用”的自然运化规律，将后天之“识神”（经过学习和实践的认知能力）与人之先天基因存在的先天智慧“慧神”合一而成，陈鑫引用《周易·乾·文言》予以进一步说明。“先天而天弗违，后天而奉天时”，意在创拳、练拳要不违背“先天之道”，运化要合乎尊奉“天时”的自然规律，并更深层次指出创、练拳要“合德、合明、合序、合吉凶”，拳的“‘先后’两层功夫，必须合一，方能见效”，“后天识神”要与“先天慧神”合和，“先天、后天（是）一合相矣。学拳者以‘后天人心’的‘认识能力’习其姿势、规矩，久练纯熟”，尊奉“先天道心”之自然规律，就自然而然地开发出先天智慧，久之从而达到“诣臻神化”境界。

注 释

① 先天而天弗违，后天而奉天时：出自《周易·乾·文言》。天，即天时，天道，指自然规律。先天，先于天象，就是说自然界尚未出现变化时，就预先采取措施。人的行为应符合自然之规律。后天，后于天象，自然界出现变化后，及时采取适当的措施去处理。违，违背。奉，奉行。此句是指：先于天象而行动，天不违背人意；后于天道而行动，人也是尊奉天道的自然变化规律。“奉天时”——不违背自然规律，所以“天弗违”——上天就不会怪罪和惩罚。

② 合德、合明、合序、合吉凶：紧接上文的简要。原文“夫大人者，与天地合其德，与日月合其明，与四时合其序，与鬼神合其吉凶。先天而天弗违，后天而奉天时，天且弗违，而况人乎？况于鬼神乎？”大人，圣人。合，符合、相同的意思。原文意为：圣明德备，他的道德和天地一样覆载万物，他的圣明如同日月一样普照万物，他施理政事像四时一样井然有序，他示人的吉凶祸福如同鬼神一样奥妙无穷。他若在天象之前行事，天不违背他，若在天象之后行事，也能奉顺天道运行的规律。天都不会违背他，何况人呢？何况鬼神呢？

就日之出入观之，春分、秋分，昼六时、夜六时也。就天之昏晓观之，日出前半时即晓，日入后半时方昏，则昼七时，夜五时矣。就岁之子午观之，冬至、夏至，阳六月、阴六月也。就岁之阴阳观之，阳不生于子而生于亥，故超乾于亥前，位乎西北，名十月为小阳，其以此欤？阴不生于午而生于未，故次坤于未后，位乎西南。就周天三百六十度观之，平分十二宫为十二月之限，每宫三十度，整数也；每月二十九日半，零数也。自子至午，七阅月二百一十度，加超亥六度，适符[①]乾策[②]二百一十六；自未至亥，五阅月一百五十度，减去乾超六度，适符坤策一百四十四。乾策得三个七十二，九个二十四；坤策得两个七十二，六个二十四，故曰参天两地而倚数，示零数为整数之真根也。零数者何？太极也，无极也。

拳术家陈鑫创立缠丝精法，默行乾坤不息之螺旋线，其至命矣，夫技艺云乎哉！意有未尽者[③]。乾盈于南，而息于西北；坤盈于北，而息于西南，返本还原，穷其始也。离息于东，而盈于南，以代乾。坎息于西，而盈于北，以代坤。虽曰离上而坎下也，其实皆进步上达也。离之上达由雷震，坎之上达由兑泽，口中生液，不亦说乎。兑象也，兑泽之降由巽风。诗曰："习习谷风，以阴以雨[④]。"雨，泽也，泽润生民，谷神不死矣。震起之成，始由于艮。止之成终，终则有始，循环无端。帝出乎震，帝齐乎巽，帝相见乎离，帝役乎坤，帝说言乎兑，帝战乎乾，帝劳乎坎，帝成言乎艮，帝即神也。神也者，妙万物而为言也。言有八方而不拘方，言有四时而不拘时，先天、后天一合相矣。拳乎？道乎？有志者谅能识矣。

按：拳术家陈鑫创立缠丝精法，默行了先天太极的螺旋缠绕规律，达到上天（大道）的意志。应理解"拳虽小技，大道存焉"，拳艺中内含着"天道"，并顺应自然的变化而变化的道理。先天太极（本然智慧）和后天太极（运用实践）是一整体合相，拳术家应从深层次的角度去理解，不断实践，提高认识，发掘先天智慧（自己本身的智慧），结合后天实际、实践，不必固执“每招之中何者为阳，何者为阴”，不必受“四时八方”的拘束。做到拳理拳法合乎“自然之道心”，即拳理拳法“恰合天然，绝无勉然”“顺天理之所以然”，从而逐渐领悟到“拳法自然”的深层奥义 。

注 释

① 适符：适，合适，刚好；符，符合；

② 策：筹划，计算。

③ 意有未尽者：有，应为“犹”，原书误。

④ 习习谷风，以阴以雨：出自《诗经·谷风》，意为“东风轻轻地吹，天气时阴时雨”。

太极生两仪四象八卦图

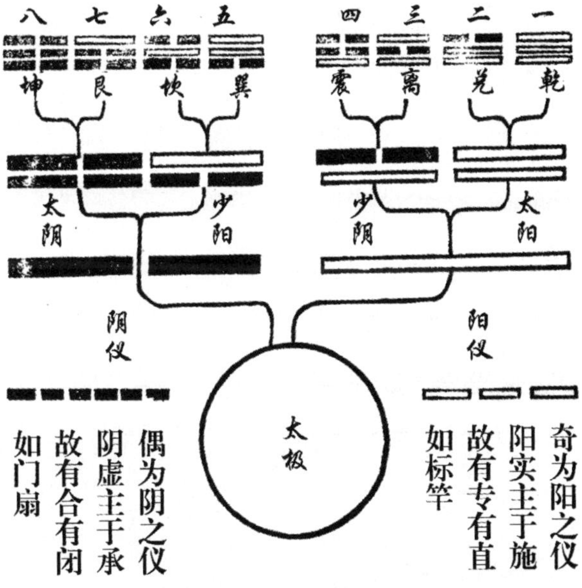
一 二 三 四 五 六 七 八
乾 兑 离 震 巽 坎 艮 坤
太阳 少阴 少阳 太阴
阳仪 阴仪
太极
奇为阳之仪
阳实主于施
故有专有直
如标竿
偶为阴之仪
阴虚主于承
故有合有闭
如门扇

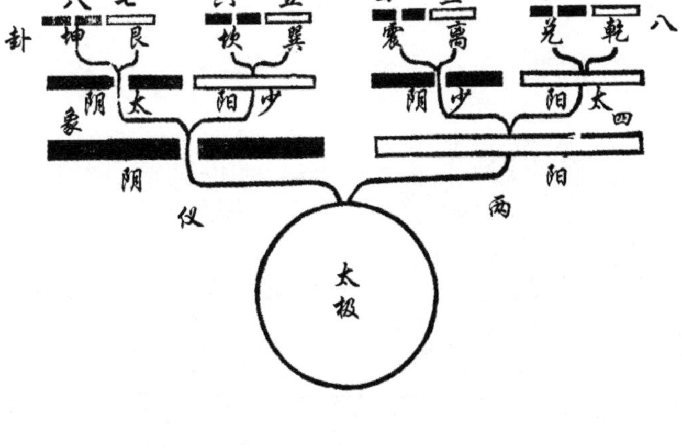
八卦
一 二 三 四 五 六 七 八
乾 兑 离 震 巽 坎 艮 坤
四象
太阳 少阴 少阳 太阴
两仪
阳 阴
太极

伏羲只在一奇一偶上生出八卦，又生出后圣许多文字，如：

一阳上加一阳，为太阳。阳，自然老之象。

一阳上加一阴，为少阴。阴，自然少之象。

一阴上加一阳，为少阳。阳，自然少之象。

一阴上加一阴，为太阴。阴，自然老之象。

太阳上加一阳为乾，一阴为兑。

少阴上加一阳为离，一阴为震。

少阳上加一阳为巽，一阴为坎。

太阴上加一阳为艮，一阴为坤。①

太极生两仪者，阴、阳也。

两仪生四象者，太阳、少阴、少阳、太阴也。

四象生八卦者，乾、兑、离、震、巽、坎、艮、坤也。

自然而然，不假安排，则所谓象者、卦者，皆仪也。故天地间万事万物，但有仪形者，即有定数存乎其中。而人之一饮、一啄，一夭、一寿②，皆毫厘不可逃者。故圣人惟教人以贞，以成大业。

○○○
●●● 此三阳对三阴也，故曰天地定位。

○●●
●○○ 此太阴对太阳于下，一阳对一阴于上也，故曰山泽通气。

●●○
○○● 此太阴对太阳于上，一阳对一阴于下也，故曰雷风相薄。

●○●
○●○ 此少阳对少阴于下，一阴对一阳于上也，故曰水火不相射

来注。

注 释

① 太阳上加一阳为乾……一阴为坤：一阴为兑，应为“加一阴为兑”；一阴为震，应为“加一阴为震”；一阴为坎，应为“加一阴为坎”；一阴为坤，应为“加一阴为坤”，原书误。

② 而人之一饮、一啄，一夭、一寿：应为“一饮、一啄、一穷、一通、一夭、一寿”。

八卦相合数

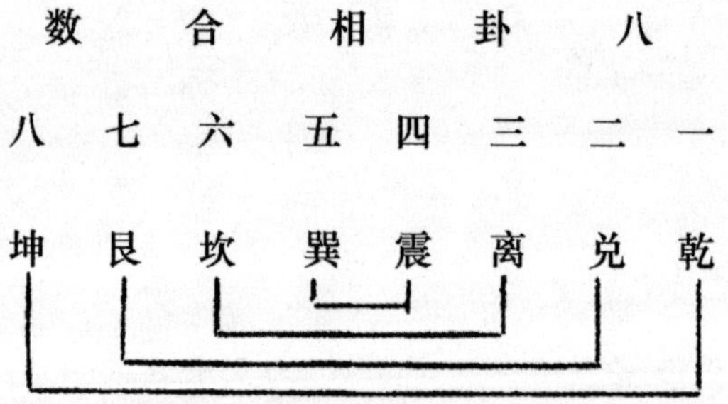

天一，地八，乃天地自然之数也。乾始于一，坤终于八。今兑二艮七，亦一、八也；离三坎六，亦一、八也；震四巽五，亦一、八也，八卦皆本于乾坤，于此可见。故曰：乾坤，其易之门耶。乾坤毁，则无以见易。一部易经，乾坤二字尽之。

伏羲之卦起于画，故其法皆以画论之。若宋儒谓天位乎上，地位乎下；日生于东，月生于西；山镇西北，泽注东南；风起西南，雷震东北，则谓其合天地之造化，不以数论也。

一　六　七　二　八　三　四　九

坤　艮　坎　巽　震　离　兑　乾

上图用八卦次序，数相合得九。此图用八卦配洛书，数相合得十。术学家[①]分用，各有取义；拳学家[②]合用，无甚分别。

注释

① 术学家：指道家、阴阳家的信徒，此具体指求仙得道、练制丹药、驱魔捉鬼、相面占卜、观阴阳看风水的方士与术士。

② 拳学家：专门研究习练武术技艺者。

先天八卦动静图

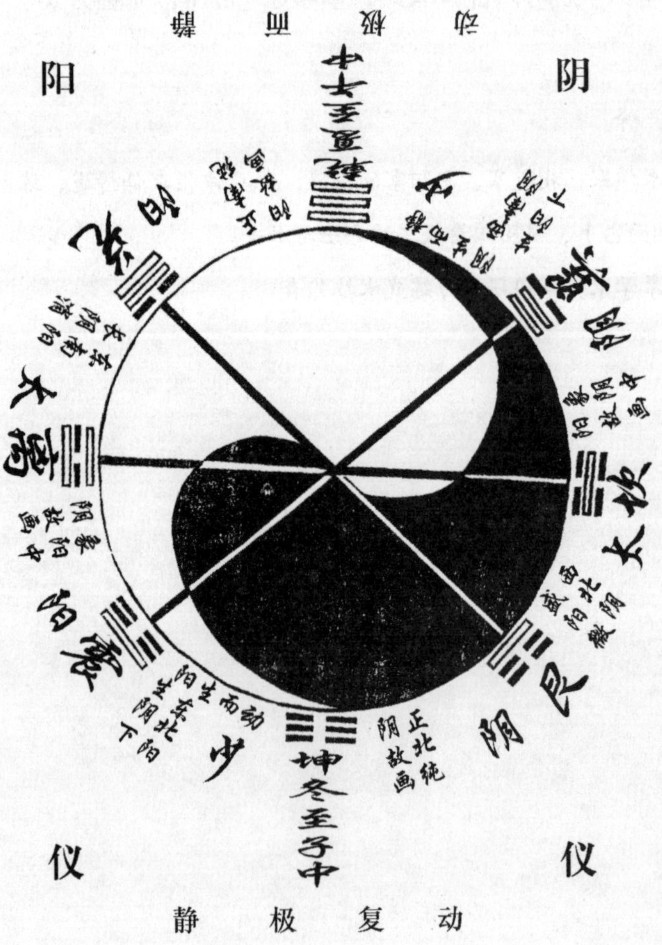

伏羲先天八卦圆图

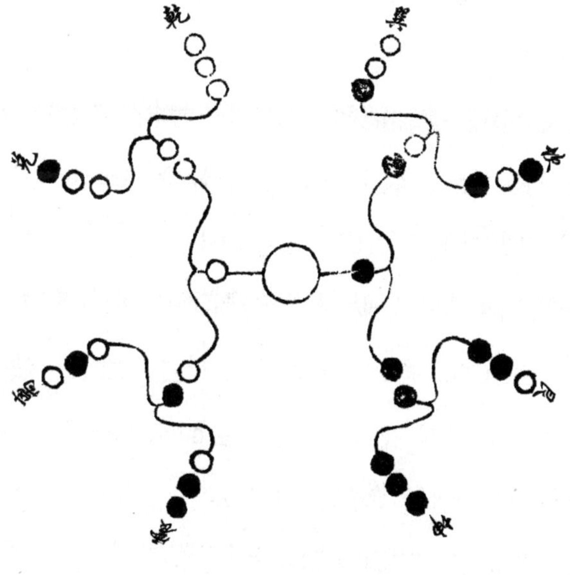

按图有太极、两仪、四象、八卦。合而为一，分而为二，阳仪在左，阴仪在右；二分为四，左少阳、太阳，右少阴、太阴；四分为八，乾南，坤北，离东，坎西，震、巽、兑、艮居于四隅，皆自然而然，不假一毫人力者也来注。

《系辞传》曰：易有太极，是生两仪。两仪生四象，四象生八卦。邵子曰：一分为二，二分为四，四分为八也。《说卦传》曰：易逆数也。邵子曰：乾一，兑二，离三，震四，巽五，坎六，艮七，坤八；自乾至坤，皆得未生之卦，若逆推四时之比也。后六十四卦放[1]此。

《说卦传》曰：天地定位，山泽通气，雷风相薄，水火不相射，八卦相错，数往者顺，知来者逆。邵子曰：乾南，坤北，离东，坎西，震东北，兑东南，巽西南，艮西北。自震自乾为顺，自巽至坤为逆。六十四卦方位放此。

八卦次序论

自乾而兑、离、震，而巽、坎、艮、坤，乃顺也。今伏羲之卦，乃不以巽次于震之后，而乃以巽次于乾之左，渐至于坤焉。是巽、坎、艮、坤，其数逆也。故曰：易逆数也。

八卦已成之谓“往”，以卦之已成而言。自一而二、三、四、五、六、七、八，因所加之画，顺先后之序而去，故曰：数往者顺。

八卦未成之谓“来”，以卦之初生而言。一阳上加一画为太阳，太阳上添一画则为纯阳，必知其为乾矣，八卦皆然。其所加之画，皆自下而行上，谓之逆，故曰：知来者逆。

一年卦气论

自子而丑、寅、卯、辰、巳、午者，顺也。今伏羲之卦，将乾安于午位，逆行至于子，是乾、兑、离、震，其数逆。伏羲八卦方位，自然之妙。以横图论，列乾一、兑二、离三、震四、巽五、坎六、艮七、坤八，不假安排，皆自然而然，可谓妙矣。乃又颠之，倒之，错之，综之，安其方位，疑若涉于安排者，然以[2]自然而然也。今以自然之妙，图画于后来注。

乾坤所居论

乾位乎上，君也。左则二阳居乎巽之上焉，一阳居乎坎三中焉；右则二阳居乎兑之下焉，二阳居乎离之上下焉，宛然三公、九卿、百官之侍列也。

坤居于下，后也。左则二阴居乎震之上焉，一阴居乎离之中焉；右则二阴居乎艮之下焉，二阴居乎坎之上下焉，宛然三妃、九嫔、百媵之侍列也。

男女相配论

乾对坤者，父配乎母也。

震对巽者，长男配长女也。

坎对离者，中男配中女也。

艮对兑者，少男配少女也。

乾坤橐籥[3]论

乾取下一画换于坤，则为震；坤取下一画换于乾，则为巽。此长男长女橐籥之气相交换也，故彼此“相薄”。

乾取中一画换于坤，则为坎；坤取中一画换于乾，则为离。此中男中女橐籥之气相交换也，故彼此“不相射”。

乾取上一画换于坤，则为艮；坤取上一画换于乾，则为兑。此少男少女橐籥之气相交换也，故彼此“通气”来注。

注 释

① 放：应为“仿”，原书误。后同，不另注。

② 以：应为“亦”，原书误。

③ 橐龠：音 tuó yuè。橐，口袋。龠，籥像笛子一样的乐器。两者合起喻为风箱，见老子《道德经》：“天地之间，其犹橐龠乎?”

八卦生六十四卦阳仪横图

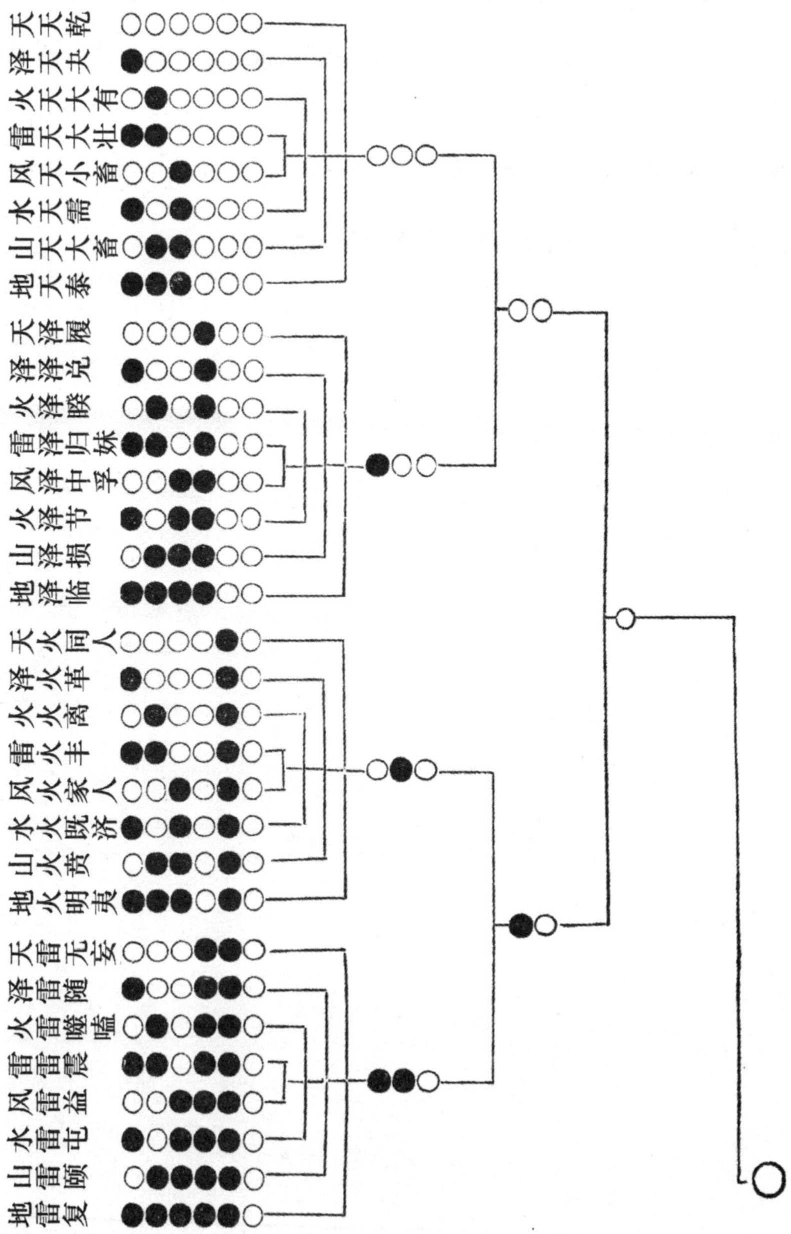
天天乾
泽天夬
火天大有
雷天大壮
风天小畜
水天需
山天大畜
地天泰
天泽履
泽泽兑
火泽睽
雷泽归妹
风泽中孚
火泽节
山泽损
地泽临
天火同人
泽火革
火火离
雷火丰
风火家人
水火既济
山火贲
地火明夷
天雷无妄
泽雷随
火雷噬嗑
雷雷震
风雷益
水雷屯
山雷颐
地雷复

八卦生六十四卦论

是八卦之上各加八卦而成六十四卦，皆自然而然。试观乾一、兑二、离三、震四、巽五、坎六、艮七、坤八，则八卦之与数，岂安排而强合之哉！一为乾，故于本卦一位上见之；二为兑，即于本卦二位上见之；三为离，四为震，五为巽，六为坎，七为艮，八为坤，莫不然也。况即乾之一宫，其八卦次序故依一二三四五六七八整然不乱，而各宫皆然，可见六十四卦圣人无一毫增损矣。

八卦生六十四卦阴仪横图

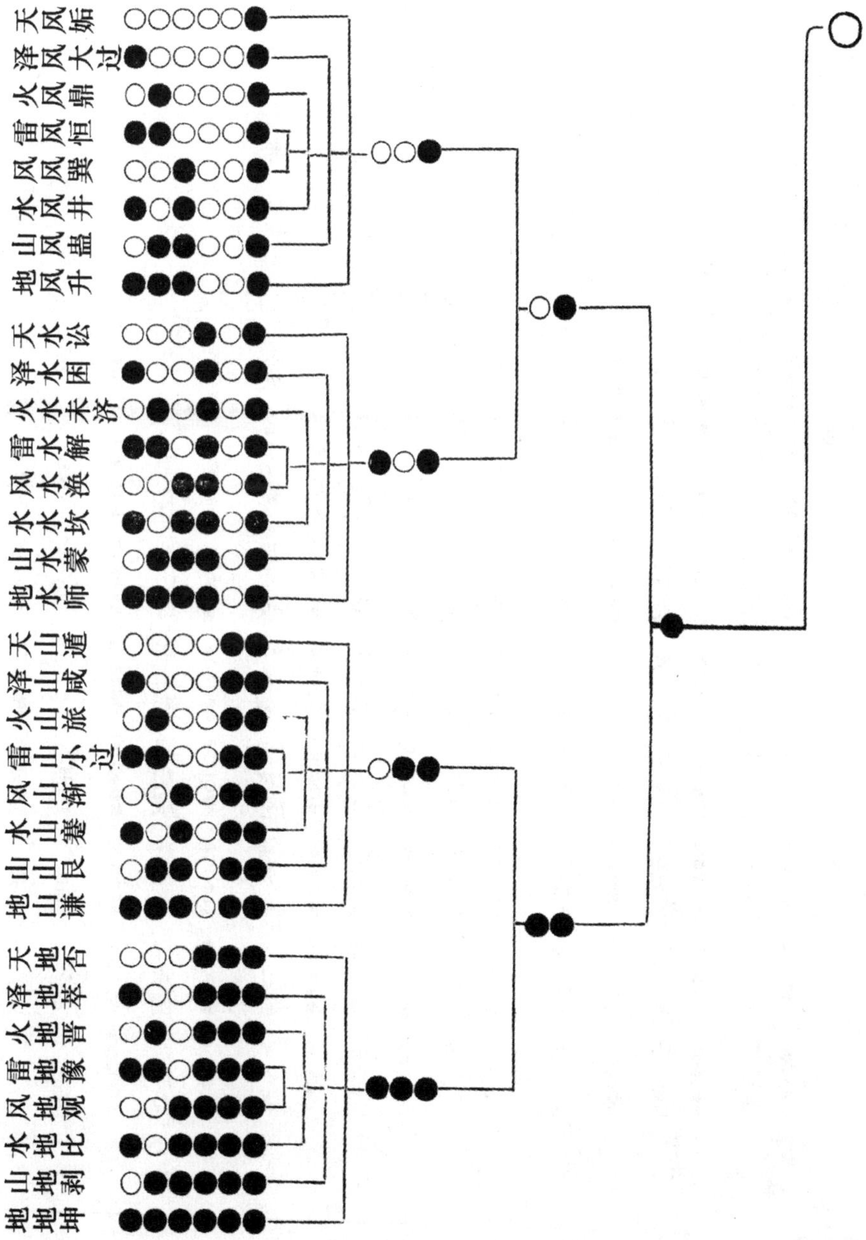

八卦变六十四卦图

尾有 二火 先水 雷泽 尾有 二雷 先风 天火 尾有 二天 先地 泽雷 尾有 二泽 先山 火天 尾有 二山 先泽 水地 尾有 二地 先天 山风 尾有 二风 先雷 地水 尾有 二水 先风 火山
归原位
复还四爻变
五爻变
四爻变
三爻变
二爻变
初爻变
火天大有 火地晋 山地剥 风地观 天地否 天山遁 天风姤 天天乾
一变
雷泽归妹 雷山小过 地山谦 水山蹇 泽山咸 泽地萃 泽水困 泽泽兑
二变
天火同人 天水讼 风水涣 山水蒙 火水未济 火风鼎 火山旅 火火离
三变
泽雷随 泽风大过 水风井 地风升 雷风恒 雷水解 雷地豫 雷雷震
四变
山风蛊 山雷颐 火雷噬嗑 天雷无妄 风雷益 风火家人 风天小畜 风风巽
五变
地水师 地火明夷 雷火丰 泽火革 水火既济 水雷屯 水泽节 水水坎
六变
风山渐 风泽中孚 天泽履 火泽睽 山泽损 山天大畜 山火贲 山山艮
七变
水地比 水天需 泽天夬 雷天大壮 地天泰 地泽临 地雷复 地地坤
八变

右[1]八卦不过加太极两仪四象八卦是也。六十四卦不过变，即《系辞》所谓“八卦成列，象在其中矣，因而重之，爻在其中矣；刚柔相推，变在其中矣”。如乾为阳刚，乾下变一阴之巽，二阴之艮，三阴之坤；坤为阴柔，坤下变一阳之震，二阳之兑，三阳之乾，是刚柔相推也。盖三画卦若重，成六画，则不能变六十四，惟六画则即变六十四矣。所以每一卦六变即归本卦，下爻画变为七变，连本卦成八卦，以八加八，即成六十四卦。古之圣人，见天地阴阳变化之妙原是如此，所以以“易”名之。若依宋儒之说，一分二，二分四，四分八，八分十六，十六分三十二，三十二分六十四，是一直死数，何以为“易”？且通不成卦，惟以八加八，方见阴阳自然造化之妙。

注释

① 右：原书竖排，此处指文之右，“八卦变六十四卦图”。

六十四卦相错图

天无
水雷
泽地
天风
火山
火天大有
火地晋
山地剥
风地观
天地否
天山遁
天风姤
天天乾
水地比
水天需
泽天夬
雷天大壮
地天泰
地泽临
地雷复
地地坤
乾九
相错
坤一
水无
天山
风火
无地
泽雷
地水师
地火明夷
雷火丰
泽火革
水火既济
水雷屯
水泽节
水水坎
天火同人
天水讼
风水涣
山水蒙
火水未济
火风鼎
火山旅
火火离
坎七
相错
离三
雷无
山火
天风
无泽
水地
泽雷随
泽风大过
水风井
地风升
雷风恒
雷水解
雷地豫
雷雷震
山风蛊
山雷颐
火雷噬嗑
天雷无妄
风雷益
风火家人
风天小畜
风风巽
雷八
相错
巽二
山无
地雷
水泽
无风
天火
风山渐
风泽中孚
天泽履
火泽睽
山泽损
山天大畜
山火贲
山山艮
雷泽归妹
雷山小过
地山谦
水山蹇
泽山咸
泽地萃
泽水困
泽泽兑
艮六
相错
兑四

八宫尾二卦正错互综图

天地水火正卦相错

其尾二卦则互相综

天之火地晋

天之火天大有

地之水天需

地之水地比

综水之地火明夷

综火之天火同人

综火之天水讼

综水之地水师

风雷山泽隅卦相综

其尾二卦则互相错

雷之泽风大过

雷之泽雷随

山之风泽中孚

山之风山渐

错风之山雷颐

错风之山风蛊

错泽之雷山小过

错泽之雷泽归妹

序卦正综（一）

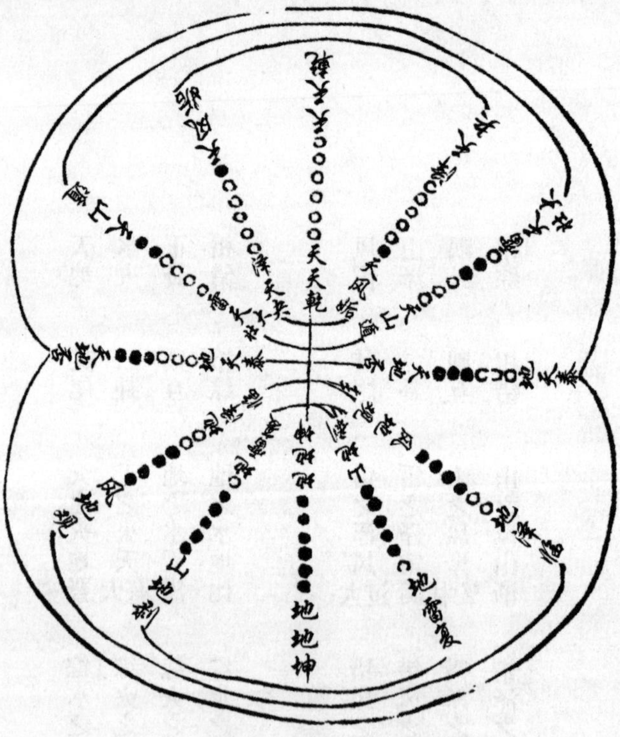

乾之属自姤至剥顺行与坤所属相综

夬	综	姤
壮大	综	遁
泰	综	否
临	综	观
复	综	剥

坤之属自复至夬逆与乾所属相综

序卦正综（二）

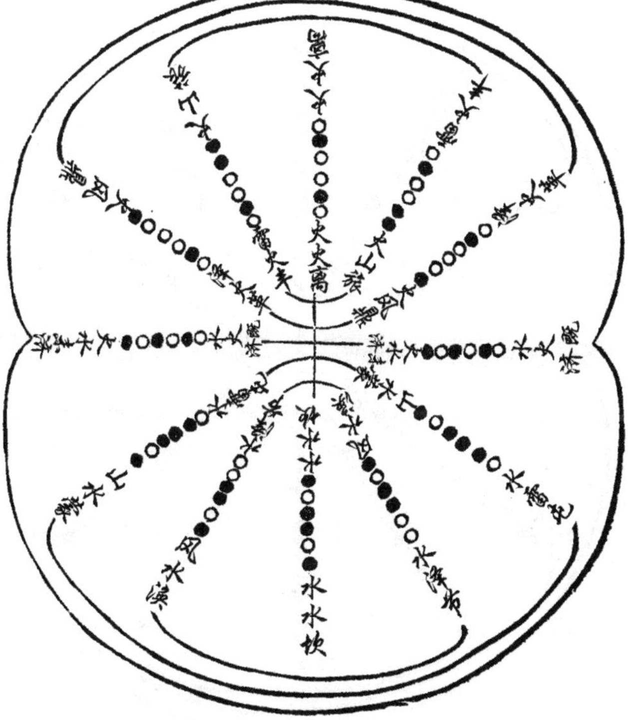

坎之属自节至丰顺行与离所属相综

涣		综		节
蒙		综		屯
济	未	综	济	既
鼎		综		革
旅		综		丰

离之属自旅至涣逆行与坎所属相综

序卦正综（三）

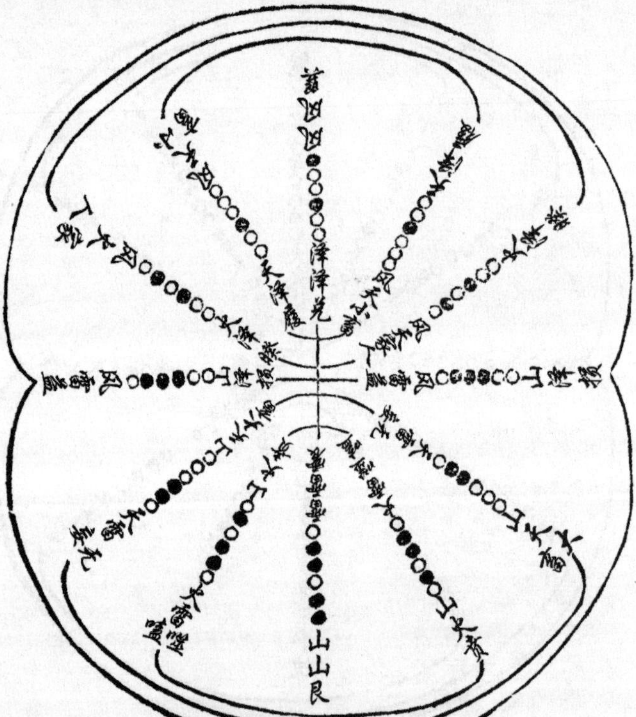

艮之属自贲至履顺行与巽所属相综

嗑噬　　综　　节
妄无　　综　畜　屯
益　　综　　既
人家　　综　　革
畜小　　综　　丰

巽之属自小畜至噬嗑逆行与艮所属相综

序卦正综（四）

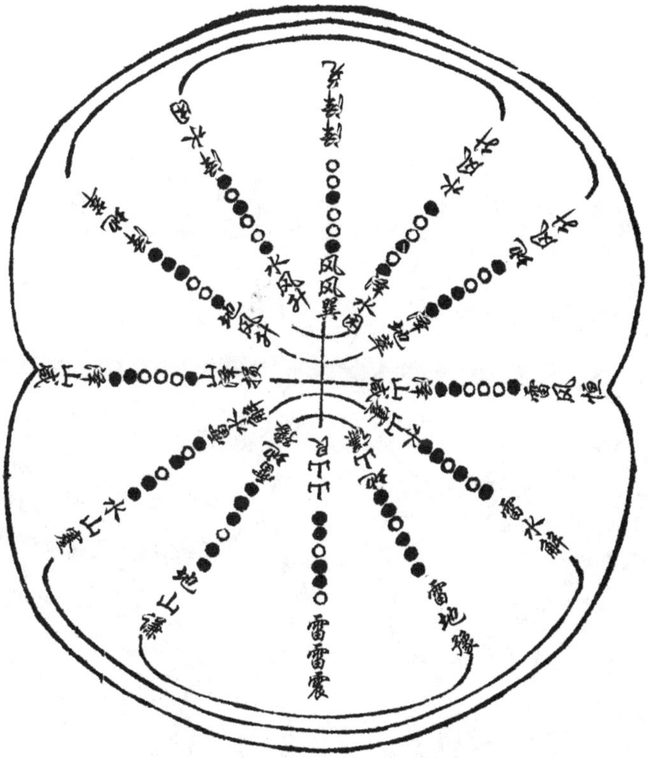

震之属自豫至井顺行与兑所属相综

谦	综	豫
蹇	综	解
咸	综	恒
萃	综	升
困	综	井

兑之属自困至谦逆行与震所属相综

六十四卦颠倒相综图

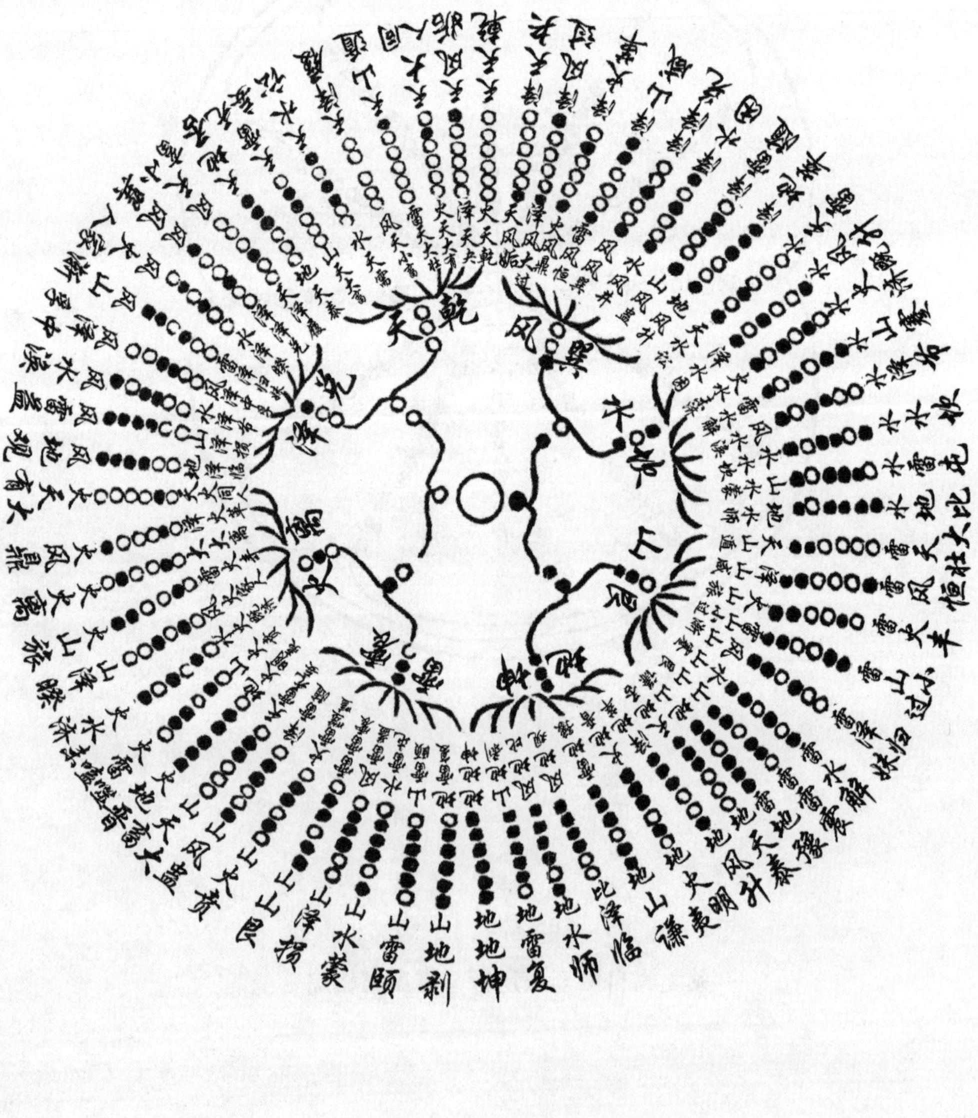

此图因伏羲八卦天泽火雷风水山地之序，仍以天泽火雷风水山地，依次加之，颠倒综之。则乾、坤、坎、离之四本卦，颐、大过、中孚、小过之四交卦共八卦仍相错，而其余五十六卦综为二十八卦，共得三十六卦，故邵子曰："三十六宫都是春"也。所谓八分为十六，十六分为三十二，三十二分为六十四者，尤见法象自然之妙也。

太极生一百二十八卦相错图

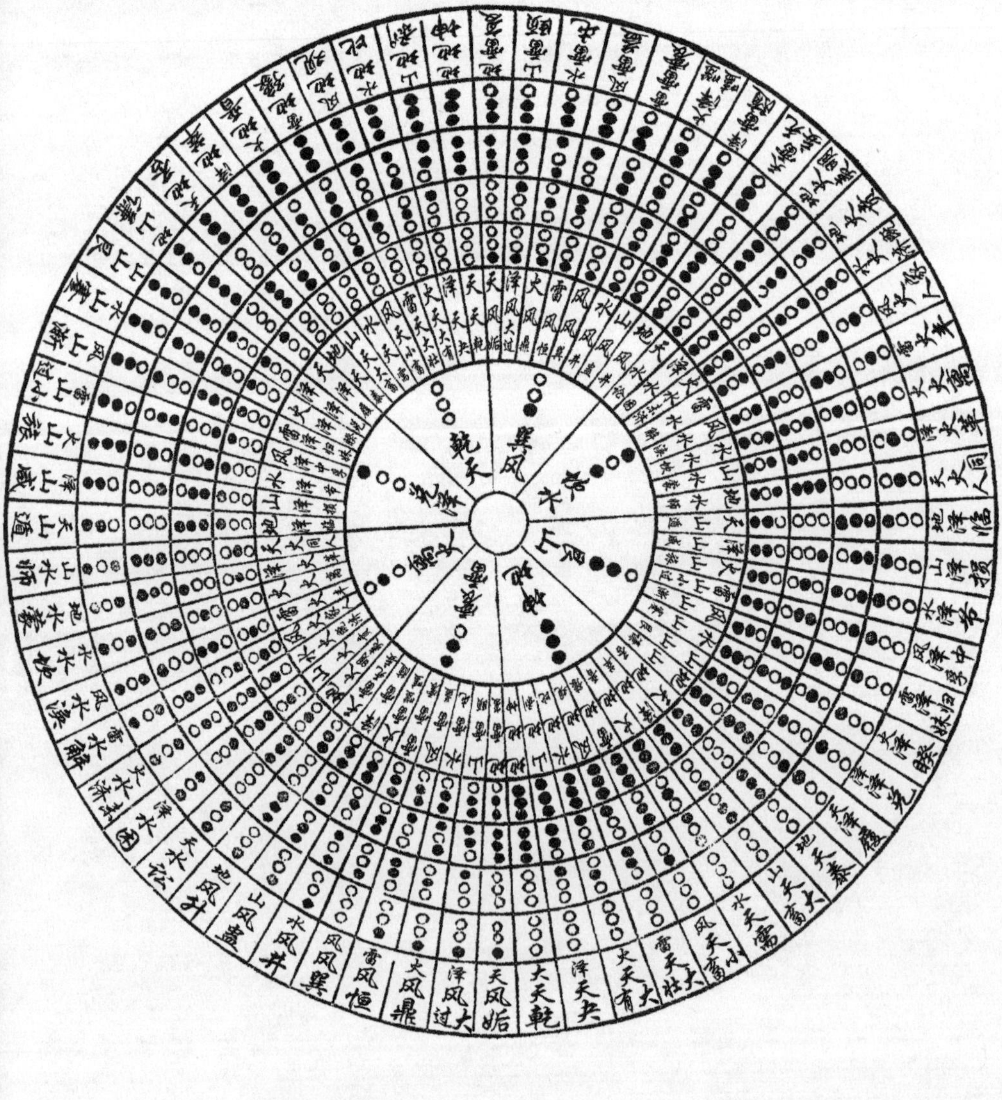

前图六十四卦颠倒相综，此图六十四卦颠倒相错，以明太极拳缠丝精之大圈小圈约有六层，与人身之皮肤、肌肉、筋腱、网膜[①]、骨节、脑髓六层相合。凡血气之流通，精神之凝聚，皆可于上下、升降、表里、出入时，验其圈之大小。而能得其环中者，当自知之。

内一圈、外十二圈阴阳各三十二，内四圈、外九圈阴阳各四。

内二圈、外十一圈阴阳各十六，内五圈、外八圈阴阳各二。

内三圈、外十圈阴阳各八，内六圈、外七圈阴阳各一。

《易》言："一阴一阳之谓道"者，言其"归根复命"，乃因阴阳为一而还于天。

注释

① 网膜：人之韧带。

天地定位图

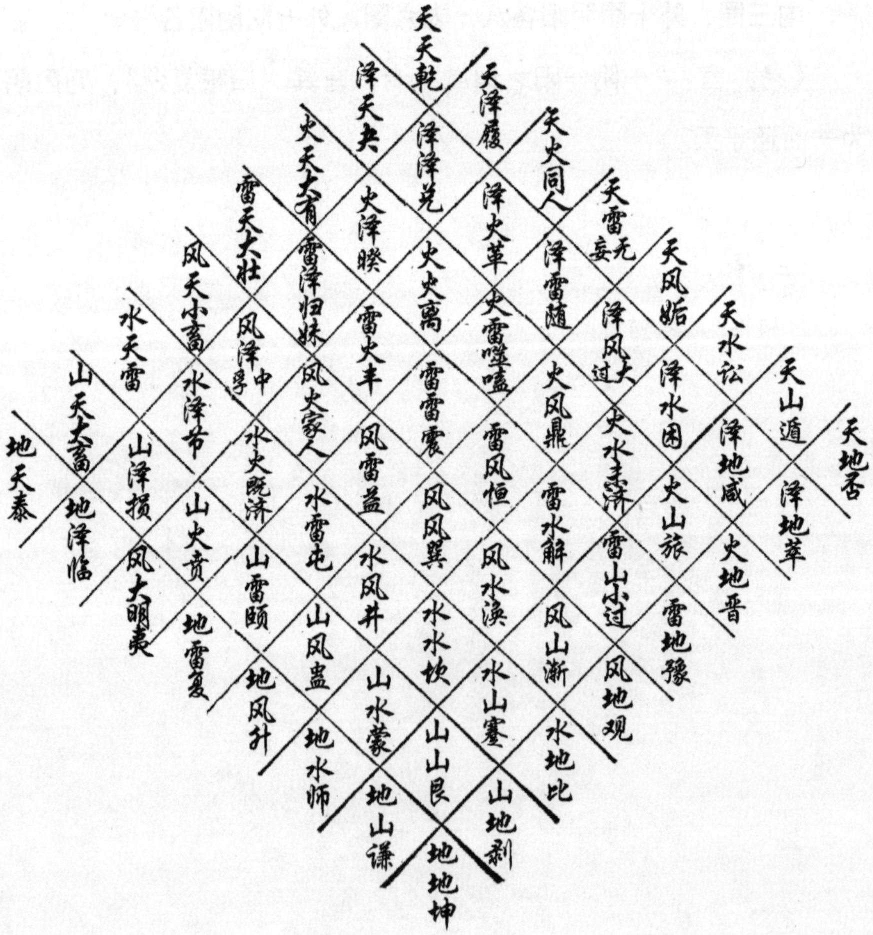
天天乾
天泽履
天火同人
天雷无妄
天风姤
天水讼
天山遁
天地否
泽天夬
泽泽兑
泽火革
泽雷随
泽风大过
泽水困
泽地咸
泽地萃
火天大有
火泽睽
火火离
火雷噬嗑
火风鼎
火水未济
火山旅
火地晋
雷天大壮
雷泽归妹
雷火丰
雷雷震
雷风恒
雷水解
雷山小过
雷地豫
风天小畜
风泽中孚
风火家人
风雷益
风风巽
风水涣
风山渐
风地观
水天雷
水泽节
水火既济
水雷屯
水风井
水水坎
水山蹇
水地比
山天大畜
山泽损
山火贲
山雷颐
山风蛊
山水蒙
山山艮
山地剥
地天泰
地泽临
风大明夷
地雷复
地风升
地水师
地山谦
地地坤

《易》曰：“天地定位，山泽通气，雷风相薄，水火不相射”方图。

观《易传》：“数往者顺、知来者逆，是故‘易’，逆数也”数语，似乎为前后关键，具有奥义。言人之为，须知天之所以生人，人之所以回天，否则人道有亏，失却造命根性，故曰：“数往者顺”。顺其天地生六子，自上下下，生生不息之原理，无时或违，知以藏往也。“知来者逆”，逆用六子之力，下学上达[①]。自一阳、二阳、三阳、四阳、五阳而六阳，变化性命，保合太和，驯至神武不杀，而物亦无能杀之者，至矣，神以知来也。是《易》之为书，教人回天之大经大法也，故曰“逆数也”，即后数章之先言震、巽，后言乾坤也。非徒“乾道成男”，而且男成乎乾君，“首出庶物，万国咸宁”。非徒“坤道成女”，而且女成乎坤后，后以施命告四方，乃得位乎天地之中而“与天地参”。

注 释

① 下学上达：应为“上学下达”。

成男成女图

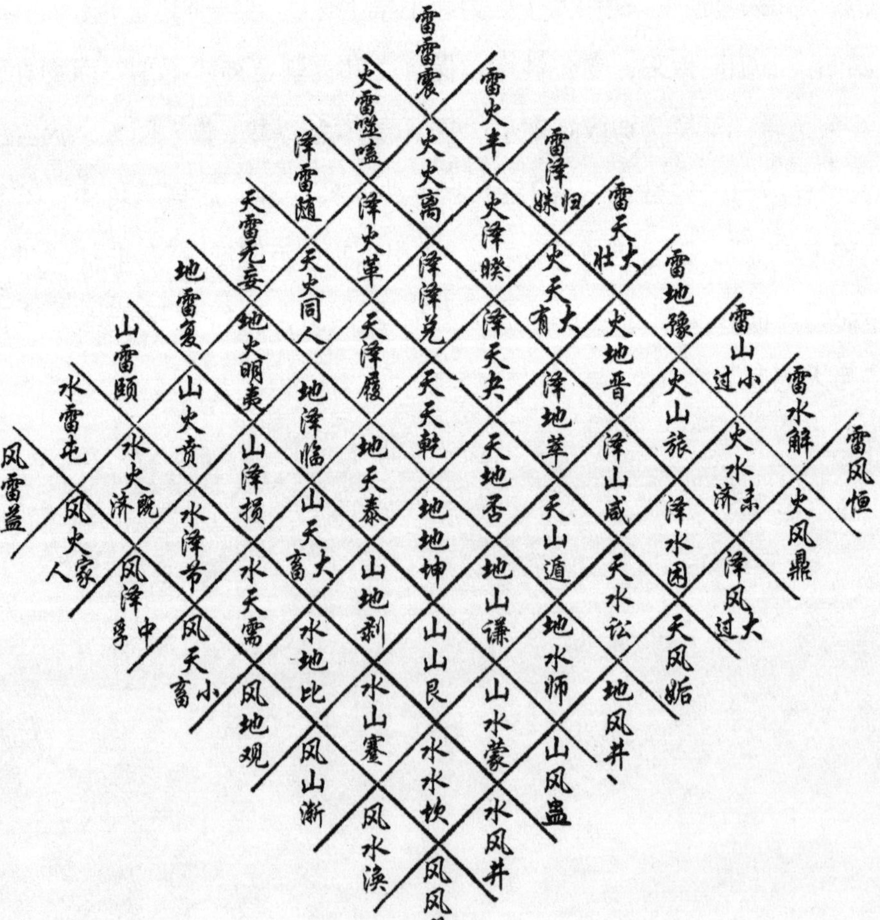
雷雷震
火雷噬嗑
雷火丰
泽雷随
火火离
雷泽归妹
天雷无妄
泽火革
火泽睽
雷天大壮
地雷复
天火同人
泽泽兑
火天大有
雷地豫
山雷颐
地火明夷
天泽履
泽天夬
火地晋
雷山小过
水雷屯
山火贲
地泽临
天天乾
泽地萃
火山旅
雷水解
风雷益
水火既济
山泽损
地天泰
天地否
泽山咸
火水未济
雷风恒
风火家人
水泽节
山天大畜
地地坤
天山遁
泽水困
火风鼎
风泽中孚
水天需
山地剥
地山谦
天水讼
泽风大过
风天小畜
水地比
山山艮
地水师
天风姤
风地观
水山蹇
山水蒙
地风升
风山渐
水水坎
山风蛊
风水涣
水风井
风风巽

《易》曰："鼓之以雷霆，润之以风雨，日月运行一寒一暑，乾道成男，坤道成女"方图。

其工只在"五十以学易"。学《易》者，学逆也，学逆数之相交于中央。隅交为五，正交为十也。隅交者，风、雷、山、泽五以学易也；正交者，天、地、水、火以学易也。圆图是矣。而方图又皆以隅为正，以正为隅。八纯卦纵贯上下，为东西之枢；八交卦横亘东西，为上下之纽，皆十字正交也。而五字隅交，亦寓其中。顺数者，乾坤包六子，乾坤外圈大，六子在内圈小；逆数者，六子包乾坤，六子在外圈大，乾坤在内圈小。虽有大小，舒卷顺逆往来之迹，久而久之，浑沦无间，色空莫辩，无声无臭，拳拳服膺①。"回也，其庶乎?②回教、儒教、道教、佛教、耶教、科学教，各分门户，而泥其教者，曾亦悟其均不能外于太极而无极欤?"习太极拳者其勉旃③。

注 释

① 拳拳服膺：拳拳，牢牢地抓住。服膺，音 fú yīng，谨记在心。牢牢地谨记在心中。

② 回也，其庶乎：出自《论语》。回，指孔子学生颜回。庶，庶几，相近，差不多。

③ 勉旃：希望发奋努力。旃，音 zhān，文言助词，相当于"之"。

乾君坤藏图

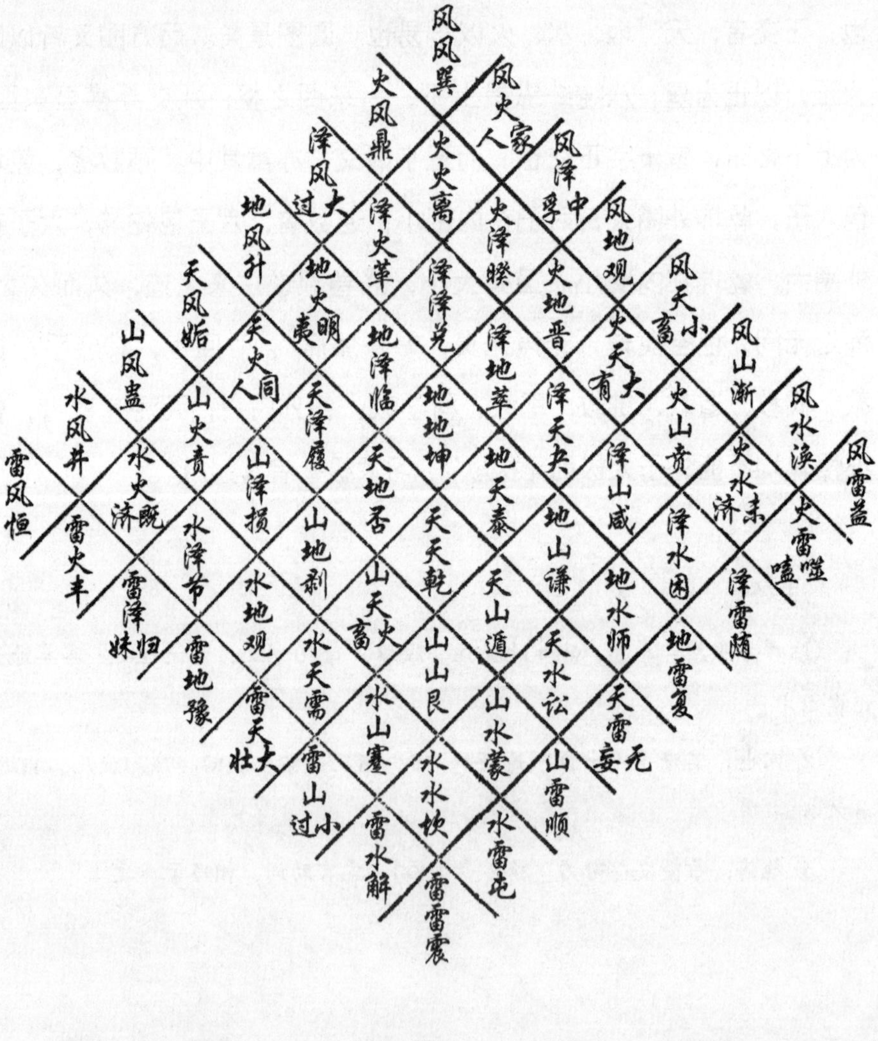

《易》曰："雷以功之，风以散之，雨以润之，日以煊之，艮以止之，兑以说之，乾以君之，坤以藏之"。方图。

天根月窟[1]图

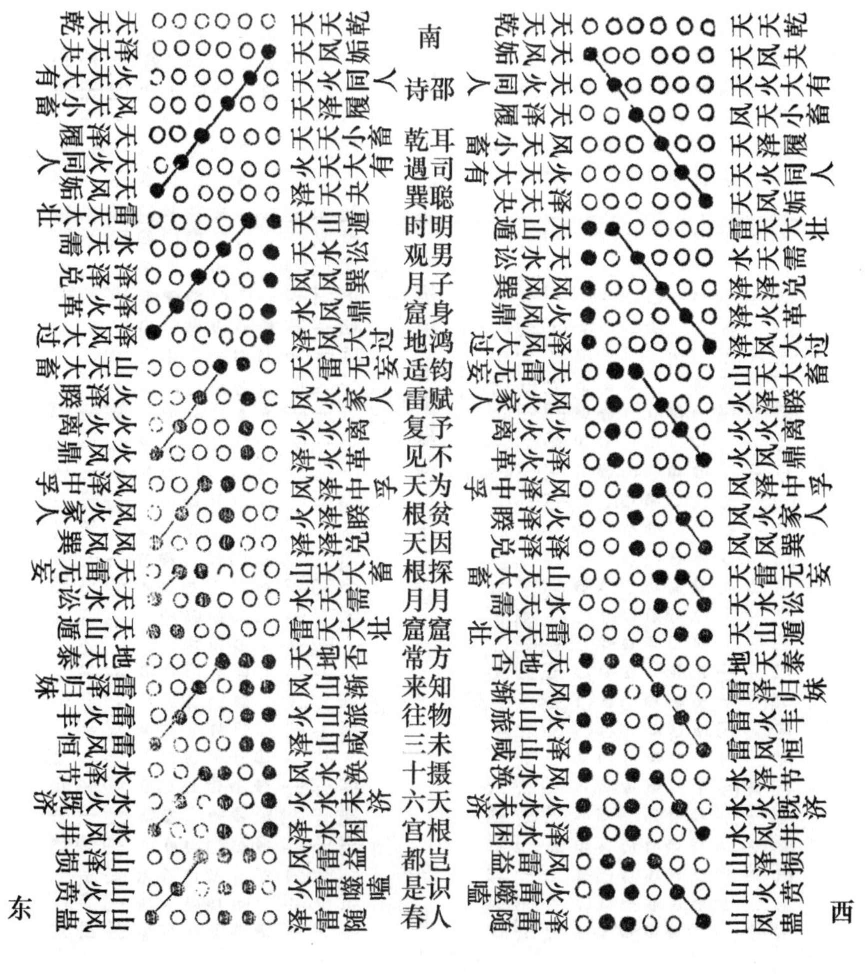
西
南
邵诗
耳司聪明男子身鸿钧赋予不为贫因探月窟方知物未摄天根岂识人
乾遇巽时观月窟地适雷复见天根天根月窟常来往三十六宫都是春
东

西

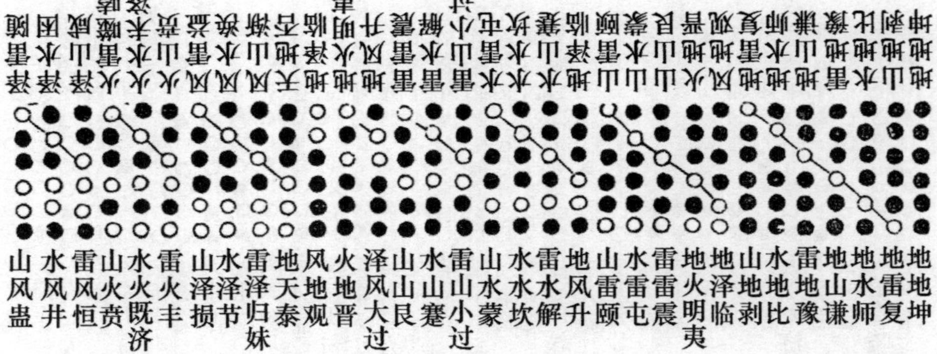

应作圆图方显对面相错，限于纸幅权作长直

北

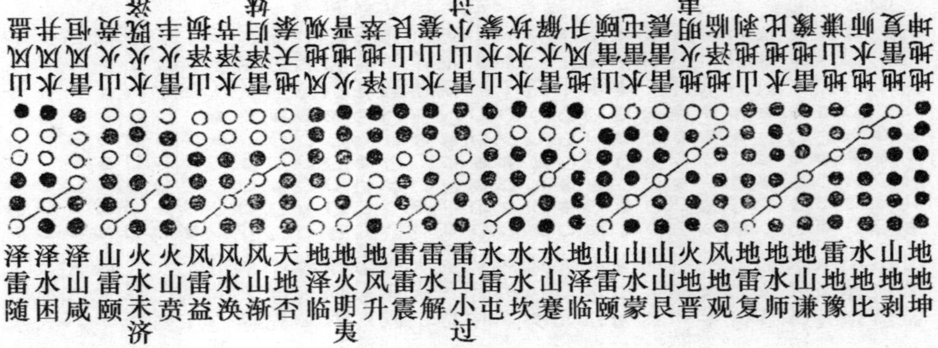

东

此图自邵诗，露出“复”“姤”端倪，触类引伸，备见爻变次序，参伍错综之妙，言诠难罄。如阴变一二三四五六阳，阳变一二三四五六阴，消长盈虚，循环接续，参以变也。阳依阳序，阴依阴序，殊途同归，分道扬鞭，伍以变也。变序斜连成直线，由长渐短曲之成圆线，由大渐小。阴阳爻各三十二爻，各一卦，卦各三十二，闰月之法也，六十四卦共三百八十四爻，岁有闰月之日数也。各卦自相综，对卦互相错。得二百五十六卦，共一千五百三十六爻。十九年为一章，共有七闰之数也，较统法一千五百三十九少三数者，减去余分一二五也，积至一百五十二年，合八章，加一闰月，则余分尽。

西历不用闰月，月窟遇“姤”每错过，天根来复将迷凶，作事不慎于谋始，气初恐归于鲜终。六阳始“复”而终“姤”，六阴始“姤”而终“复”，参以相错，错成一大圈。三阳始复而终“蛊”，三阴始姤而终“随”，伍以相综，综为二连圈，二连圈各含九小圈，天地位于上下、水火济以东西，雷山自地起，风泽从天降。有轻重，有虚实，有动静，有伏见，八方齐会于五十，往来皆春变真常矣。《易》曰：“参伍以变，错综其数。通其变，遂成天下之文。报其数，遂定天下之象。非天下之至变，其孰能与于此！”

注 释

① 天根月窟：在六十四卦中，坤卦与复卦之中（间）一阳初始生为“天根”，乾卦与姤卦之中，一阴始生为“月窟”。

阳直图、阴直图消息盈虚说

太极拳之消息盈虚，本系四德[1]。推而详之，则有接、引、进、转、击、蓄、留、停八法。接者，交手也；引者，引透[2]也；进者，前进也；转者，转关也；击者，打敌也；蓄者，含蓄也；留者，留有余地，勿用十分力也；停者，穷兵莫追，不犯吾界即止也。

息者必盈，

盈者必消，

消者必虚，

虚者必息。

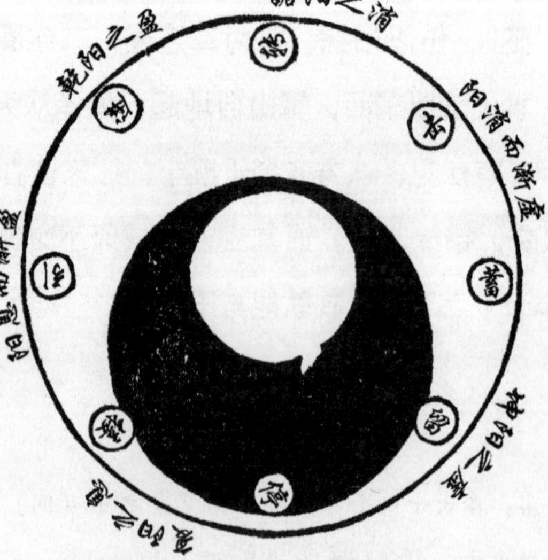

复者阳息，

乾者阳盈，

姤者阳消，

坤者阳虚。

姤者阴息，
坤者阴盈，
复者阴消，
乾者阴虚。

息者必盈，
盈者必消，
消者必虚，
虚者必息。

注释

① 四德：指《易·乾·文言》“元、亨、利、贞”，元者，善之长也；亨者，嘉之会也；利者，义之和也；贞者，事之干也。君子体仁足以长人，嘉会足以合礼，利物足以和义，贞固足以干事。君子行此四德者，故曰，乾：元、亨、利、贞，在人指仁、义、智、勇。

② 引透：应为“引诱”。

三才图

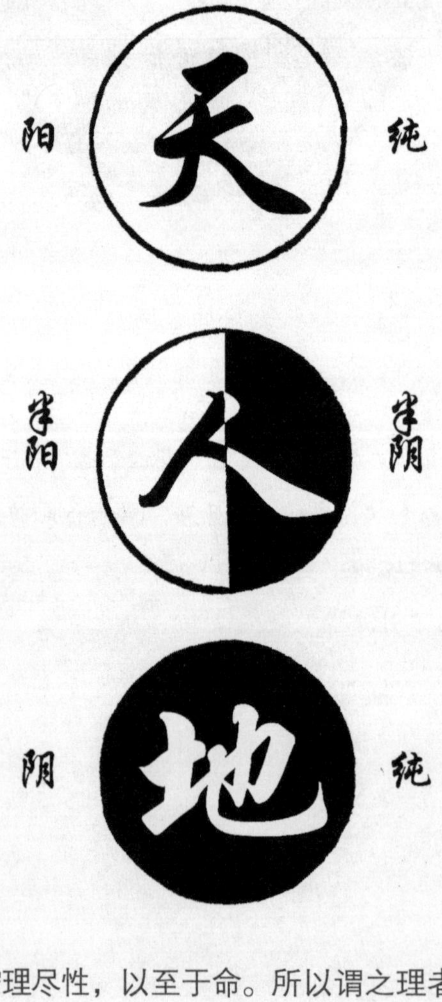

《易》曰：穷理尽性，以至于命。所以谓之理者，物之理也；所以谓之性者，天之性也；所以谓之命者，处理性者也。所以处理性

者，非道而何？是知道为天地之本，天地为万物之本。以天地观万物，则万物为物；以道观天地，则天地亦为物。道之道，尽之于天矣；天之道，尽之于地矣；天地之道，尽之于物矣；天地万物之道，尽之于人矣。

人能知天地万物之道，所以尽于人者，然后能尽民也。天之能尽物，则谓之昊天①；人之能尽民，则谓之圣人。谓昊天能异乎万物，则非所以谓之昊天也；谓圣人能异乎万民，则非所以谓之圣人也。万民与万物同，则圣人固不异乎昊天者矣。然则圣人与昊天为一道，则万民与万物亦可以为一道也。一世之万民，与一世之万物，既可以为一道，则万世万民与万世万物亦可以为一道也，明矣。

若昊天以春夏秋冬四时授人，圣人以《易》《书》《诗》《春秋》诸经法天，天人之事当如何哉？仁配天地谓之人，唯仁者真可谓之人矣。

气者，神之宅也；体者，气之宅也。天六地四，天以气为质，而以神为神；地以质为质，而以气为神。唯人兼乎万物，而为万物之灵。如禽兽之能以其类，而各得其一，无所不能者，人也。推之他事，亦莫不然，唯人得天地日月交之用，他类则不能也。人之生，真可谓之贵矣。天地与其贵而不自贵，是悖天地之理，不详莫大焉来注。

注 释

① 昊天：苍天。昊，音 hào，元气广大。所以讲：“天之能尽物，则谓之昊天。”

天地形象

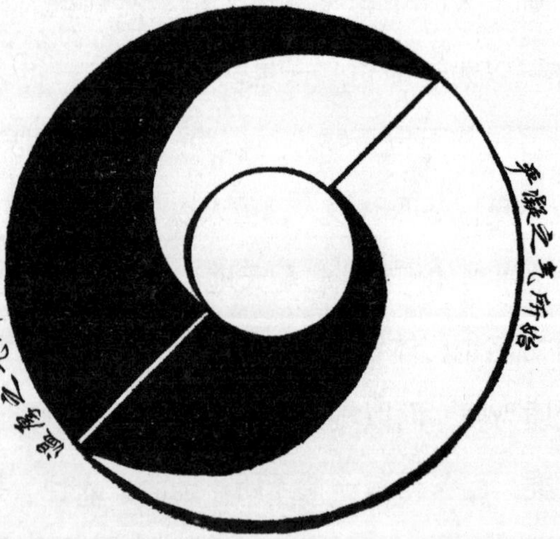

天地形象，虽非如此。然西北山高，东南水多，亦有此意。

天地戌亥之交，其形体未曾败坏，在此图看出，以气机未尝息也。

天地西北高，东南低，论有数端。以风水论，是右边白虎，太极盛矣。是以历代帝王长子不传天下，通是二房子孙传之。

以人才论，圣贤通生在西北一边。以山耸秀，出于天外故也。

以财赋论，通在东南，以水聚湖海故也。

以中原论，泰山在中原独高，所以生孔子。旧时去岱岳，一日路上，见有一山耸秀，问路边人，答曰：此王府陵也。次日行到孟庙，在其下，始知生孟子者，此山也。

以炎凉论，天地严凝之气，始于西南，而盛于西北；天地温厚之气，始于东北，而盛于东南。严凝之气其气凉，故多生圣贤；温厚之气其气炎，故多生富贵。

以性情论，西北人多质实、多刚、多蠢，下得死心，所以圣贤多也；东南人多秀、多柔、多巧，下不得死心，所以圣贤少也。

人事与天地炎凉气候相同。冬寒之极者，春生必盛；夏热之极者，秋风必凄；雨之久者，必有久晴；晴之久者，必有久雨。故有大权者，必有大祸，多藏者，必有厚亡。知此，可以居《易》俟命，不必怨天尤人来注。

观来子①此条之论，挌手②必占形胜之地③。形胜之地非指地势之高下，乃指两人交手，我之胳膊必先据上游④。据上游则我在高处，彼在低处，胜负之机已决。此必素有工夫⑤，且本以中气⑥而能之，而地基⑦亦在其中。

注释

① 来子：来知德。

② 挌手：击打、格斗。

按：挌（gé）手在平常双人锻炼时也称为搿（jiá）手，意：架、折《集韵》。现已“约定俗成”称为“推手”。擖手，取自河南民间生活用语。民间将两股线（捻线）合为一处，俗语名为擖线。太极拳推手时，甲乙两方手臂相互交织在一起一顺一逆做缠绕运动，有似合（擖）线，因取名为擖手。

③ 形胜之地：优势之地。

④ 上游：指截拦对方劲道、拳势的来脉和来路。

⑤ 此必素有工夫：素，平时，平常。工夫，应为“功夫”。

⑥ 中气：陈鑫从练拳应遵奉的太极之理上认为：“心气即为中气。”气（劲）由心发者，得其中正（不偏不倚），行于骨中，即为中气。中气即内精。同时认为：“中气即太和元气。”

按：中气在生理上泛指中焦脾胃之气和脾胃等脏腑对饮食的消化运输，升清降浊等生理功能。在节气上，地球每年在黄道上移动360度，从冬至起每隔30度为一中气（五天叫一“候”，三候叫一气，六候为一节，这个气就叫“中气”）在养生上称为丹田之气。中气是人体内肾中“元精”炼化的结果，陈鑫在后文依《内经》理论、中医经络学说多有论述。

⑦ 地基：基础、根基。

一年混沌气象

万古之人事，一年之气象也。春作、夏长、秋收、冬藏，一年不过如此。自盘古至尧舜，风俗人事以渐而长，盖春作、夏长也；自尧舜以后，风俗人事以渐而消，盖秋收、冬藏也，此之谓大混沌。然其中有小混沌，以人身气血譬之：盘古至尧舜，如初生时到四十岁；自

尧舜以后，如四十岁到百年。此以前乃总论也。若以消息论之，大消中其中又有小息，大息中其中又有小消，小息中又有小消，小消中又有小息。故以大小混沌言之。

何以大消中又有小息？且以生圣人论。尧舜以后乃大消矣，至周末又生孔子，乃小息也，所以禄位名寿通不如尧舜。

邵子元会运世，只就此一年算来注。

一月混沌气象

月轮图

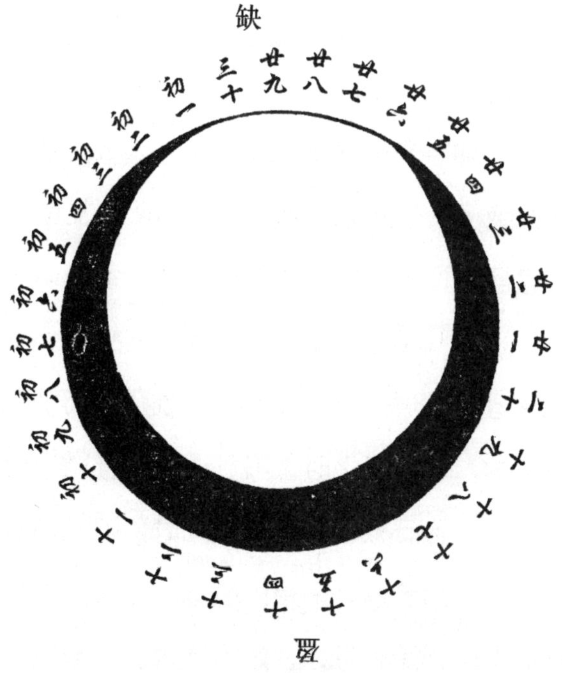
缺
三十
廿九
廿八
廿七
廿六
廿五
廿四
廿三
廿二
廿一
二十
十九
十八
十七
十六
十五
十四
十三
十二
十一
初十
初九
初八
初七
初六
初五
初四
初三
初二
初一
圆

月缺于三十日，半夜止。盈于十五日，半夜止。初一日子时，息之始，息至十五日而盈。十六日子时，消之始，消至三十日而虚。

初一日与二十九日，月同是缺，但初一日之缺乃息之始，二十九日之缺乃消之终。十六日与十四日，月同是盈，但十四日之盈乃息之终，十六日之盈乃消之始。

天地阴阳之气，即如人呼吸之气，四时通是一样。但到冬月寒之极，气之内就生一点温厚起来，所谓息也。温厚渐渐至四月，发散充满，所谓盈也。盈又消了。到五月，热之极，气之内就生出一点严凝起来，所谓息也。严凝渐渐至十月，翕聚充满，所谓盈也。盈又消了。

阴阳之气，如一个环，动静无端，阴阳无始，未曾断绝，特有消息盈虚耳。朱子说："阳无骤至之理"，又说："一阳分作三十分"云云；双峰饶氏说"坤字介乎剥复二卦之间"云云。通说零碎了，似把阴阳之气，作断绝了又生起来。殊不知，阴阳剥复就是月一般，月原不曾断绝，止有盈缺耳。周公硕果不食，譬喻亲切果长不至硕，则尚[1]。有气长养至于硕果，气候已完，将朽烂了。外面气尽，中间就生起核之仁来，可见气未曾绝。

天地阴阳之理，不过消息盈虚而已，故孔子尚消息盈虚。打太极拳，亦是消息盈虚。坤与复之时，阳气通是一样微。但坤者虚之，终而微也；复者息之，始而微也。乾与姤之时，阳气通是一样盛。但乾者盈之，终而盛也；姤者消之，始而盛也。乾与阴气通是一样微，但乾者虚之，终而微也；姤者息之，始而微也。坤与复之时，阴气通是一样盛。但坤者盈之，终而盛也；复者消之，始而盛也。

息者，喘息也，呼吸之气也，生长也。故人之子谓之息，以其所生也。因气微，故谓之息。消者，减也，退也。盈者，中间充满也。虚者，中间空也来注。

注释

① 则尚：此处遗“有气”二字，当为“则尚有气”。

一日混沌气象

一日气象

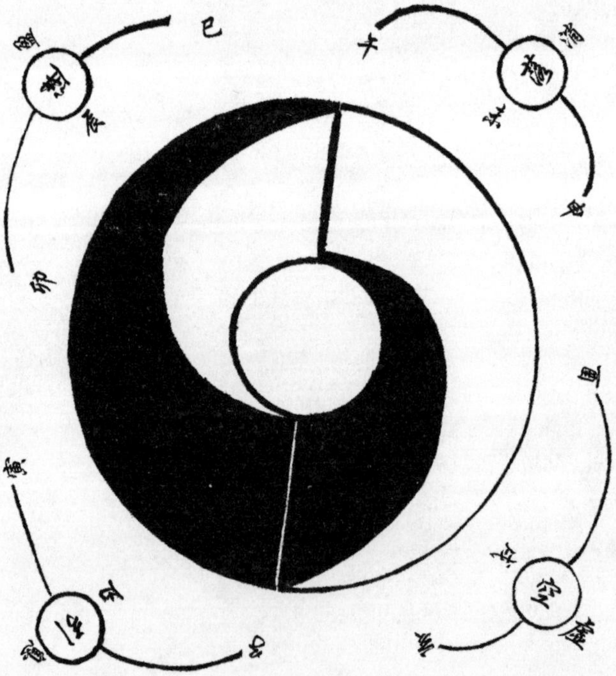

太极拳如一日气象。万古之始终者，一日之气象也。一日有昼有夜，有明有暗，万古天地即如昼夜。

做大丈夫，把万古看作昼夜，此襟怀就海阔天高，只想做圣贤出世，而功名富贵，即以尘埃视之矣来注。

自子至丑、寅，我之引，即息也。自卯至辰、巳，我引之使进，即长也。自午至未、申，即敌之盛气尽处，即我之转关处，亦即击人处。敌不得势，其气即消灭。不能不有落脚之地，所谓落也。酉、戌、亥，即敌之虚，惟虚故空，能不失败乎？是拳之引、进、落、空，亦一日之盈虚消长也。

心易发微伏羲太极图

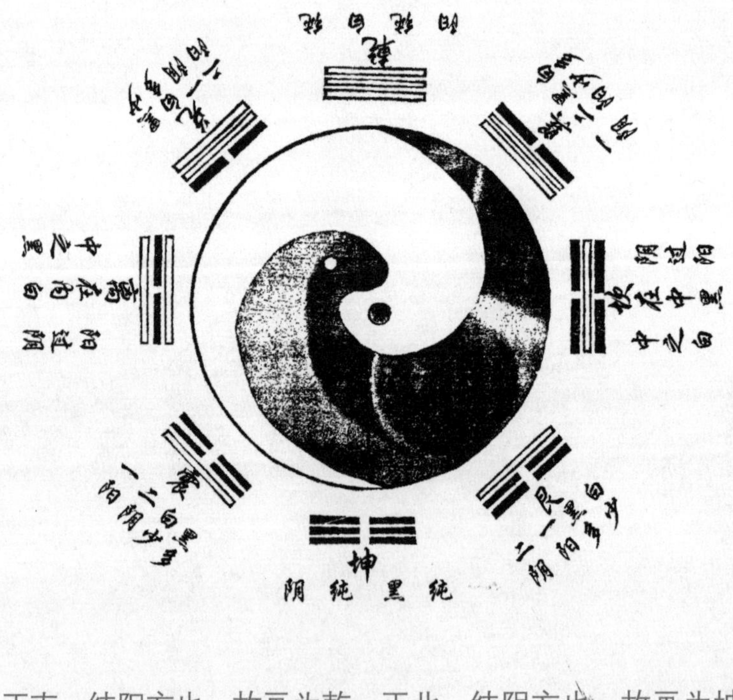

正南，纯阳方也，故画为乾。正北，纯阴方也，故画为坤。画离于东，象阳中有阴也。画坎于西，象阴中有阳也。东北阳生阴下，于是乎画震。西南阴生阳下，于是乎画巽。观阳长阴消，是以画兑于东南。观阴盛阳微，是以画艮于西北来注。

此图乃伏羲氏所作也，世不显传。或谓希夷[1]所作，虽周子[2]亦未之见也，乃自作“太极图”，观任道逊[3]之诗可见矣。诗云：“太极中分一气旋，两仪四象五行全。先天八卦浑沦具，万物何尝出此圆。”又云：“造化根源文字祖，图成太极自然天。当时早见周天子，不费钻研作正传。”夫既谓八卦浑沦文字祖，则知此图为伏羲所作，而非希夷明矣。

其外一圈者，太极也；中分黑白者，阴阳也；黑中含一点白者，阴中阳也；白中含一点黑者，阳中阴也。阴阳交互，动静相倚，周详活泼，妙趣自然。其圈外左方自震，一阳驯至乾之三阳，所谓起震而历离、兑，以至于乾是已；右方自巽，一阴驯至坤之三阴，所谓自巽而历坎、艮，以至于坤是已。其间四正四隅，阴阳纯杂，随方布位，自有太极含阴阳，阴阳含八卦之妙，不假安排也，岂浅见近识者所能及哉！伏羲不过摹写出来以示人耳。

予尝究观此图，阴阳浑沦，盖有不外乎太极，而亦不离乎太极者，本先天之《易》也。观周子《太极图》，则阴阳显著，盖皆太极之所为，而非太极之所倚者，实后天之《易》也。

然而，先天所以包括后天之理，后天所以发明先天之妙，明乎道之浑沦，则先天而天弗违，太极体立也；明乎道之显著，则后天而奉天时，太极用行矣。使徒玩诸画像，谈诸空玄，羲、周作图之意荒矣！故周子诗云：“兀坐书房万机休，日暖风和草色幽。谁道二十年远事，而今只在眼睛头。”岂非孔子所论太极者之旨，容有外于一举目之间哉。是可默识其妙，而见于性理，指要可考也来注。

注释

① 希夷：即陈抟，北宋道学家、易学家、丹道家，号扶摇子，赐号希夷先生。

② 周子：即周敦颐，北宋理学家、儒家理学思想鼻祖，号濂溪先生，著《太极图说》。

③ 任道逊：明朝人，号坦然居士，著《太极心性图说》等。

古太极图叙

天地间形上形下，道器攸分，非道自道，器自器也。器即道之显诸有，道即器之泯于无，虽欲二之，不可得也。

是图也，将以为沦于无耶？两仪、四象、八卦与夫万象森罗者已具在矣。抑以为滞于有耶？凡仪象、卦画与夫群分类聚，森然不可纪者，曾何形迹之可拘乎！是故，天一也，无声无臭，何其隐也；成象成形[①]，何其显也。然四时行，百物生，莫非其于穆之精，神无方，《易》无体，不离乎象形之外。自一而万，自万而一，即此图是也。

默识此图，而太极生生之妙完具胸中，则天地之化机、圣神之治教不事他求，而三才一贯，万物一体备是矣。可见执中，执此也；慎独，慎此也；上古之心传，传此也，可以图象[②]忽之哉来注。

注 释

① 成象成形：应为“成像成形”，后同。

② 图象：应为“图像”，后同。

古太极图说

道必至善，而万善皆从此出，则其出为不穷。物本天然，而万物皆由此生，则其生为不测。包罗主宰者，天载也，泯然声臭之俱无；纤巧悉备者，化工也，浑乎雕刻之不作。赤子未尝学，虑言知能之良必归之。圣人绝无思为言，仁义之至必归之。盖凡有一毫人力安排布置，皆不可以语至道，语至物也。况谓之太极，则盘天地，亘古今，瞬息微尘，悉统括于兹矣，何所庸其智力哉！

是故天地之造化，其消息盈虚本无方体，无穷尽，不可得而图也。不可图者从而图之，将以形容造化生生之机耳。若以人为骄[①]强分析于其间，则天地之自然者，反因之而晦矣。

惟是图也，不知画于何人，起于何代，因其传流之久，名为“古太极图”焉。

尝读《易·系辞》首章，若与此图相发明，《说卦》“天地定位”数章，即阐明此图者也。何也？总图即太极也，黑白即阴阳、两仪、天地、卑高、贵贱、动静、刚柔之定位也。黑白多寡，即阴阳之消长。太阴太阳，少阴少阳，群分类聚，成象成形，寒暑往来，乾男坤女，悉于此乎见也。以卦象观之，乾坤定位上下，坎离并列东西，震巽艮兑随阴阳之升降而布于四隅，八卦不其毕具矣乎?

然太极、两仪、四象、八卦，吉凶大业虽毕见于图中，而其所以生生者莫之见焉。其实，阴阳由微至著，循环无端，即其生生之机也。太极不过阴阳之浑沦耳，原非先有太极，而后两仪生，即有两仪，而后四象八卦生也。有岂[2]两仪生而太极遁，四象生而两仪亡，八卦生而四象隐，两仪、四象、八卦各为一物，而别有太极宰其中，统其外哉? 惟于此图潜神玩味，则造化之盈虚消息隐然呈象。效法此之谓至道而不可离[3]，此之谓至物而物格知至也。

若云孔子以前无《太极图》，而《先天图》画于伏羲，《后天图》改于文王，考之《易》皆无据，今尽阙之可矣。虽然，乾坤之易简，久大之德业，即于此乎在。而虞廷执中[4]，孔门一贯[5]，此外无余蕴。但按图索骥，则又非古人画象垂训之意矣。故曰："神而明之，存乎其人，默而成之，不言而信，存乎德行。"

《古太极图》，圣人发泄造化之秘，示人反身以完全，此太极也。是极也，在天地匪巨，人身匪细，古今匪遥，呼吸匪暂也。本无象形，本无声臭，圣人不得已而画之图焉。阴阳刚柔，翕辟摩荡，凡两仪四象八卦，皆于此乎具，而吉凶之大业生焉。即所谓一阴一阳之道，生生之易，阴阳不测之神也。惟于此图，反求之身，而洞彻无疑焉。则知吾身即天地，而上下同流，万物一体，皆吾身所固有，而非由外铄我者。

然而有根源焉，培其根，则枝叶自茂；浚其源，则流自长[6]。细玩图象，由微至著，浑沦无穷，即《易》所谓“乾元资始，乃统天”是也。何也？分阴分阳，而阴即阳之翕也；纯阴纯阳，而纯阳即一阳之积也。一阳起于下者，虽甚微，而天地生生化化，变通莫测，悉由此以根源之耳。况以此观之《河》《洛》，则知《河图》一六居下，《洛书》戴九履一，其位数生克不齐；而一之起于下者，宁有二哉！

以此观之，《易》六十四卦始于乾，而乾初九“潜龙勿用”，谓阳在下也。《先天圆图》起于复者，此也；《横图》复起于中者，此也；《方图》震起于中者，此也；《后天图》帝出乎震者，亦此也。诸卦爻图象不同，莫非变化[7]，特其要，在反身以握乎统天之元于以完全造化，与天地同悠久也。

是故，天之所以为天者，此也，故曰“乾以易知”；地之所以为地者，此也，故曰“坤以简能”；人之所以为人者，此也。故曰“易简理得”“而成位乎其中”。否则天地几乎毁矣，况于人乎？信乎？人一小天地，而天、地、人统同一太极也。以语其博，则尽乎造化之运；以语其约，则握乎造化之枢，惟《太极图》为然。故揭此以冠之图书编云来注。

注 释

① 骄：应为“轿”。

② 有岂：应为“岂有”。

③ 效法此之谓至道而不可离：原文为“效法皆可意会，何必别立图以生之，又何必别立名象以分析也？此之谓道而不可离”。

④ 虞廷执中：虞廷，上古虞舜二帝时期。执中，出自《尚书·大禹谟》：

“维精维一，允执厥中。”即维持中庸之道，不过与不及。

⑤ 孔门一贯：执守中庸之道，是孔门儒家一以贯之的中心思想。

⑥ 浚其源，则流自长：应为“浚其源，则源流自长”。

⑦ 莫非变化：应为“莫非其变化”。

伏羲八卦消长图

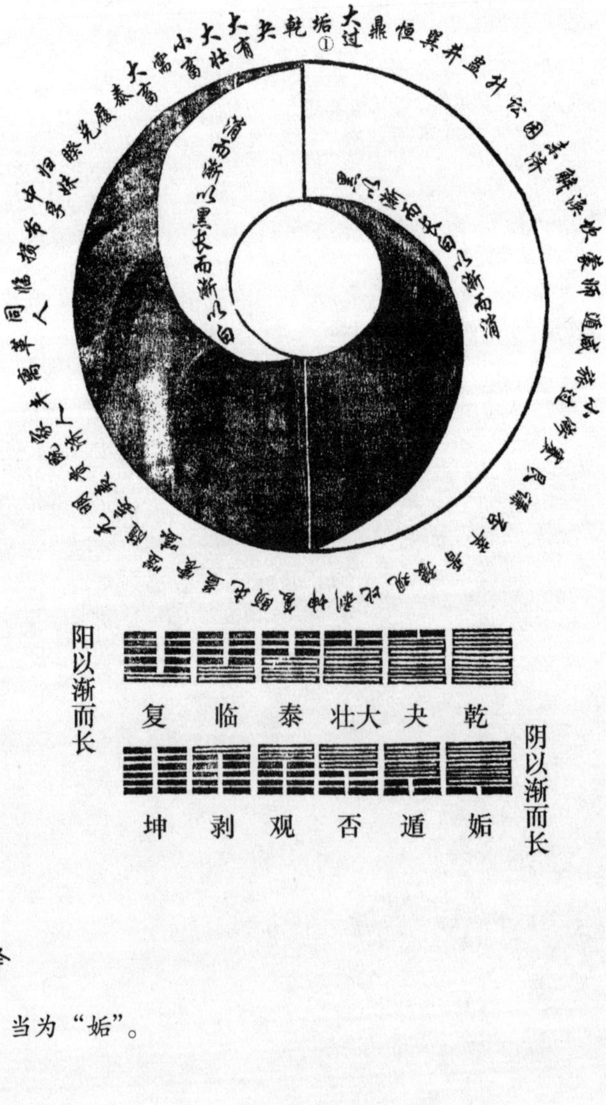

注释

① 垢：当为“姤”。

白路者，一阳复也。自复而临，而泰，而壮，而夬，即为乾之纯阳。黑路者，二阴姤也[①]。自姤而遁，而否，而观，而剥，即为坤之纯阴。

复者，天地之生子也，未几而成乾健之体。健极则必生女矣，是火中之一点水也。姤者，天地之生女也，未几而成坤顺之功。顺极则必生男矣，是水中之一点火也。故乾道成男，未必不成女；坤道成女，未必不成男。

坤而复焉，一念之醒也，而渐至夬[②]，故君子一篑之土，可以成山。乾而姤焉，一念之差也，而渐至剥[③]，故小人一焰之火，可以燎原。

学者只将此图黑白消长玩味，就有长进，然非深于道者，不足以知之。观此图者，且莫言造化性命之学，且将黑白消长，玩安、危，进、退四个字，气象亦已足矣。了得此手，便就知进、知退、知存、知亡；便即于天地合其德，日月合其明，四时合其序，鬼神合其吉凶。故修德凝道之君子，以居上不骄，为下不倍。国有道，其言足以兴；国无道，其默足以容结之来注。

注 释

① 二阴姤也：应为“一阴姤也”，勘误。

② 而渐至夬：应为“而渐至于夬”。

③ 而渐至剥：应为“而渐至于剥”。

太极黑白图

白者，阳仪也；黑者，阴仪也。黑白二路者，阳极生阴，阴极生阳，其气机未尝息也，即太极也。非中间一圈，乃太极之本体也来注。

太极图弄圆歌

我有一丸，黑白相和，虽是两分，还是一个。

大之莫载，小之莫破，无始无终，无右无左。

八卦九畴[①]，纵横交错，今古参前，乾坤在坐。

尧舜周孔[②]，约为一堂，我弄其中，琴瑟铿锵。

孔曰太极[③]，惟阴与阳，是定吉凶，大业斯张。

形即五行[④]，神即五常[⑤]，惟规能圆，矩以能方。

孟曰弄此，有事勿忘，名为浩然，至大至刚。

充塞天地，长揖羲皇[⑥]。

此图与周子[⑦]之图少异者，非求异于周子也。周子之图散开画，使人易晓。此图总画，解周子之图者，以中间一圈为太极之本体者，非也。图说，周子已说尽了。故不必赘[⑧]。

易以道阴阳，其理止此矣。世道之治乱，国家之因革，山川之兴废，土伯之诚伪[⑨]，风俗之厚薄，学术之邪正，理学之晦明，文章之纯漓，士子之贵贱，贤不肖之进退，华夷之强弱，百姓之劳逸，财赋之盈虚，户口之增减，年岁之丰凶，举辟之详略，以至一草一木之贱，一饮一食之微，皆不外此图。

程子[⑩]曰："天地万物之理，无独必有对。"皆自然而然，非有安排也，于此图见之矣。画此图时，因读《易》"七日来复"，见得道理原不断绝，往来代谢是如此。因推而广之，作理学辨疑。

注释

① 九畴：指《洪范·九畴》，传说中天地赐给禹治理天下的九类大法，即《洛书》。

② 尧舜周孔：指帝尧，舜帝，周文王，孔子。

③ 孔曰太极：孔子之道称为太和元气。孟子之道称为浩然之气。

④ 形即五行：表现形式为木、火、土、金、水。

⑤ 神即五常：精神内涵为仁、义、礼、智、信。儒家将“五行”与“五常”的关系相对应为：木主仁；火主心；土主信；金主义；水主智。

⑥ 羲皇：指远古华氏首领伏羲。

⑦ 周子：指北宋理学创始者周敦颐。

⑧ 故不必赘：应为“故不必赘述”。

⑨ 土伯之诚伪：应为“王伯之诚伪”。

⑩ 程子：指程颐，北宋理学家。

河图太极图

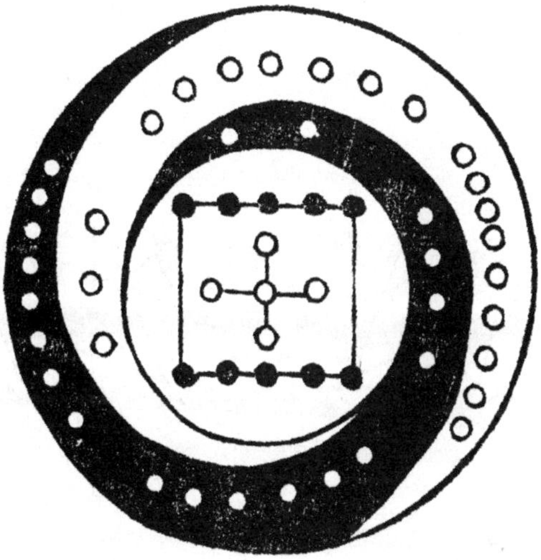

河图太极说

虽曰“一六在下，二七在上”，其实皆阳上而阴下。虽曰“三八在左，四九在右”，其实皆阴左而阳右。虽曰以五生数，统五成数，其实皆生数在内，成数在外。虽曰阴阳皆自内达外，其实阳奇一、三、七、九，阴偶二、四、六、八，皆自微而渐盛。彼欲分裂其几点置之某处，而更乱之。盍即此“太极、河图”观之哉？但阴阳左右，虽旋转无定在也，而拘拘执河图虚中，五、十无位之说，是又不知阴阳合于中心，而土本天地之中气也来注。

洛书太极图

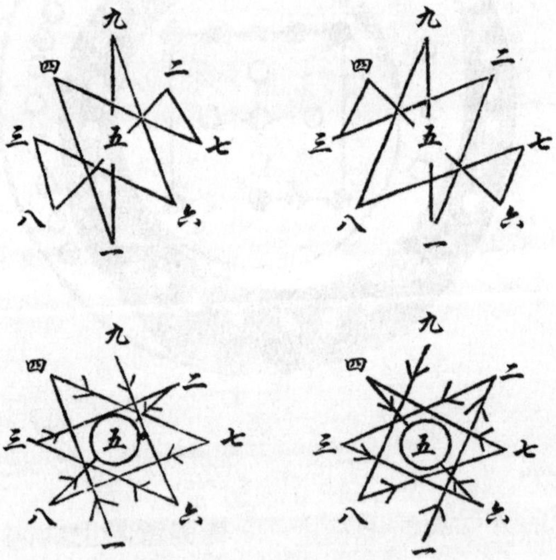

上右图一二三、四五六、七八九，挨次连三方者，天地体数顺行也。上左图一四七、二五八、三六九，隔次连三方者，甲子用数逆行也。拳家缠丝精法所走之路，适与相仿。右仰手与左俯手相向，若抱右手在下，从一向二、向三、向六行；头领两足从九向八、向七、向四行；四六同向五扭缥，猛力一抖，气结中宫；左仰手在下，从一向四、向七、向八行，头领两足从九向六、向三、向二行；二八同向五

扭缥，猛力一抖，气结中宫；左右扭缥，落点时，头、手、足皆成一、二、三，或一、四、七矩折三角形。若兼带俯仰伸缩法，规矩方为完全合一。久练纯熟，则起落进退，旋转自由，而轻重虚实，刚柔齐发，乃识太极确有真相，非徒托诸空言矣。

河图天地交图

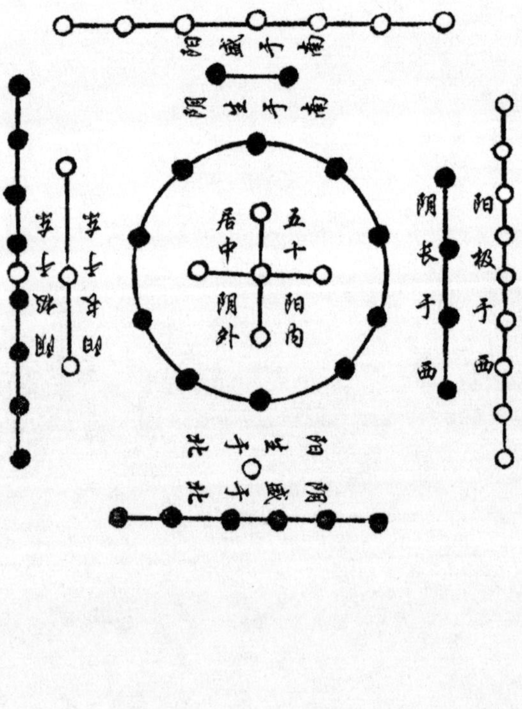

洛书日月交图

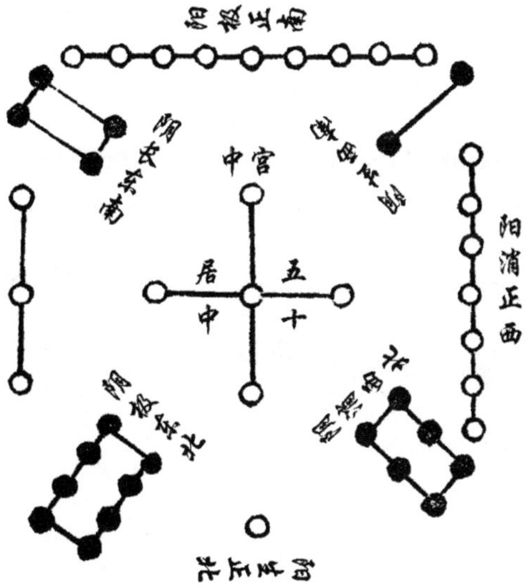

河图天地交、洛书日月交论

天地交，则泰矣，《易》即严艰贞于九三。日月交，则既济矣，《易》即谨衣袽[①]于六四。君子因图、书而致慎于交也，深矣哉。

若夫统观河图，除中五、十，则外数三十；径一围三，故圆。谓图为天之象可也。统观洛书，除中五数，则外数四十；径一围四，故方。谓书为地之象亦可也。

图之数，五十有五。其数奇而盈也，非日之象乎？书之数，四十有五。其数耦而乏也，非月之象乎？潜神图、书者，可无反身之功哉？

盖天地日月之交，即吾人性命之理、姤复之机也。果能以此洗心退藏于密，天地交而一阳含于六阴之中；日月交而一贞完其纯阳之体，则天地合德，日月合明，生克制化之神妙，不在图、书而在我矣。否则，图、书固不当牵扯，而图自图，书自书，亦方圆奇耦之象数耳，于穷理尽性致命之学何与哉？来注

注释

① 衣袽：袽，音rú，旧絮，破布。《周易·既济》："六四：繻有衣袽，终日戒。"

太极拳内精[1] 圆图

太极拳仿河图作缠丝圆劲图

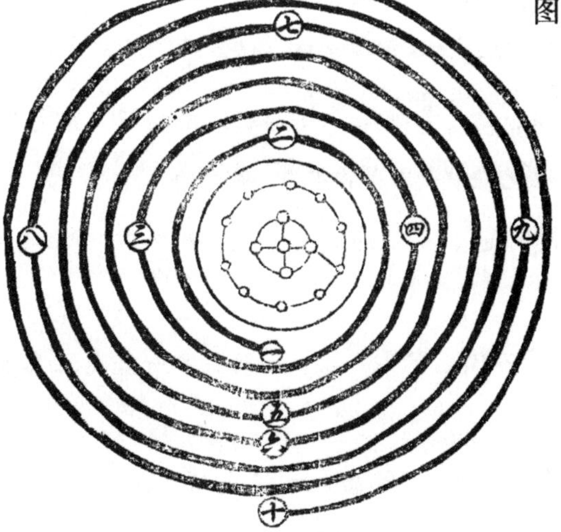

《河图》实为缠丝精[2]之祖。单开如一字，两头合注[3]，周围撑开，则为太极圆图；错之，则为缠丝图；双之，则为褊[4]图；再双之，四角撑开，则为方图；至三角、五角、六角、七角、八角、九角，皆

方图也，皆由一生二而推之也。即《尧典》[5]所载日月运行、错综之缠次[6]圆图，莫非由一字所生也？兹不俱论。此图专主缠丝劲说。因拳中股肱宜用，故推及之。

注 释

① 内精："内精者，股肱周身内中之精也。"内，指"心"；精，精粹、精华，"劲之提炼者"。《增韵》："凡物之纯至者皆为精。"陈鑫认为："心气即为内精"，"内精发于一心，而行于四肢之骨髓，充于四肢之肌肤毫末"。"气由心发，顺其自然者为精，否则为横气、逆气、邪气，与中气正气相反。"

按：精，构成人体和维持生命活动的基本物质，是最细微的物质所在，是物之精华、精粹，是细微能变化的气。《素问·金匮言论》："夫精者，身之本也。"人之始生，本乎精血之原（元精。精也指人体之正气。《素问·通实虚实论》："邪气盛则实，精气夺则虚。"陈鑫在此用"精"来定义"内精"，其意就在于此，因此，他说"中气即是内精"。中气的产生是由人的"元精"炼化的。道家认为，"炼精化气"，是"炼气化神，炼神化虚，复归无极"的丹道、仙道的基础。

执其"中"而不偏，守其"敬"而无邪，一直是陈鑫太极拳理论的指导思想。

关于"内精"，唐豪与顾留馨认为："内劲（内精）这一名称开始于陈鑫的拳论，他对内劲的实质和运行做了解释……关于太极拳内劲，陈鑫认为是这样的：以意行气、轻轻运动，发于丹田，运行骨缝之内，再由骨缝运于肌肤，贯注于四梢；复归于丹田，缠绕往来，轻灵圆转，逐渐产生一种棉软而又沉重，外似棉花，内如钢条的一种劲。"（《太极拳研究》，唐豪、顾留馨著）

② 缠丝精：陈鑫认为，"内精""其在骨中者为中气，其行于肌肤者默行乾

坤不息之螺旋缠绕形式，而充于肌肤之气，即为缠丝精。”缠丝精是呈螺旋形始于内、形于外（肌肤）的一种劲别。

按：缠丝精与中气是运用与主体的关系。陈鑫在拳法上用经络穴位来解释缠丝精的循行路径，显著地说明了缠丝精与经络的关系及实际作用。

③ 两头合注：应为“两头合住”。

④ 褊：狭小，狭隘。此指物体的厚度和长度，应为“扁”。

⑤《尧典》：《尚书》篇目之一，该书记载了上古帝王唐尧的功德、言行，是研究帝王唐尧的重要资料。

⑥ 缠次：应为“躔次（chán cì）”，日月星辰在运行轨道上的位次。汉·蔡邕《独断》：“京师天子之畿内千里，象日月，日月躔次千里。”

太极拳外形方图

太极拳仿洛书作行①体方正图

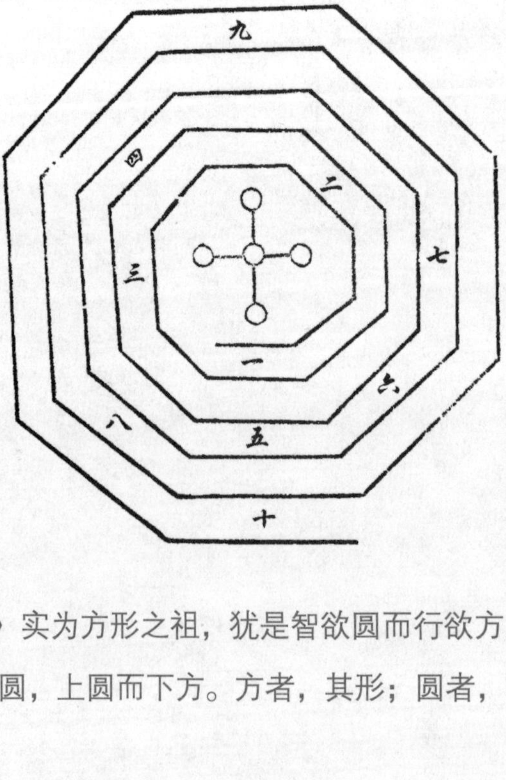

《洛书》实为方形之祖，犹是智欲圆而行欲方之意。且太极拳实系外方而内圆，上圆而下方。方者，其形；圆者，其神也。耍拳者不

可不知[2]。

打拳虽有时倚斜，然斜之中，自寓有方正之意。

此八角方形也。一摸其棱，即成太极圆图矣。方由圆生，圆因方成，此方圆相通之理要[3]，皆本“一”字所生。

注 释

① 行：应为“形”。

② 耍拳者不可不知：耍，玩耍。耍拳指在打拳时要保持平静放松、顺其自然的心态，要自然而然，如同平常玩耍般。“耍”在温县方言中有时读 shuà。

③ 理要：事理的要旨。

太极拳缠丝精图

吾读诸子太极圆图，而悟打太极拳须明缠丝精。缠丝者，运中气之法门也。不明此，即不明拳。

第一白路与黑路，以象无极中自存太极之阴阳也。第二白路黑路，以象太极生两仪。两仪，阴阳也，即天地也。第三白路黑路，以象人人秉阴阳五行之气以生者也。第四白路，即孟子所谓浩然之气[①]；黑路即人之血气，配以道义，即为正气，即是浩然之气。第五白路，即道心，所以宰乎气者也。气非理无以行，此性中之理也。黑路即人心，圣贤新[2]谓私心也。中间白点即克念，黑点即罔念也。惟圣人但存克念去其罔念。罔念，即告子所谓“食、色，性也”[3]，人皆有之。人能去此一念之私，使之永不发动，则纯乎天矣。纯乎天，则打拳皆随天机动宕，莫非自然而然，活泼泼地太极原象皆从吾身流露。

外三大圈推阴阳所自始，内三圈言阴阳有所宰。内三圈皆在第三圈，人所秉受之中，本不必再图。恐打拳不知理以宰气之故尔，非另外别有一图也，姑[4]图之令人易晓。要之[5]内三圈皆在第三圈之中，第三圈皆在第二圈之中，第二圈皆在第一圈之中。此图专言卫生之本[6]、还气[7]妙诀。能善运气，始能卫其生命；能卫生命，则复性有所资养，气有所赖矣。此太极拳是有益于身心性命之学。圣贤言修身在复性，此言卫生运气以为修身复性之本。未知是否，姑为图说，以留笑柄。

注 释

① 浩然之气：浩：大，刚直的样子，气：指精神，意为浩大刚正的精神。出自《孟子·公孙丑·上》。

② 新：新，应为“所”。

③ 告子所谓“食、色，性也”：出自《孟子·公孙丑·上》，“告子曰：食、色，性也，仁，内也，非外也，义，外也，非内也。”告子，墨子的学生。

④ 姑：应为“故”。

⑤ 要之：关键处，关键在于。

⑥ 卫生之本：卫护、保护生命的根本。

⑦ 还气：应为“运气”。

无极图

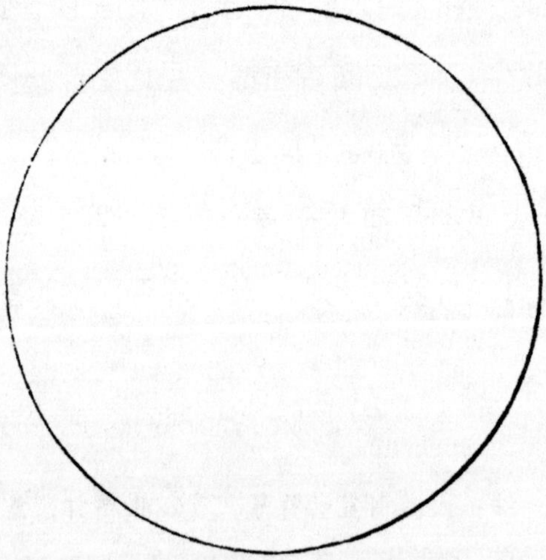

前吾画一空圈，名曰无极图。此又画一空圈，何谓也？天地万物，皆自无而生有。自有以后，事物不可枚举。即如打拳一艺，起初原无是术[1]，一既有之，正不妨即其有，以造至无心成化，不着形迹，则有者仍归于无矣。所谓色即是空，空即是色[2]，空空色色，色色空空。吾之又画一圈者，盖以此。

注释

① 是术：此术。

② 色即是空，空即是色：佛教用语，出自唐玄奘法师翻译《般若波罗蜜多心经》。色，指色蕴，指有形质的一切万物。空，指人间的物质、身体本空无实体。色即是空，从广义上说，一切物质现象皆因缘所生，没有固定不变的自性，所以本质上是“自性空”。空即是色，这样的“自性空”体，在世俗名言上暂且安立他的存在，即“名言有”，叫作色，简而言之因缘和合而生的色和色的“自性空”，是“名言有”和“体本空”的关系。

按：创造性地提出“太极拳缠丝精”理论并加以精确的定义，是陈鑫对中国太极拳术巨大无私的奉献。陈鑫自幼受父之命饱读四书五经，文化素养极高。在太极拳术上，又“少小侍侧，耳闻目见，窥得”家传太极拳之真谛，因此，在拳理拳法上有着湛深的理悟和体会。特别是他研究了前代诸子大家的太极图后，又专研了明代易学大家来知德《周易集注》，在感悟上有了更高层次的升华，结合自己拳术的修炼实践，故而能在理悟、体悟基础上用“图说”形式，科学性地揭示太极拳术“中气（内精）”的运行规律。用“太极拳内精圆图”“太极拳外形方图”“缠丝精图”以及“正背图”，精辟地阐述了陈氏太极拳的修炼及实用奥秘。

从“吾读诸子太极圆图，而悟出打太极拳须明缠丝精。缠丝精，运中气之法门也”可以看出，他从理论上（也可说在实用意义上）提出了太极拳术的“中气”在体内、四肢螺旋缠丝的运动规律，并确切指出“不明此，即不明拳”。

“缠丝精”在拳术上的运用是陈氏太极拳的独有特点，也是现在区别于其他门派太极拳的重要“标志”。这是陈鑫老人呕心沥血，穷尽一生之精力后对中国太极拳的重大贡献。缠丝精是陈氏太极拳的精华，也是演练陈氏太极拳者的追求，更是研究陈鑫拳理拳法启门钥匙。

对缠丝精的运用不能简单地理解为“画圆、画弧”，而是要在画圆、画弧的基础上，去理解画“如螺丝般旋转似弹簧般有弹性的圆圈”，理解陈鑫讲的“极小亦圈”的含义。缠丝精俗语也称为“麻花劲”“螺丝劲”，顺与逆、发与收均以“拧（紧与退）螺丝”的形式进行。学拳者应理清圆与圈之间、圆与圆之间、内圆与外圆之间不间断、不凹凸的关系，则能更好地理解“缠丝精”。

人身缠丝正面图

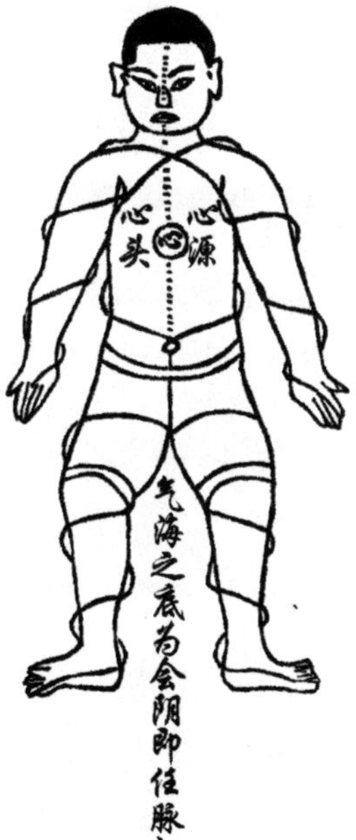

浑身俱是缠劲。大约里缠、外缠，皆是随动而发。有左手前，右手后；右手前，左手后，而以一顺合者。亦有左里合，右背合者。亦有用反背劲，而往背面合者。各因其势之如何，而以自然者运之。

足大指[①]待手气走足后，乃与手一齐合住，此时方可踏实。其劲皆发于心，内入于骨缝，外达于肌肤。是一股，非有几股。劲，即气之发于心者，得其中正则为中气，养之即为浩然之气[②]。

注释

① 足大指：指，应为“趾”。后同。

② 养之即为浩然之气：养，培养，使身心得到滋补和休息。浩，大，刚直的样子；气，指精神。浩然之气，意为浩大刚正的精神。

人身缠丝背面图

足之虚实因乎手，
手虚足亦虚，
手实足亦实。

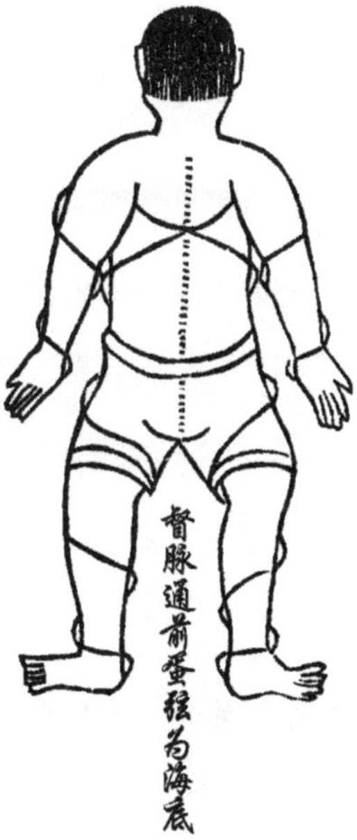

背面头顶为顶劲，
大椎为分路，
分路下为膂[①]，
正中骨为脊，
两肾为腰。

注 释

① 膂：音 lǚ，脊梁骨，民间泛指腰力。指人体肾脏外面那层发白、发青的薄膜，膜越厚、越青人的腰力也就越大。

太极拳缠丝精论

太极拳缠丝法也，进缠、退缠、左右缠、上下缠、里外缠、大小缠、顺逆缠。而要莫非即引即缠[①]，即进即缠，不能各是各着。若各是各着，非阴阳互为其根也。世人不知，皆目[②]为软手，是一[③]外面视之，皆迹象也。若以神韵论之，交手之际，刚柔并用，适得其中[④]，非久于其道者，不能澈其底蕴[⑤]。两肩亸下[⑥]，两肘沉下，秀若处女见人，肆若猛虎下山。手即权衡，称物而知其轻重。打拳之道，吾心中自有权衡。因他之进退缓急，而以吾素练之精神临之[⑦]，是无形之权衡也。以无形之权衡，权有形之迹象，宜轻宜重，而以两手斟酌，适得其当，斯为妙手。

注释

① 要莫非即引即缠：要，要点，关键。本句意思为：关键处在于即引即缠。

② 目：看、视（认为）。

③ 一：应为“以”。

④ 中：不偏不倚谓之中。此处指“理”之“中”，非物之中间之“中”。

⑤ 不能澈其底蕴：澈，澈底，水清可见底。底蕴：事情的内涵。

⑥ 亸：音 duǒ，下垂。

⑦ 而以吾素练之精神临之：素，平时，平常。临，从上向下看，视也。

太极拳缠丝法诗四首

七言古[1]

动则生阳静生阴，　一动一静互为根。
果然识得环中趣，　辗转随意见天真[2]。

其二

阴阳无始又无终，　来往屈伸寓化工。
此中消息[3]真参透，圆转随意运鸿蒙[4]。

其三

一阵清来一阵迷，　连环阖辟赖撕提[5]。
理经三昧[6]方才亮，灵境一片是玻璃。

五言古

理境原无尽，端由结蚁诚[7]。
三年不窥园[8]，壹志[9]并神凝。
自当从良师，又宜访高朋。
处处循规矩，一线启灵明。
一层深一层，层层意无穷[10]。
一开连一合，开合递相承。
有时引入胜，工[11]欲罢不能。
时习加黾勉[12]，日上自蒸蒸。
一旦无障碍，恍然悟太空[13]。

按：陈鑫的诗律中，一是点明了太极拳之性质、本然；二是道出了太极拳螺旋缠绕的运化规律；三是指出了要对太极阴阳理论不断进行深入研究（研究矛盾的对立统一性）；四是教导学拳者要虚心请教，尊重规律，顺其自然，专心致志，理通拳明，方能知晓太极拳精妙含义，达到最高境界。

“伏羲先天八卦”之说，确立了太极主体，用“河图”的形式诠释了天地定位，循环无端，螺旋运化，对立平衡自然规律。它是“拳法太极”的理论根源，也是太极拳的主体，是拳法“虚领顶劲，立身中正，八面支撑”的根本法规，更是中气“内精”产生、炼化运行的理论基础。而“文王后天八卦”之说，确立太极之用，以“洛书”的形式诠释了日月运行，阴阳互变，五行顺逆，春夏秋冬，四时八节，万物生长，顺乎天道的自然道理。后天之用即为太极拳中气“内精”运化的理论依据，所以陈鑫说：“河图”“实为缠丝精之祖”。而“先天与后天”合用，“河图、洛书”与天干地支“甲子”的相合形式，造就了陈氏太极拳缠丝精的产生和运用。学“易”者，学逆也，学拳亦然。陈鑫在《洛书太极图》中说：“甲子用数逆也，拳家缠丝精所走之路，适与相仿。”阴阳平衡理论造就了中国传统的对称艺术，是“力”的平衡科学的体现，“河图、洛书”顺逆螺旋缠丝是祖先对“力”（杠杆原理、惯性原理）掌握运用的智慧结晶。拳以太极为理，就是对“力学”原理实用科学的诠释。

“阴阳无始又无终，来往屈伸寓化工”，蕴含着太极拳阴阳互根、互济、互变循环之理，包含着“拳法自然”的指导思想，在拳法上用螺旋缠丝精来体现“化”的精义。学拳者应深刻理解陈鑫缠丝精的“化”字诀。“周身相随敌难进，四两‘化’动八千斤”，顺其自然的“缠丝精”柔“化”功夫贯穿于太极拳始终。

注释

① 七言古：此处遗“其一”。

② 辗转随意见天真：辗转，转动，来回翻转。见，通现。天真：事物的天然性质或本来面目。

③ 消息：此处喻指太极拳内精和缠丝精蕴含易理的奥妙和真谛。消息即劲力的盈虚。

④ 鸿蒙：太虚一气未分之浑圆貌。

⑤ 赖撕提：赖，凭，依靠。撕提，应为“提撕”，提醒，振作。

⑥ 三昧：法华三昧，即三摩地，意为“正定”“定”。即将心定于一处（一境）的一种安定状态，又形容妙处、极致、蕴奥、诀窍等。通过“戒定”达到的一种境界与智慧。

⑦ 端由结蚁诚：端由，缘由、原委、原因。结蚁，猬结蚁聚。猬，刺猬；猬结，猬毛结集；蚁聚，如蚁聚集。比喻众多，多人集结。诚：真心。

⑧ 三年不窥园：出自《汉书》：“董仲舒读《春秋》专精一思，三年不窥园菜。”

⑨ 壹志：即志壹，专一、专心，出自《孟子·公孙丑·上》。

⑩ 层层意无穷：一层功夫一层架。

按：修持者应持之以恒，不断实践，不断深化理论修养。在走架、练形、捏架整型中，通过名师高朋指导，理论加实践，使理气合一至神化无形，达到“无定有定，在于自用”“妙手一运一太极”“遭着何处何处击，我也不知玄又玄”的神妙之境，此即一层深一层，层层意无穷的有力注解。

⑪ 工：功夫。

⑫ 黾勉：音 mǐn miǎn，努力，勉力。

⑬ 太空：指浑然太极。

经穴歌录内经注[①]

手太阴肺经十一穴

手太阴肺

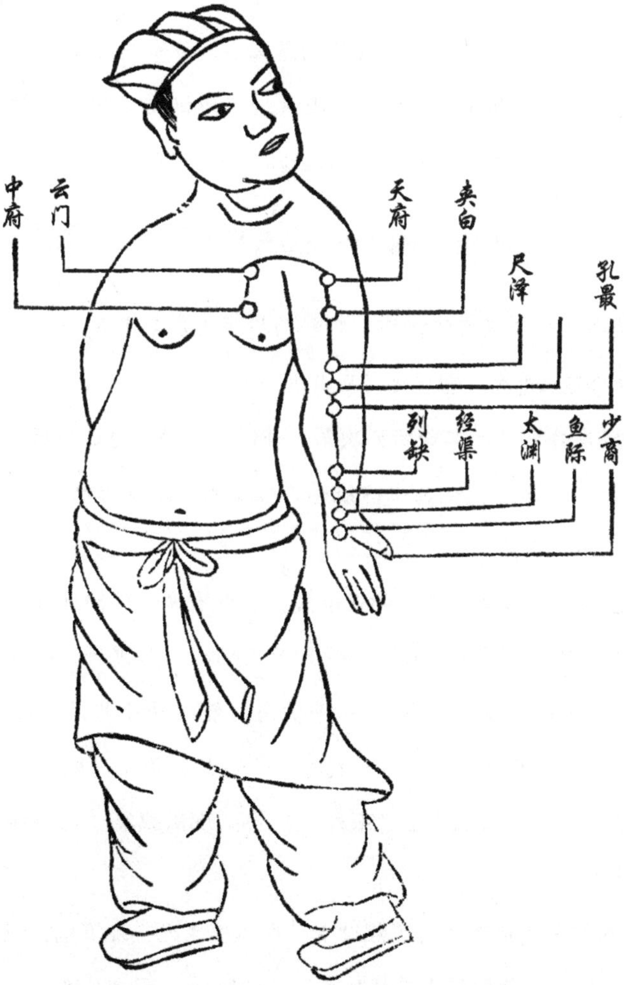

注 释

① 经穴歌录内经注：经穴，经络穴位，十四经简称。十四经上任何一个穴位都可以叫作经穴。十四经是十二经脉和任脉、督脉的合称，为经络系统的主要部分。歌录，用唱的形式（辞赋）记载经穴的文辞。内经，《黄帝内经》，是我国第一部系统的医学著作，成书年代约为战国时期。由现存的《素问》《灵枢》两部分组成，各八十一篇。主要从阴阳、脏腑、经络、诊法、针灸、方药、摄生等各方面对人体的生理和活动、病理变化以及诊断治疗方法，做了较为全面而系统的论述，奠定了中医学理论的基础。《黄帝内经》吸收了阴阳五行学说，这一学说成为中医分析生理、病理及进行辨证施治的一种哲学基础和思维方法。它以阴阳为天地万物以及人的总根源，以阴阳形容人体的平衡。又采用五行相生相克的学说，认为人的五脏也同五行生克一样是相互依存和相互制约的。

按：此书在十二经络膀胱经与肾经的排序上次序颠倒，故下文同时列出了各经络穴位的起止走向，望读者勿厌其繁。

《十四经发挥》："十二经所列次第，并以流注之序为之先后，附以任、督二奇者，以其有专穴也，总之为十四经也。"《灵枢·逆顺肥瘦》：十二经络走向顺序："手之三阴，从藏入手；手之三阳，从手走头；足之三阳，从头走足；足之三阴，从足走腹"。各条经络，相互连接，有顺有逆，阴阳连贯循环无端。流注次序：手太阴肺经（手示指端）—手阳明大肠经（鼻翼旁）—足阳明胃经（足大趾端）—足太阴脾经（心中）— 手少阴心经（手小指端）—手太阳小肠经（眼内眦）—足太阳膀胱经（足小趾端）—足少阴肾经（胸中）—手厥阴心包经（环指端）—手少阳三焦经（眼外疵）—足少阴胆经（足大四趾端）—足厥阴肝经（肺中）。

《黄帝内经·灵枢经脉》："经脉者，所以决生死，处百病，调虚实，不可不通。"任督二脉为统领阴阳十二经脉主脉，任脉通，百脉则通。

五输穴在经络流注中与五行生克有着重要的关系，陈鑫在拳法中多次提到缠丝精在经络穴位上的走向，因此，在此简要地阐述五输穴的基本知识。

五输穴：十二经络从四肢末端至肘或膝方向各有井、荥、输、经、合五个特定穴，总称“五输”。这是以水流的大小来形容各经脉由小到大、由浅入深、自远而近的特点。《灵枢·九针十二原》：“所出为井，所溜为荥，所注为俞，所行为经，所入为合，二十七气所行，皆在五输也。”意指经气自四肢末端向上作用于头面躯干，像水流一样由小到大，由浅入深，经气初出如水的源头，所以称“井”，多位于四肢爪甲之侧。经气稍盛，如水成微流，所以称“荥”，多位于（趾）掌（跖）部。经气浅盛，如较大水流灌注，所以称“输”，多位于腕（踝）关节附近。经气充盛，像水流之长行，所以称“经”，多位于腕（踝）或臂（胫）部。经气统盛深入处，宛如水流汇合，所以称“合”，多位于肘膝附近。与“五行”对应：井——木；荥——火；输——土；经——金；合——水。

五输穴分属五脏，五脏为阴，阴经的五输穴五行属性如上所述；六腑为阳，阳经的输穴多一“原”穴，五行属性为井属金，荥属水，输属木，原经属火，合属土。

歌　云

太阴肺[1]兮出中府，　云门之下一寸许，
云门璇玑旁六寸，　巨骨之下二骨数，
天府胁下三寸安，　夹白[2]肘上五寸数，
尺泽肘中约纹论，　孔最腕上七寸取，
列缺腕侧一寸半，　经渠寸口陷中取，
太渊掌后横纹骨，　鱼际节后散脉举，
少商大指端内侧，　此穴若针病即愈。

按：肺经五输穴：少商——井木；鱼际——荥火；太渊——输土；合谷、经渠——经金；尺泽——合水。

注 释

① 太阴肺：手太阴肺经，起于中焦，下络大肠，还循于胃口（下口幽门，上口贲门），通过膈肌，属肺；至喉部，横行胸部上方（中府穴），出腋下，沿上肢内侧前缘下行，通过肘窝寸口上鱼际，直出拇指之端（少商穴）。分支：从手腕的后方（列缺穴）分出，沿掌背侧走向示指桡侧端（商阳穴），交于手阳明大肠经。

② 夹白：夹，即侠白。

手阳明大肠经[①] 二十穴

手阳明大肠

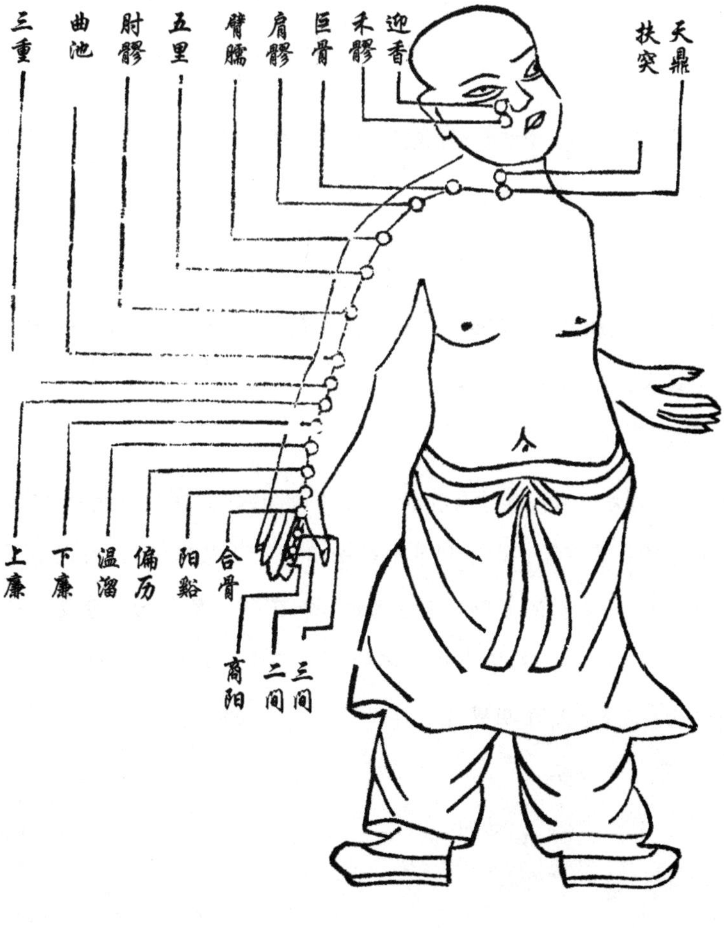

歌 云

商阳食指内侧边，　二间来寻本节前，
三间节后陷中取，　合骨虎口歧骨间[②]，
阳谿[③]上侧腕中是，偏历腕后三寸安，
温溜腕后去五寸，　池前五寸下廉看，
池前三寸上廉中，　池前二寸三里逢，
曲池曲骨纹头尽，　肘髎太骨廉外近，
大筋中央寻五里，　肘上三寸行向里，
臂臑肘上七寸量，　肩髎肩端举臂取，
巨骨肩央端上行，　天顶[④]喉旁四寸真，
扶突天鼎旁三寸，　禾髎水沟旁五寸，
迎香禾髎上一寸，　大肠经穴自分明。

按：该经五输穴：商阳——井木；二间——荥火；三间——输土；合谷、阳溪——经金；曲池——合水。

注 释

① 手阳明大肠经：起于食指桡侧端（商阳穴），经过手背行于上肢伸侧前缘，上肩至肩关节前缘，向下到第七颈椎棘突下（大椎穴），再向前下行入锁骨上窝（缺盆），进入胸腔贯肺，向下通过膈肌下行，属大肠。分支：从锁骨上窝上行，经颈部至面颊，入下齿中，回出挟口两旁，左右交叉于人中，至对侧鼻翼（迎香穴），交于足阳明胃经。

② 合骨：即合谷。

③ 谿：应为“溪”，后同。

④ 天顶：应为“天鼎”。

足阳明胃经[①] 四十五穴

足阳明胃

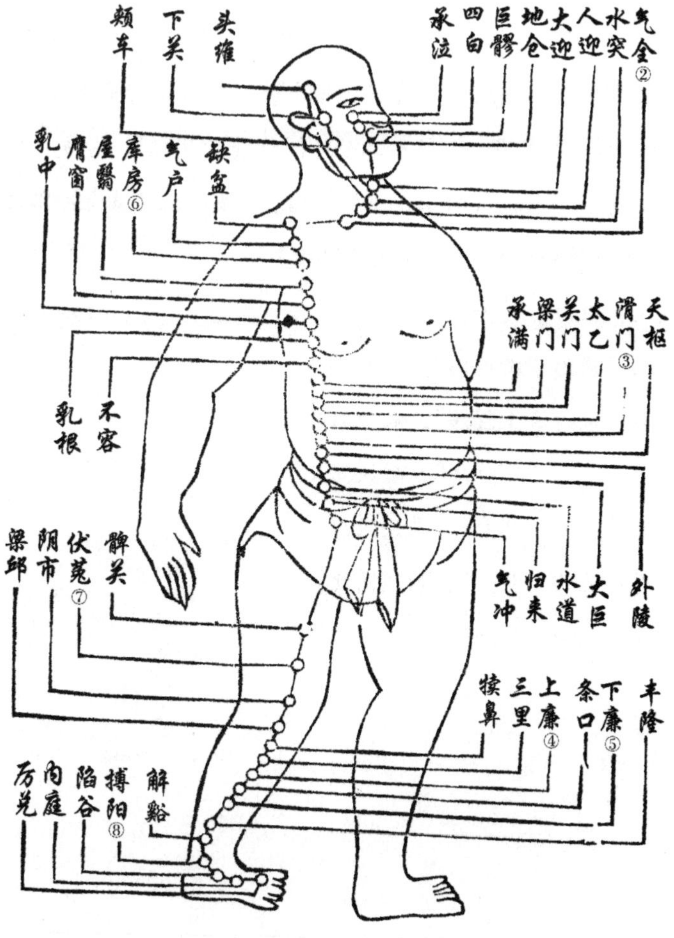

按：该经五输穴：历兑——井木；内庭——荥火；陷谷——输土；冲阳、解溪——经金；足三里——合水。

注 释

① 足阳明胃经：起于鼻翼旁（迎香穴），挟鼻上行，左右侧交会于鼻根部，入目内眦，与足太阳经相交，向下沿鼻柱外侧入上齿中，还出挟口两旁，环绕嘴唇，在颏唇沟承泣穴外左右相交，退回下颌骨后下缘到大迎穴处，沿下颌角上行起耳前，经过上关穴（客主人），沿发际到额前。分支：从大迎穴前方下行到人迎穴，沿喉咙向下后行至大椎，折向前行，入缺盆，深入体腔，下行穿过膈肌，属胃，络脾。直行者：从缺盆出体表，沿乳中线下行，挟脐两旁（旁二寸），下行至腹股沟气街穴，与直行之脉会合，而后下行至大腿前侧，至膝髌，沿下肢胫骨前缘下行足背，入足第二趾外侧端（厉兑穴）。分支：从膝下三寸处（足三里穴）分，下行穰（ráng）趾外侧端。分支：从足背上冲阳穴分出前行入足大趾内侧端（隐白穴），交于足太阴脾经。

② 气全：应为“气舍”。

③ 滑门：应为“滑肉门”。

④ 上廉：应为“上巨虚”，歌诀同此。

⑤ 下廉：应为“下巨虚”，歌诀同此。

⑥ 库房：应为“库户”，歌诀同此。

⑦ 伏菟：应为“伏兔”，歌诀同此。

⑧ 搏阳：应为“冲阳”。

歌 云

胃之经兮足阳明，　承泣目下七分寻，

四白目下方一寸，　巨髎鼻孔旁八分，

地仓夹吻四分迎，　大迎颔下寸三中，
颊车耳下八分穴，　下关耳前动脉行，
头维神庭旁四五，　人迎喉旁寸五中，
水突筋前迎下在，　气舍突下穴相寻，
缺盆舍下横骨内，　各去中行寸半明，
气户璇玑旁四寸，　至乳六寸又四分，
库房屋翳膺窗迎，　乳中正在乳头心，
次有乳根出乳下，　各一寸六不相侵，
却去中行须四寸，　以前穴道与君陈，
不容巨阙旁三寸，　却近幽门寸五新，
其下承满与梁门，　关门太乙滑肉门，
上下一寸无多少，　共去中行三寸中，
天枢脐下二寸间，　枢下一寸外陵安，
枢下二寸大巨穴，　枢下四寸水道全，
枢上六寸归来是，　共去中行二寸边，
气冲鼠鼷上一寸，　又去中行四寸专，
髀关膝上有尺二，　伏菟[1]膝上六寸是，
阴市膝上方三寸，　梁邱膝上二寸记，
膝膑[2]陷中犊鼻存，膝下二寸三里至，
膝下六寸上廉穴，　膝下七寸条口味，
膝下八寸下廉看，　膝下九寸丰隆系，
却是踝上八寸量，　比那下廉外边缀，

解豁去庭六寸半，搏阳庭后五寸换，

陷骨③庭后二寸间，内庭次指五间陷，

厉兑大指次指端，去爪如韭胃井判。

注释

① 伏菟：应为“伏兔”。

② 膝膑：应为“膝髌”，后同。

③ 陷骨：应为“陷谷”。

足太阴脾经[①] 二十二穴[②]

足太阴脾

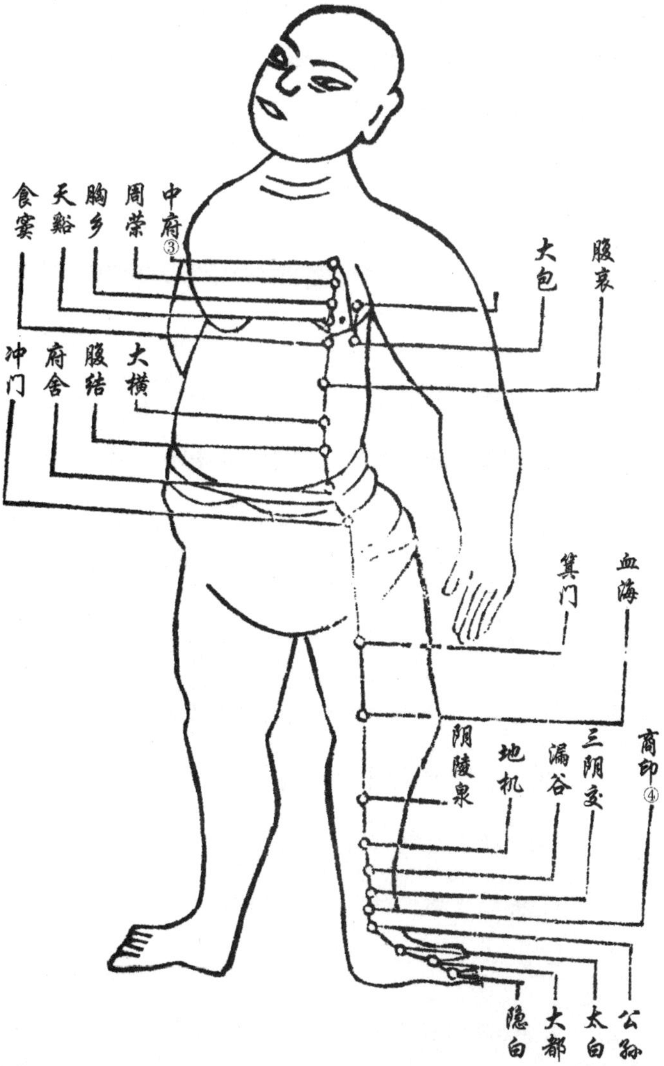

按：该经五输穴：隐白——井木；大都——荥火；太白——输土；商丘——经金；阴陵泉——合水。

注释

① 足太阴脾：起于足大趾内侧端（隐白穴），沿内侧赤白内际，上行过内踝的前缘，沿小腿内侧正中线上行，在内踝上八寸处，交出足厥阴肝经之前，上行沿大腿内侧前缘，进入腹部。属脾，络胃。向上穿过膈肌，沿食管两旁，连舌本，散舌下。分支：从胃别出，上行通过膈肌注入心中，交于手少阴心经。

② 二十二穴：应是“二十一穴”。

③ 中府：应属手太阴肺经，此为误处。

④ 商印：应为“商丘”。

歌　云

大指端内侧隐白，　节后陷中求大都，
太白内侧核骨下，　节后一寸公孙呼，
商丘内踝微前陷，　踝上二寸三阴交，
踝上六寸漏骨[①]是，踝上七寸地机朝，
膝下内侧阴陵泉，　血海膝膑上内廉，
箕门穴在鱼腹取，　动脉应于越筋间，
冲门期下尺五寸，　腹舍[②]期下九寸看，
腹结期下六寸八，　大横期下五寸半，
腹哀期下方二寸，　期门肝经穴道现，
巨阙之旁四寸五，　却连脾穴休胡乱，
自此以上食窦穴，　天谿胸乡周荣贯，

相去六寸无多寡，又上寸六中府断，

大包腋下有六寸，渊液腋下三寸绊[3]（渊液胆经穴）。

注释

① 漏骨：应为“漏谷”。

② 腹舍：应为“府舍”。

③ 三寸绊：应为“三寸半”。

手少阴心经[1] 九穴

手少阴心

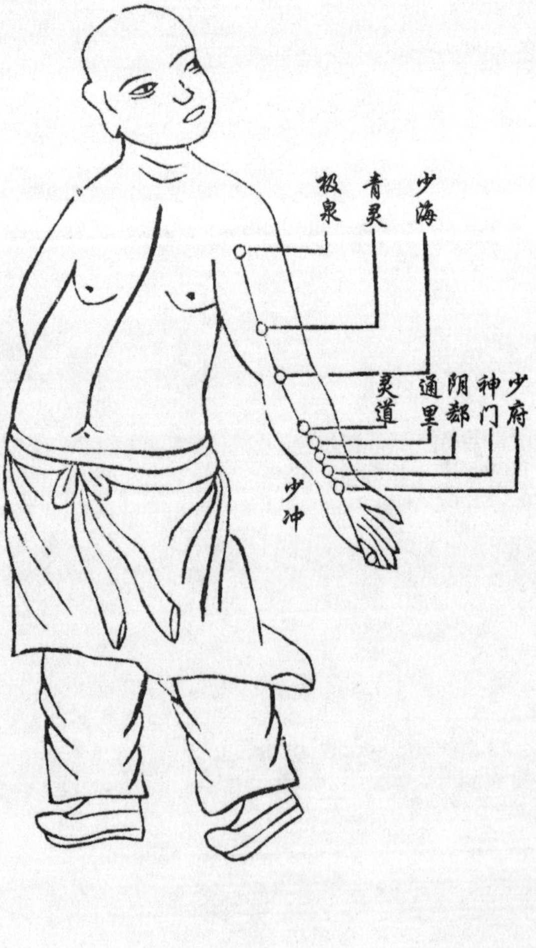

按：该经五输穴：少冲——井木；少府——荥火；神门——输土；灵道——经金；少海——合水。

注释

① 手少阴心经：起于心中，走出后属心系，向下穿过膈肌，络小肠。分支：从心系分出，连于目系。直行者：从心系出来，退回上行经过肺，向下浅出腋下（极泉穴），沿上肢内侧后缘过肘中，经掌后锐骨端进入掌中，沿小指桡侧，出小指桡侧端（少冲穴），交于手太阳小肠经。

歌　云

少阴心起极泉[①]中，　腋下筋间脉入胸，
青灵肘上三寸许，　少海肘后端五分，
灵道掌后一寸半，　通里腕后一寸同，
阴郄腕后方寸半，　神门掌后兑骨隆，
少府节后劳宫直，　小指内侧取少冲。
劳宫心包络穴在右手节后，与左手少府相对。

注释

① 极泉：在腋窝深凹处。

手太阳小肠经① 十九穴

手太阳小肠

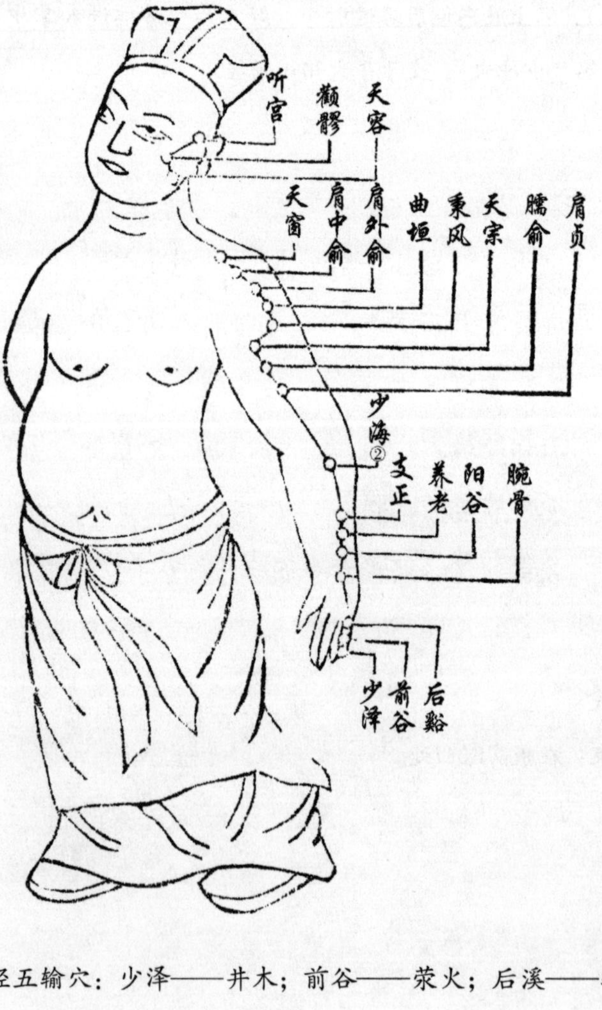

按：该经五输穴：少泽——井木；前谷——荥火；后溪——输土；腕骨，阳谷——经金；小海——合水。

注释

① 手太阳小肠经：起于小指外侧段（少泽穴），沿手背，上肢外侧后缘，过肘部到肩关节后面，绕肩胛部交肩上（大椎穴），前行入缺盆，深入体腔，络心，沿食管，穿过膈肌，到达胃部下行，属小肠。分支：从缺盆出来，沿颈部上行到面颊，至目外眦后，进入耳口（听宫穴）。分支：从面颊部分出，上行于眼下，至目内眦（睛明穴），交于足太阳膀胱经。

② 少海：应为“小海”，歌诀同此。

歌云

小指端外为少泽，　前谷外侧节前觅，
节后捏拳取后谿，　腕骨腕前骨陷侧，
阳谷兑骨下陷计，　腕上一寸名养老，
支正腕后量五寸，　少海肘后五分好，
肩贞胛下两骨解，　臑俞大骨下陷保，
天宗秉风后骨陷，　秉风髎外举有空，
曲垣肩中曲胛陷，　外俞胛后一寸从，
肩中三寸大抒[①]旁，天窗扶突后陷详，
天容耳下曲颊后，　颧髎面烦[②]锐端详，
听宫耳端大如菽，　此为小肠手太阳。

注释

① 大抒：应为“大杼”。

② 面烦：烦，音 qiú，颧骨。面烦指面颊。

足少阴肾经[1] 二十七穴

足少阴肾

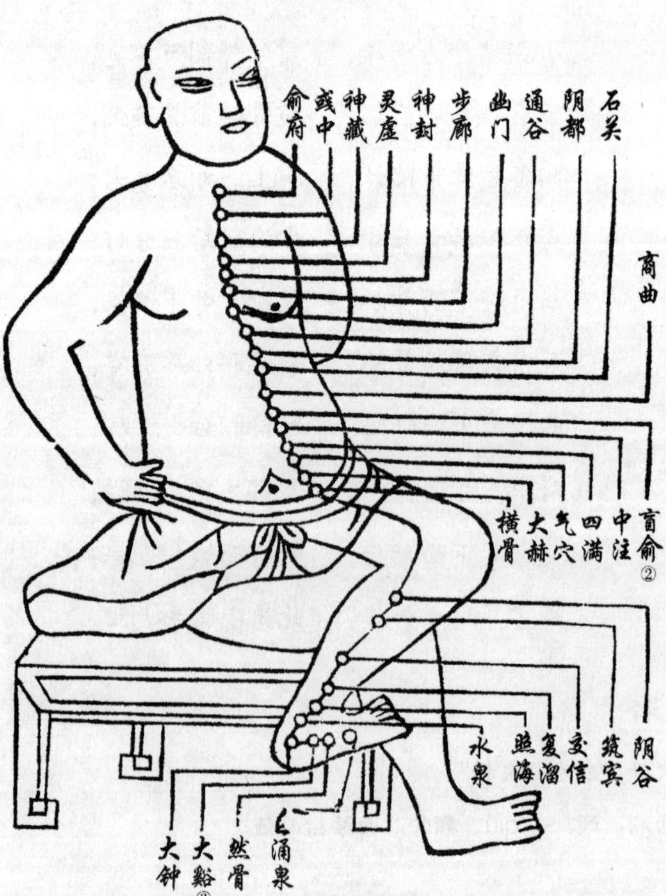

按：该经五输穴：涌泉——井木；然谷——荥火；太溪——输土；复溜——经金；阴谷——合水。

注 释

① 足少阴肾经：起于足小趾下，斜行于足心（涌泉穴），出行与舟骨粗隆之下，沿内踝后（太溪穴），分支进入足跟，向上沿小腿内侧后缘、至腘窝内侧，上股内侧后缘入脊内（长强穴），穿过脊柱，属肾，络膀胱。直行者：从肾上行，穿过肝和膈肌进入肺，沿喉咙到舌根两旁。分支：从肺中分出，络心，注入胸中，交于手厥阴心包经。

② 盲俞：应为“肓俞”，歌诀同此，不另注。

③ 大豀：应为“太溪”。

歌 云

足掌心中是涌泉，　然骨踝下一寸前，
太溪踝后跟骨上，　大钟跟后踵中边，
水泉溪上一寸觅，　照海踝下四分安，
复溜踝上前二寸，　交信踝上二寸联，
二穴止隔筋前后，　太阳之后少阴前，
筑宾内踝上腨分，　阴谷膝下屈膝间，
横骨大赫并气穴，　四满中注亦相连，
各开中行止半寸，　上下相去一寸便，
上隔盲俞亦一寸，　盲俞脐旁半寸边，
盲俞商曲石关来，　阴都通谷[1]幽门开，
各开中行五分挟，　六穴上下一寸裁，

步廊神封灵墟存，　神藏彧中俞府尊，

各开中行计二寸，　上下六寸六穴同，

俞府璇玑旁二寸，　取之得法自成功。

注释

① 通谷：指“腹通谷”。

足太阳膀胱经六十三穴①

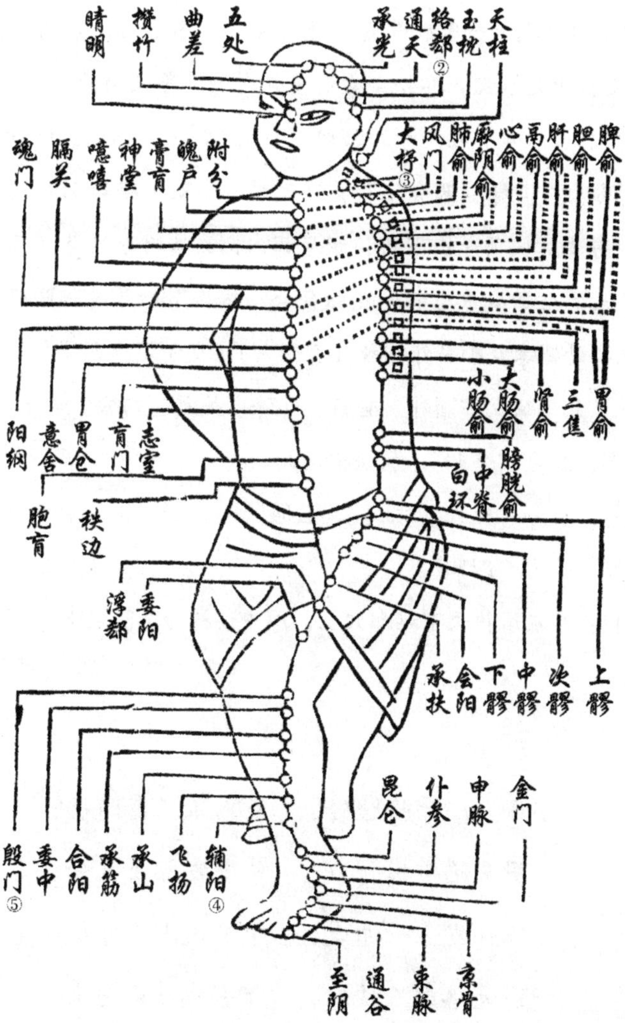

按：图示中缺少的穴位：眉冲：应在“心俞”与“攒竹”之间。督俞：应在“心俞”与“鬲俞”之间。关元：应在“大肠俞”与“小肠俞”之间。气海：应在“肾俞”与“大肠俞”之间。

注 释

① 足太阳膀胱经六十三穴：足太阳膀胱经，起于目内眦（睛明穴），向上到达额部，左右交会于头顶部（百会穴）。分支：从头顶分出到耳上角部。直行者：从头顶部分别向后行至枕骨处，进入颅腔，络脑回出分别下行颈部（天柱穴），下行交会于大椎穴。再分左右沿肩胛内侧、脊柱两旁（一寸五分），到达腰部（肾俞穴），进入脊柱两旁的肌肉（膂 lǚ），深入体腔，络肾，属膀胱。分支：从腰部分出，沿脊柱两旁下行，穿过臀部，从大腿后侧外援下行到腘窝中（委中穴）。分支：从项分出下行，经肩胛内侧，从附分挟脊（三寸）下行到髀枢，经大腿后侧至腘窝中与前一支脉会合，然后下行穿过腓肠肌，出走足外踝后，沿中足脊外侧缘至小趾外侧端（至阴穴），交于足少阴肾经。六十三穴，应为六十七穴，此中缺少“眉冲、督俞、气海、关元”四穴。

② 络郄：应为“络却”，歌诀中同此。

③ 大抒：应为“大杼（zhù）”，后同。

④ 辅阳：应为“跗阳”。

⑤ 殷门：应在承扶穴下浮郄穴上，图中误标为委阳穴下。

歌 云

足太阳兮膀胱经，　目内眦角始睛明，
眉头陷中攒竹取，　曲差发际上五分，
五处发上一寸是，　承光发上二寸半，
通天络郄玉枕穴，　相去寸五调匀看，

玉枕夹脑一寸三，　入发二寸枕骨现，
天柱项后发际中，　大筋外廉陷中献，
自此夹脊开寸五，　第一大杼二风门，
三椎肺俞厥阴四，　心俞五椎之下论，
膈七肝九十胆俞，　十一脾俞十二胃，
十三三焦十四肾，　大肠十六之下推，
小肠十八膀十九，　中膂内俞二十椎，
白环二十一椎下，　以上诸穴可排之，
更有上次中下髎，　一二三四腰空好，
会阳阴尾尻骨旁，　背部二行诸穴了，
又从脊上开三寸，　第二椎下为附分，
三椎魄户四膏肓①，第五椎下神堂尊，
第六噫嘻膈关七，　第九魂门阳纲十，
十一意舍之穴存，　十二胃仓穴已分，
十三肓门②端正在，十四志室不须论，
十九胞肓③廿秩边，背部三行诸穴匀，
又从臀下阴纹取，　承扶居于陷中主，
浮郄扶下方六分，　委阳扶下寸六数，
殷门扶下六寸长，　腘中内廉两筋乡，
委中膝腘约纹里，　此下三寸寻合阳，
承筋根脚上七寸，　穴在腨肠之中央，
承山腨下分肉间，　外踝七寸上飞扬，

辅阳外踝上三寸，　昆仑后跟陷中央，

仆参亦在踝骨下，　申脉踝下五分张，

金门申脉下一寸，　京骨外侧骨际量，

束脉本节后陷中，　通谷节前陷中强，

至阴却在小指侧，　太阳之穴始周详。

按：完整的太阳膀胱经歌诀如下：

膀胱经络歌（分寸歌）

足太阳是膀胱经，目内眦角始睛明，

眉毛内侧攒（cuán）竹取，眉冲直上旁神庭。

曲差入发五分际，神庭旁开寸五分。

五处旁开亦寸半，相去寸半调看匀。

玉枕夹脑一寸三，入发二五枕骨边。

天柱项后发际取，大筋外廉陷中献。

自此夹脊开寸五，第一大杼二风门。

三椎肺俞厥阴四，心五督六椎下论。

膈七肝九十胆俞，十一脾俞十二胃。

十三三焦十四肾，气海俞在十五椎。

大肠十六椎下取，十七关元俞可推。

小肠十八胱十九，中膂俞穴二十椎。

白环二一椎下论，以上各穴皆可推。

更有上次中下髎，一二三四腰穴好。

会阳阴尾尻骨旁，第一侧线诸穴了。

再从脊旁开三寸，第二椎下为附分。

三椎魄户四膏肓，第五椎下寻神堂。

第六噫嘻（yī xī）膈关七，第九魂门十阳纲。

十一椎下意舍存，十二胃仓穴已分。

十三肓门端正在，十四志室不须论。

十九胞肓二一秩，第二侧线诸穴匀。

继向臀部横纹取，承扶居下陷中央。

殷门扶下方六寸，委阳腘外两筋乡。

浮郄实居委阳上，相去只有一寸长。

委中在腘约纹里，向下二寸寻合阳，

承筋合阳直下取，穴在腨肠之中央，

承山腨（shuàn）下分肉间，外踝七寸上飞扬，

跗阳外踝上三寸，昆仑后跟陷中央，

仆参跟下脚边上，申脉踝下五分张，

金门申前墟后取，京骨外侧骨际量，

束骨本节后内际，通谷节前陷中强，

至阴却在小趾侧，太阳之穴始周详。

该经五输穴：至阴——井木；足通谷——荥火；束骨——输土；京骨、昆仑——经金；委中——合水。

注 释

① 膏盲：应为“膏肓”。

② 盲门：应为“肓门”。

③ 胞盲：应为“胞肓”。

按五脏[1] 相对论

如：魄户对肺俞，神堂对心俞，魂门对肝俞，意舍对脾俞，志室对肾俞，是为五神[2]。盖五神藏于五脏之中，所以与五脏相对，试以五神所藏论其实：肺藏魄，心藏神，肝藏魂，脾藏意，肾藏志，是为五脏。

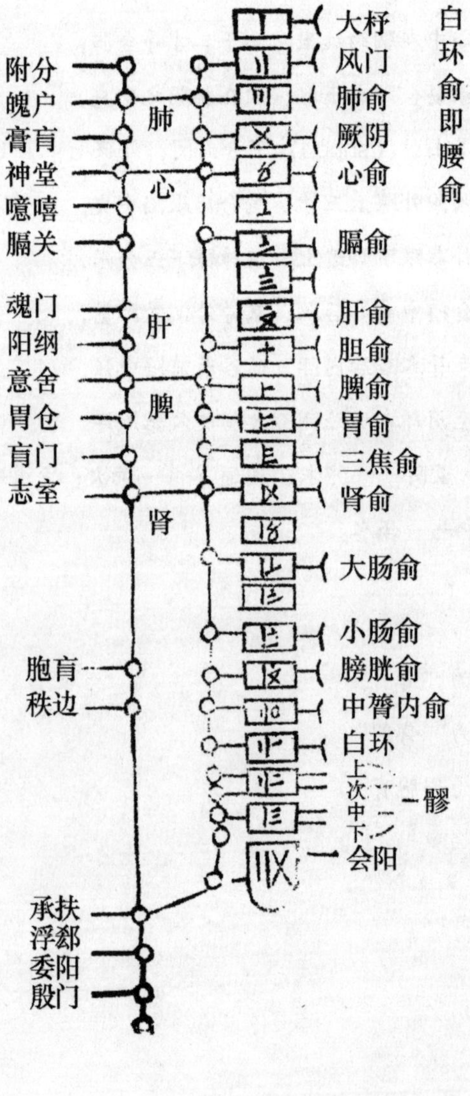

注释

① 五脏：中医学把人体内在的重要脏器分为脏和腑两大类，有关脏腑的理论称为“藏”象学说。藏通“脏”，指藏于人体的内脏。以功能讲脏，包括肝、心、脾、肺、肾五个器官（五脏）。从阴阳上讲五脏属阴，它们的共同功能是贮藏精气。精气，是指能充养脏腑，维持生命活动不可缺少的营养物质。腑，包括胆、小肠、胃、大肠、膀胱、三焦六个器官（六腑属阳），具有消化食物、吸收营养、排泄糟粕的功能。

② 五神：从中医上讲，代表人的五个精神方面的活动。五神即魂、神、意、魄、志，与五脏有着内在联系，各有所主。心主神、肺主魄、肝主魂、脾主意、肾主志。

按：神即神明，是人的精神、意识、思维活动的总称；魂是意识的一部分，如梦中的精神活动属魂的作用；意即意念；魄是神的一种表现形式，相当于现代医学中生命反射之类的神经活动；志即志向、意志。

手厥阴包络经[1] 九穴

手厥阴包络

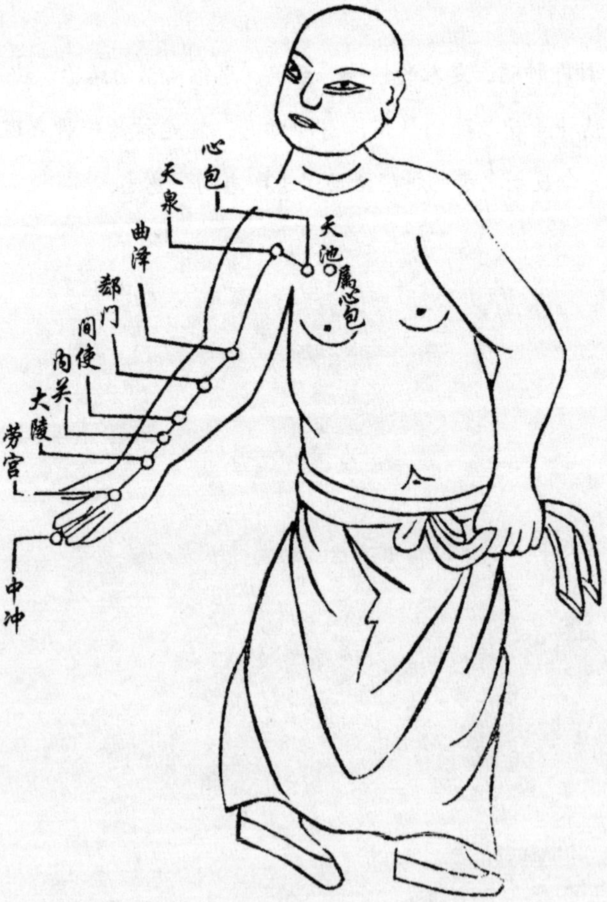

按：该经五输穴：中冲——井木；劳宫——荥火；大陵——输土；间使——经金；曲泽——合水。

注释

① 手厥阴包络经：起于胸中，出属心包络，向下穿过膈肌，依次络于上、中、下三焦。分支：从胸中分出，沿胸线出胁部至腋下三寸（天池穴），向下至腋窝下，沿上肢内侧浅入肘，过腕部手掌中（劳宫穴），沿中指桡侧，出中指侧端（中冲穴）。分支：从掌中分出，沿环指出其尺侧端（关冲穴）交于手少阳三焦经。

歌云

心包起自天地间[①]，　乳后腋下一寸三，
天泉曲腋下二寸，　曲泽屈肘陷中央，
郄门去腕方五寸，　间使腕后五寸量，
内关去腕止二寸，　大陵掌后两筋间，
劳宫屈中名指取，　中指之末中冲良。

注释

① 心包起自天地间：心包，应为天池。天池穴在第四肋间隙乳头处1寸腋下1寸3处。天地间，应为“天池间”。

手少阳三焦经二十四穴[1]

手少阳三焦

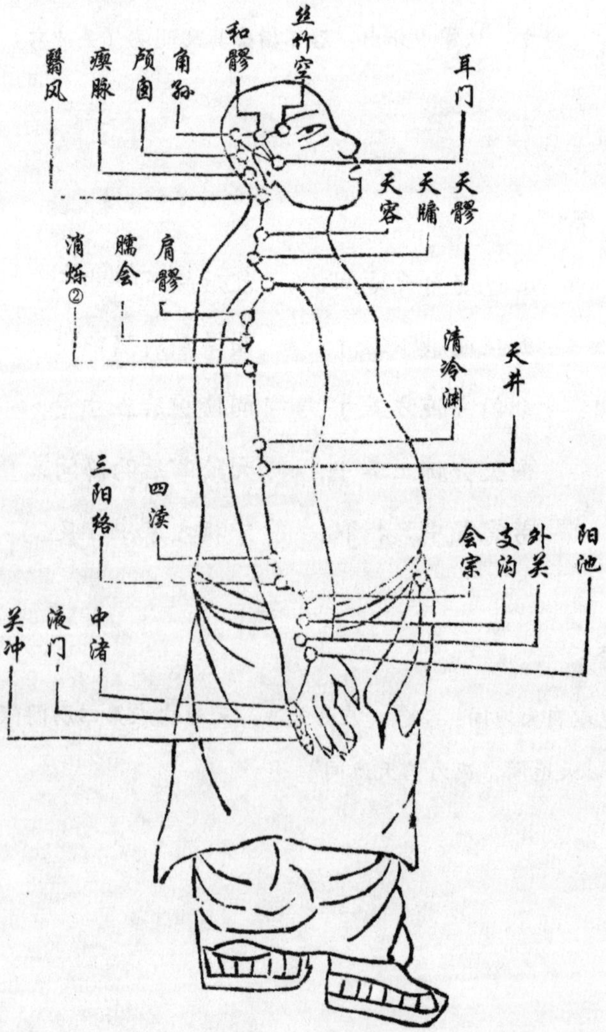

歌 云

无名指外端关冲， 液门小指次陷中，
中渚液上去一寸， 阳池腕上之陷中，
外关腕后方二寸， 腕后三寸开支沟，
腕后三寸内会宗， 空外有穴细心求，
腕后四寸三阳络， 四渎肘前五寸看，
天井肘外大骨后， 骨罅中间一寸摸，
肘后二寸清冷渊， 消烁对液臂外看，
臑会肩前三寸中， 肩髎臑上陷中央，
天髎缺盆陷处上， 天牖天容之后有，
翳风耳后尖角陷， 瘈脉耳后青脉现，
颅囟亦在青络脉， 角孙耳廓中间上，
耳门耳前起肉中， 和髎耳后动脉张，
欲知丝竹空何在， 眉后陷中仔细详。

按：该经五输穴：关冲——井木；液门——荥火；中渚——输土；阳池、支沟——经金；天井——合水。

注 释

① 手少阳三焦经二十四穴：手少阳三焦经，起于环指尺侧端（关冲穴），向上沿环指尺侧至手腕背面，上行尺骨、桡骨之间，通过肘尖，沿上臂外侧向上至肩部，向下行入缺盆，布于膻中，散络心包，穿过膈肌，依次属上、中、下三焦。分支：从膻中分出，上行出缺盆，至肩部，左右交会于大椎，上行到

项，沿耳后（翳风穴）直上出耳上角，然后屈曲下经面颊至目眶下。分支：从耳后分出，进入耳中，走出耳前，经上关穴前，在面颊部与前一分支相交，至目外眦（瞳子髎）交会于足少阳胆经。二十四穴：应是二十三穴，多“天容穴”（此穴属手太阳小肠经）。

② 消烁：应为“消泺（luò）”，歌诀中同此。

足少阳胆经四十五穴[1]

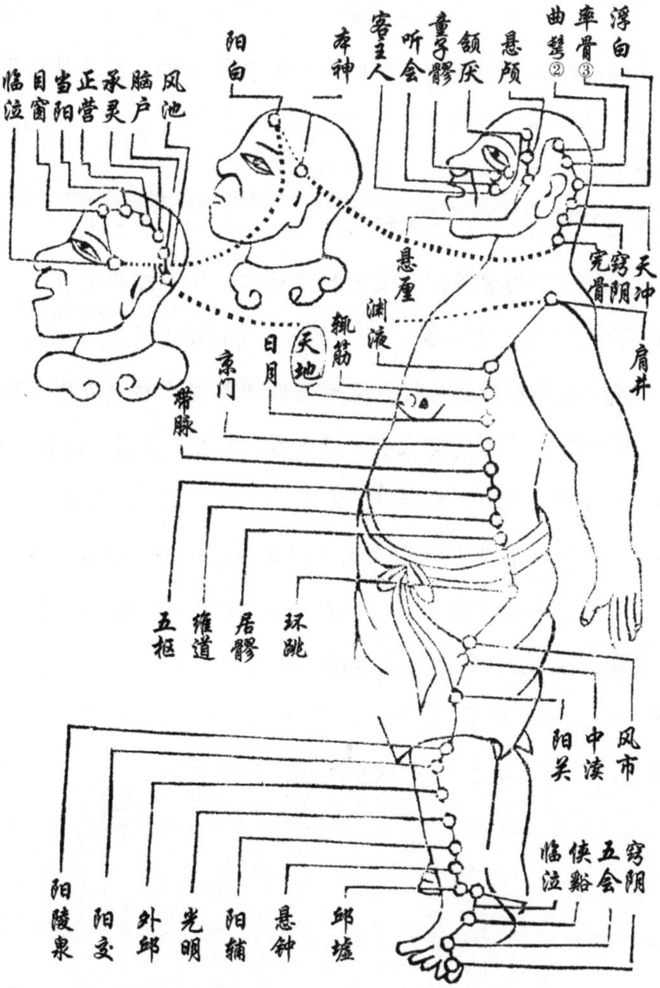
浮白
率骨③
曲鬓②
悬颅
颔厌
童子髎
听会
客主人
本神
阳白
风池
脑户
承灵
正营
当阳
目窗
临泣
天冲
窍阴
完骨
悬厘
渊液
肩井
辄筋
天地
日月
京门
带脉
环跳
居髎
维道
五枢
风市
中渎
阳关
窍阴
五会
侠谿
临泣
丘墟
悬钟
阳辅
光明
外丘
阳交
阳陵泉

按：该经五输穴：足窍阴——井木；侠溪——荥火；足临泣——输土；虚丘、阳辅——经金；阳陵泉——合水。

注 释

① 足少阳胆经四十五穴：足少阳胆经，起于目外眦（瞳子髎穴），上至头角（颔厌穴），在向下到耳后（完骨穴），再折向上行，经额部上至眉上（阳白穴），又向后折至风池穴，沿颈下行至肩上，左右交会于大椎穴，前行入缺盆。分支：从耳后进入耳中，出走于耳前，至目外眦后方。分支：从目外眦分出，下行至大迎穴，同手少阳经分布于面颊部的支脉相合，行至目眶下，向下经过下颌角部下行至颈部，与前脉会合于缺盆后，进入体腔，穿过膈肌，络肝，属胆。沿胁里浅出气街，绕毛际，横向至环跳穴处。直行者：从缺盆下行至腋，沿胸侧过季肋，下行至环跳穴出与前脉会合，再向下沿大腿外侧，膝关节外缘，行于腓骨前面，直下腓骨外端，浅出外踝之前，沿中瞳背行出足第四趾外侧端（窍阴穴）。分支：从足背（临泣穴）分出，前行出足大趾外侧端，折回穿过爪甲，分布于足大趾爪甲后丛毛处，交于足厥阴肝经。四十五穴：应为“四十四穴”，多“当阳穴”。本经脉腧穴有：瞳子髎、听会、上关、颔厌、悬颅、悬厘、曲鬓、率谷、天冲、浮白、头窍阴、完骨、本神、阳白、头临泣、目窗、正营、承灵、脑空、风池、肩井、渊液、辄筋、日月、京门、带脉、五枢、维道、居髎、环跳、风市、中渎、膝阳关、阳陵泉、阳交、外丘、光明、阳辅、悬钟、丘墟、足临泣、地五会、侠溪、足窍阴。

② 曲髩：应为“曲鬓”。

③ 率骨：应为“率谷”，歌诀中同此，不另注。

歌　云

足少阳兮四十五，　头上廿穴分三折，
起自童子至风池，　积数陈之依次第，
瞳子髎近眦五分，　耳前陷中寻听会，
客主人名上关同[①]，　耳前起骨开口空，
颔厌悬颅之二穴，　脑空上廉曲角下，
悬厘之穴异于兹，　脑空下廉曲角上，
曲鬓耳上发际隅，　率骨耳上寸半安，
天冲耳后入发二，　浮白入发一寸间，
窍阴即是枕骨穴，　完骨之上有空连，
完骨耳后入发际，　量得四分须用记，
本神神庭旁三寸，　入发一寸耳上系，
阳白眉上方一寸，　发上五分临泣用，
发上一寸当阳穴，　发上半寸目窗贡，
正营发上二寸半，　承灵发上二寸摊，
脑空发上五寸半，　风池耳后发陷中，
肩井肩上陷中求，　大骨之前一寸半，
渊液腋下方三寸，　辄筋期下五分判，
期门却是肝之穴，　相去巨阙四寸半，
日月期门下五分，　京门监骨下腰绊，
带脉章门下寸八，　五枢章下寸八贯，
维道章下五寸三，　居髎章下八寸三，

章门亦是肝经穴，下脘之旁九寸含，
环跳髀枢宛宛中，屈上伸下取穴同，
风市垂手中指尽，膝上五寸中渎论，
阳关阳陵上三寸，阳陵膝下一寸从，
阳交外踝上七寸，踝上六寸外邱用，
踝上五寸光明穴，踝上四寸阳辅分，
踝上三寸悬钟在，邱墟踝前之陷中，
此去侠谿四寸五，却是胆经原穴功，
临泣侠谿四寸半，五会窍阴二穴同。

按：头上二十穴次第共分三折。

第一折

一瞳子髎二听会，　三主人兮颔厌四，
五悬颅兮六悬厘，　第七数分曲髩随，
八率谷兮九天冲，　十浮白兮之穴从，
十一窍阴亦相继，　十二完骨一折终。

第二折

又自十三本神始，　十四阳白二折随。

第三折

十五临泣目下穴，　十六目窗之穴宜，
十七正营十八灵，　十九脑户廿风池，
依次细心量取之，　胆经头上穴堪知。

注释

①客主人名上关同："客主人"亦名"上关穴"。

足厥阴肝经十五穴①

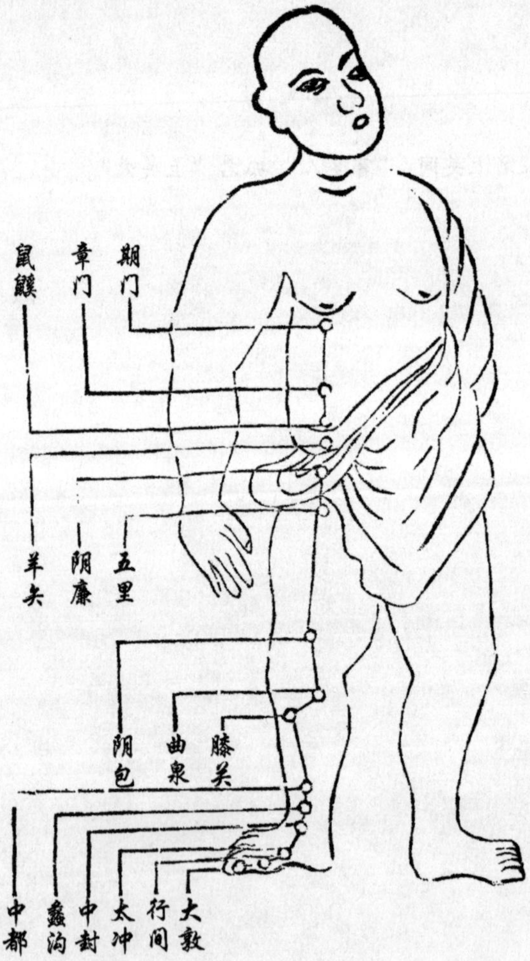

按：该经五输穴：大敦——井木；行间——荥火；太冲——输土；中封——经金；曲泉——合水。

注释

① 足厥阴肝经十五穴：足厥阴肝经，起于足大趾爪甲后毛丛处，向上沿足背至内踝前一寸处（中封穴），向上沿胫骨内缘，向内踝大腿内侧中线进入阴毛中，绕阴器至腹，挟胃两旁，属肝，络胆。向上穿过膈肌，分布于胁肋部，沿喉咙后边，向上进入鼻咽部，上行连接目系，出于额，上行与督脉会于头顶部。分支：从目系分出，下行于颊里，环绕在口唇里边。分支：从肝分出，穿过膈肌，向上注入肺，交于手太阴肺经。十五穴，应为十四穴，无“鼠鼷穴”。

歌云

足大指端名大敦，　行间大指缝中存，
太冲本节后二寸，　踝前一寸号中封，
蠡沟踝上五寸是，　中都踝上七寸中，
膝关犊鼻下二寸，　曲泉三膝尽横纹，
阴包膝上方四寸，　气冲三寸下五里，
阴廉冲下有二寸，　羊矢①冲下一寸许，
气冲却是胃经穴，　鼠鼷之上一寸主，
鼠鼷横骨端尽处，　相去中行四寸主，
章门下脘旁九寸，　肘小尽处侧卧取，
期门又在巨阙旁，　四寸五分无差矣。

注释

① 羊矢：在股内侧近阴处，是经外奇穴的一个穴位，出自《备急千金要方》。

督脉[1]图二十八穴

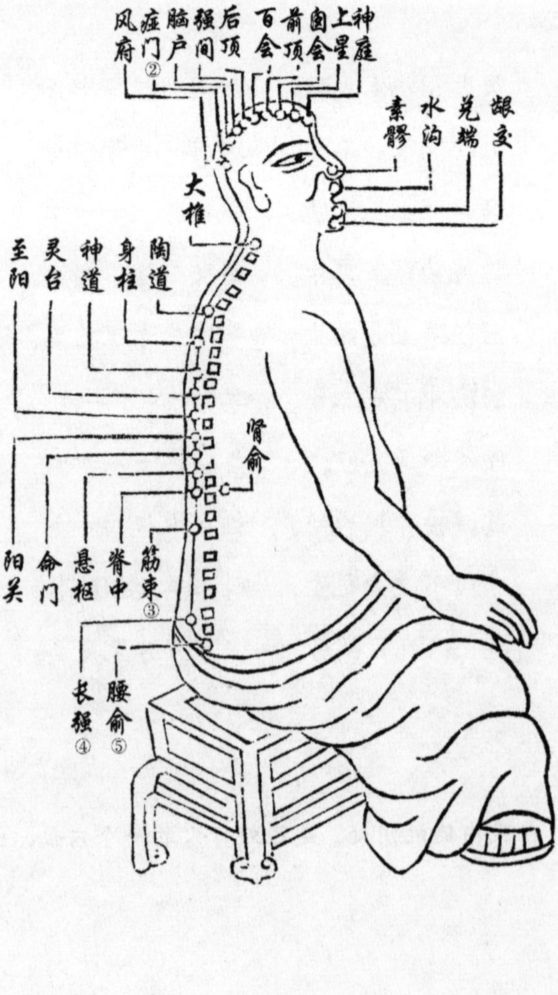
风府
痖门②
脑户
强间
后顶
百会
前顶
囟会
上星
神庭
素髎
水沟
兑端
龈交
大椎
陶道
身柱
神道
灵台
至阳
肾俞
筋束③
脊中
悬枢
命门
阳关
长强④
腰俞⑤

注释

① 督脉：分布于身躯后面，与任脉相对应组成阴阳之脉，对十二经脉起着统率、联合和诸阳调节气血盛衰的作用。《奇经八脉考》：“督脉，其脉起于肾下胞中，至于少腹，乃下行于腰横骨围之中央，系溺孔之端。男子循茎下至篡（篡间穴），女子络阴器，合篡间，且绕篡后屏翳，别绕臀，至少阴与太阳中络者合少阴上股内廉，由会阳贯脊，会于长强穴。在骶骨端与少阴会，并脊里上行，历腰俞、阳关、命门、悬枢、脊中、中枢、筋缩、至阳、灵台、神道、身柱、陶道、大椎与手足三阳相会合。上哑门、强间、后顶、上巅，历百会、前顶、囟会、上星、至神庭，为足太阳督脉之会，循额中至鼻柱，经素髎、水沟，会手足阳明至兑端，入龈交，与任脉，足阳明交会而终。”

② 瘂门：即“哑门”。

③ 筋束：应为“筋缩”，歌诀中同此。

④ 长强：应为“腰俞”。

⑤ 腰俞：应为“长强”。

歌云

督脉龈交唇内乡，　兑端正在唇端央，
水沟鼻下沟中索，　素髎宜向鼻端详，
头形北高南面下，　先以发际前后量，
分为一尺有二寸，　发上五分神庭当，
发上一寸上星位，　发上二寸囟会长，
发上前顶三寸半，　发上百会五寸央，
会后寸半即后顶，　会后三寸强间明，
会后脑户四寸半，　后发八寸风府行，

发上五分痖门在，　神庭至此十穴真，

自此顶骨下脊骶，　分为二十有四椎，

大椎上有顶骨在，　约有三椎莫算之，

尾有长强亦不算，　中间廿一可推排，

大椎大骨为第一，　二椎节内陶道知，

等三椎间身柱在，　第五神道不须疑，

第六灵台至阳七，　第九身内筋束思，

十一脊中之穴在，　十二悬枢之穴奇，

十四命门肾俞并，　十六阳关自可知，

二十一椎即腰俞，　脊尾骨端长强随。

任脉[1] 图二十四穴

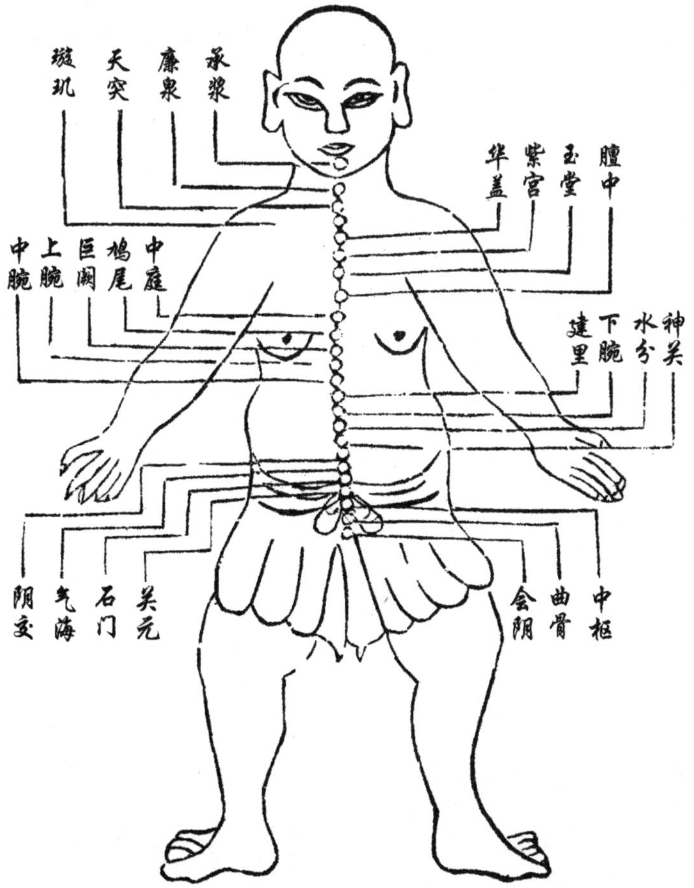

璇玑
天突
廉泉
承浆
华盖
紫宫
玉堂
膻中
中脘
上脘
巨阙
鸠尾
中庭
建里
下脘
水分
神关
阴交
气海
石门
关元
会阴
曲骨
中枢

注释

① 任脉：属奇经八脉，为“阴脉之海”，起于小腹，止于眼眶，共有关元、气海等二十四俞穴（和冲脉有着密切的联系）。任脉起始于中极之下（内）的小腹盆腔中，向上到阴毛阜处，循着腹壁里层上行，上至关元，继续上行至咽喉，再上行到下颌、口部，沿面部进入眼中。《奇经八脉考》任脉：“起于中极之下，少腹之内。上行而外出，循曲骨，上毛际，至中极，同足厥阴、太阴、少阴并行腹里；循关元，历石门，会足少阳，冲脉于阳交；循神阙、水分，会足太阴于下脘；历建里，会手太阳、少阳、足阳明于中脘；上上脘、巨阙、鸠尾、中庭、膻中、玉堂、紫宫、华盖、璇玑，上喉咙会阴维于天突、廉泉、上颐，循承浆与手足阳明、督脉会，环唇上至下龈交，复而分行，循面系两目之下中央、至承泣而终。”

歌云

任脉会阴两阴间，　曲骨毛际陷中安，
中极脐下四寸取，　关元脐下三寸连，
脐下二寸名石门，　脐下寸半气海全，
脐下一寸阴交穴，　脐之中央即神阙，
脐上一寸为水分，　脐上二寸下脘列，
脐上三寸名建里，　脐上四寸中脘许，
脐上五寸上脘在，　巨阙脐上六寸五，
鸠尾蔽骨下五分，　中庭膻下寸六取，
膻中却在两乳间，　膻上六寸玉堂主，
膻上紫宫二寸二[1]，膻上华盖四八举[2]，
承浆颐前唇棱下，　任脉中央行腹里。

注 释

① 二寸二：应为“三寸二”。

② 膻上华盖四八举：四八举，即四寸八分。下承接四句：“膻上璇玑五寸八，玑上一寸天突起，天突喉下约四寸，廉泉颌下骨尖已。”

冲脉十一穴[①]

幽门　通谷　阴郄　石关　商曲　盲俞[②]幽门侠巨阙旁半寸

中注　髓府　胞门　阴关　下极中注在肓俞下

带脉[③]束腰中无穴

注 释

① 冲脉十一穴：冲脉，是十二经和五脏六腑之海，又名血海。冲脉起于肾下胞中，是原（元）气生发之地；上通于头中，下达于足下。脉道由中线贯穿全身，是总领经脉气的要冲，能调节十二经气血。冲脉的四大分支穿过管状骨中央，与任、督二脉相通，似圆之直径，躯体之中轴线，通贯天地，如太极之弦。十一穴，当为十四穴之误，缺气冲、阴交、会阴三穴。

② 盲俞：当为“肓俞”。

③ 带脉：《奇经八脉考》：“带脉者，起于季胁足厥阴之章门穴，同足少阳循带脉穴，围身一周，如束带然。”带脉结构上呈环状，形似腰带如环，故而名带脉。行走方向上呈拱行。功能主要是“约束诸经”，构成经脉框架整体。

十二经[①]绘图

八会正面图

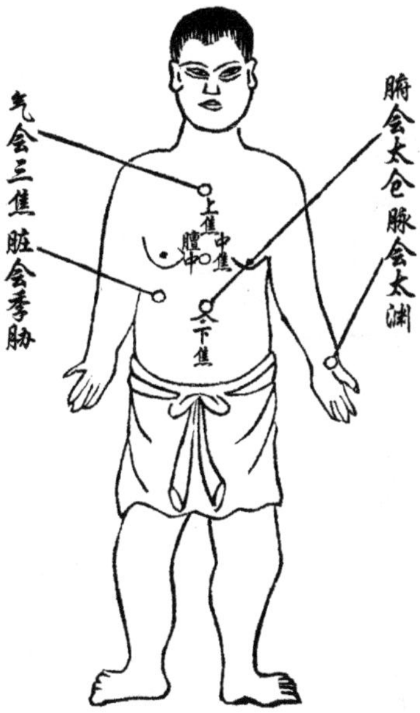

八会背面图

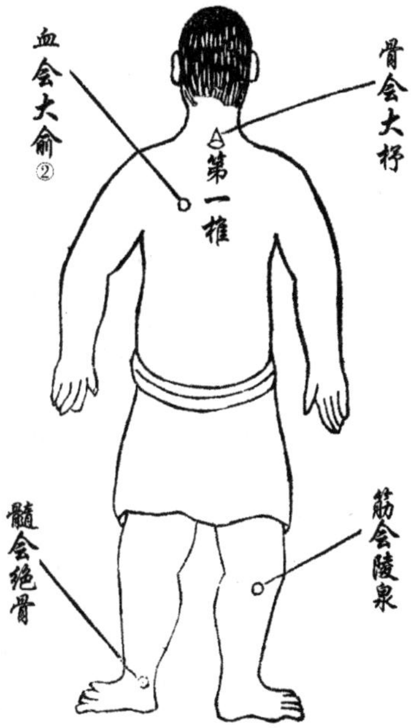

注 释

① 十二经：此处主要是讲明人体“八会穴”。“会”即聚会之意，八会穴即脏、腑、气、血、筋、脉、骨、髓的精气所汇聚的腧穴。具体言之，脏会章门（季胁）、腑会中脘（胃之募穴）、气会膻中（心包）、血会膈俞、筋会阳陵泉、脉会大渊、骨会大杼、髓会绝骨。

② 大俞：应为“膈俞”。

七冲门[①]图

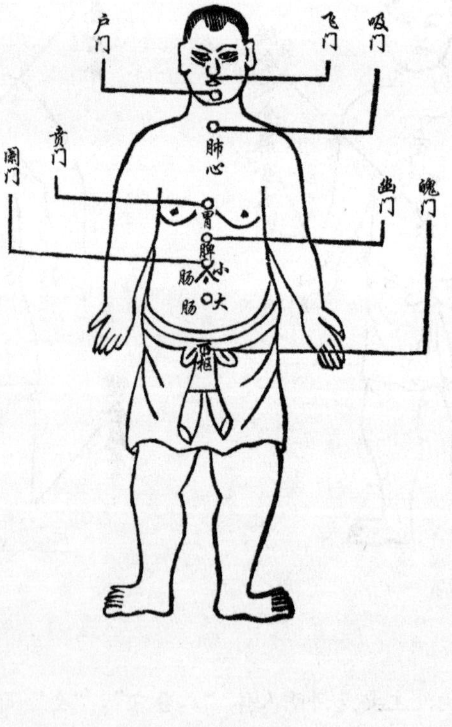

注 释

① 七冲门：是指整个消化系统中的七个冲要之门，即：飞门（唇）、户门（齿）、吸门（会厌）、贲门（胃的上口）、幽门（胃的下口）、阑门（大小肠交界处）、魄门（肛门），合称七冲门。（出自《难经·四十四难》）

卫气①论

《灵枢·卫气行篇》曰：卫气之行，一日一夜五十周于身。昼日行于阳二十五周，夜行于阴二十五周。平旦阴尽，阳气出于目。目张则气上行于头（循精明），下足太阳膀胱经、手太阳小肠经、足少阳胆经、手少阳三焦经、足阳明胃经、手阳明大肠经，所谓一日而主外者如此。夜则行足少阴肾经，注于手少阴心经，手太阴肺经、足厥阴肝经、足太阴脾经，亦如阳行之二十五度而复合于目。所谓平旦人气生者，即上行于头，复合于目者是也。打拳每一势，阳气一动一周身；至于静，一静一周身。即心之一念动，阳气即一周于身；一念静，阴气即周于一身。十二时中，逐日无间，随时所在，不可不知。针着人神即死，击之不死即伤。

歌　曰

子髁丑腰寅在目，　卯面辰期巳手执，
午胸未腹申在心，　酉背戌期亥股续。

又歌

子髁丑顶寅耳边， 卯面辰项巳乳间，

午肋未复[2]申心处， 酉膝戌腰亥股端。

注释

① 卫气：《灵枢·本藏》："卫气者所以温分肉、充皮肤、肥腠理，司开合者也"；"卫气和则分肉解利，皮肤润柔，腠理致密矣"。人受气于谷，谷入于胃，以传与肺，五脏六腑皆以受气，其清者为营，浊者为卫，营在脉中，卫在脉外，营周不休，五十而复大会。阴阳相贯、如环无端。卫气行于阴二十五度，行于阳二十五度，分为昼夜，故气至阳而起，至阴而上。营出于中焦，卫出于下焦。血主营，为阴为里；汗主卫，为阳为表。

② 复：应为"腹"。

脏腑配地支[①]图

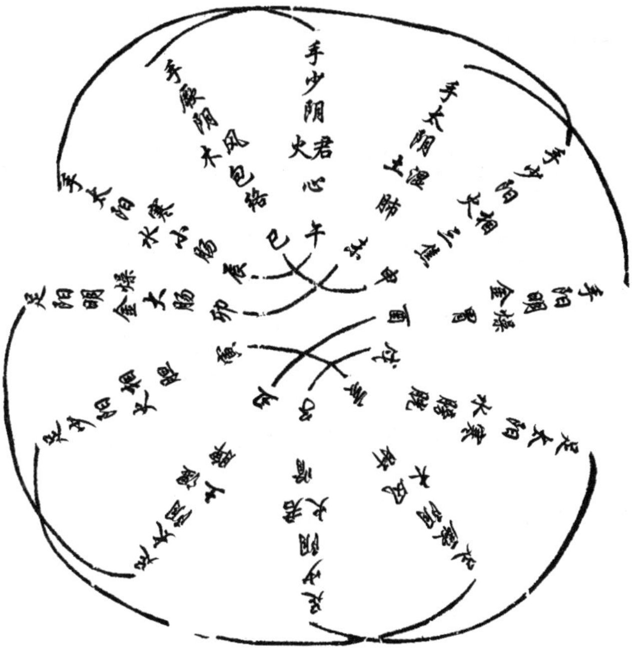

注 释

① 脏腑配地支：脏腑经络配地支是按各经气血流注的顺序，去配合一天中十二个地支时辰。它说明了人体十二经脉气血流注的概况。子午流注、针法、纳子法就是根据地支配合脏腑经络来取穴，进行补泻治病的。

按：古代计时方法，一天分为十二个时辰，以十二地支为代表，一个地支代表一个时辰，即子时、丑时、寅时、卯时、辰时、巳时、午时、未时、申时、酉时、戌时、亥时。一个时辰配一个经络。每个时辰代表现代时间的两个小时。地支从寅开始、脏腑经络从肺经开始循环，十二个时辰为一周。见下表：

地支、时辰、时间、脏腑、经络对照表

地支	寅	卯	辰	巳	午	未	申	酉	戌	亥	子	丑
时辰	寅时	卯时	辰时	巳时	午时	未时	申时	酉时	戌时	亥时	子时	丑时
时间	3—5	5—7	7—9	9—11	11—13	13—15	15—17	17—19	19—21	21—23	23—1	1—3
脏腑	肺	大肠	胃	脾	心	小肠	膀胱	肾	心包	三焦	胆	肝
经络	手太阴	手阳明	足阳明	足太阴	手少阴	手太阳	足太阳	足少阴	手厥阴	手少阳	足少阳	足厥阴

脏腑配地支歌

子肾午心少阴君，　丑脾未肺太阴根，
寅胆申焦少阴①枢，卯大酉胃阳明分，
辰小戌膀太阳本，　巳包亥肝终厥阴，
五运六气司变化②，武术得之自通神。

注 释

① 少阴：应为“少阳”。

② 五运六气司变化：五运六气，简称运气。五运，指土运（甲己土）、金运（乙庚金）、水运（丙辛水）、火运（戊癸火）、木运（丁壬木），即金、木、水、火、土五行之气在天地阴阳中的相互推移运行变化。以“天干”与五行对应配合产生之“气”运。（天干：甲乙丙丁戊己庚辛壬癸）。六气，以“地支（子丑寅卯辰巳午未申酉戌亥）”对应“五行”而产生的“气”：风（厥阴风

木）；寒（太阳寒水）；暑（少阳相火）；湿（太阴湿土）：燥（阳明燥金）；火（少阴君火），六种气候的变化属性。五运六气本于河图洛书，客观地反映了日月五星复合的规律。古人认为“天一之间”，不仅“一气”相同，而且还存在着共同的规律。“善言气者，比障于物；善言应者，同天地之化，善言化气变者，通神明之理。”（出自《素问·气交变大论》）司，主持，管理。司变化，指五运六气中“司天在泉”的六气变化。《内经》：“岁半之前，天气主之；岁半之后，地气主之。”司天之气在上，主持上半年的气运情况；在泉之气在下，主持下半年的气运情况。六气的“司天在泉”根据支配三阴三阳的规律标准，每年转换一次，六年中就有六个不同的司天在泉之气。“上者右行，下者左行，左右周天，余而复会”，司天之气不断地右转，自下而左，以生于天，从而构成每年气候的变化。

六气主岁图

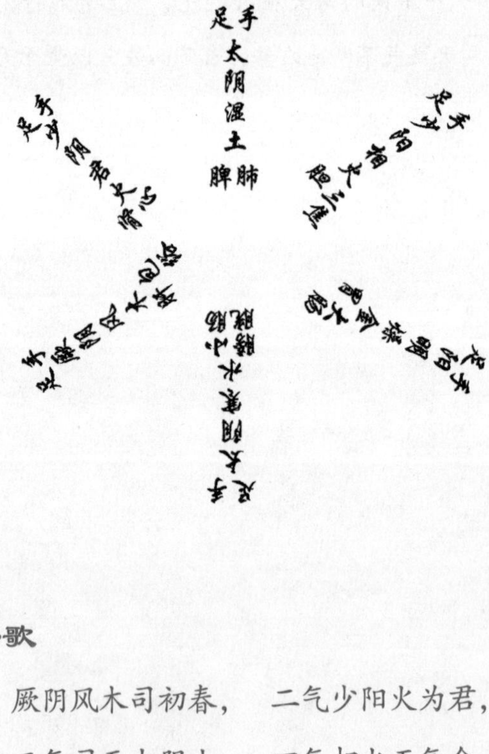

六气主岁歌

厥阴风木司初春，　二气少阳火为君，
三气司天太阴土，　四气相火五气金，
克里生出燥金体，　六气在泉终藏真。

阴阳脏腑歌

太阳小肠足膀胱，　阳明大肠足胃当，
少阳三焦足胆配，　厥阴包络足肝方，
少阴心经足为肾，　太阳手肺足脾乡。

脏腑表里[1]歌

心与小肠肺大肠，　包络三焦足膀胱，

脾与胃兮肝与胆，　脏腑表里辨阴阳。

注 释

① 脏腑表里：人体是一个有机整体，以五脏为核心，以脏腑分阴阳，脏属阴，腑属阳。一阴一阳互为表里，决定了生理上的密切联系。它们分别为心与小肠、肺与大肠、脾与胃、肝与胆、肾与膀胱、心包与三焦相为表里。

营血周行十二时[1]歌

寅手太阴肺手，　卯手阳明太阴[2]。
辰足阳明胃脏[3]，巳足太阴脾手。
午手少阴心阳，　未手太阳小肠手。
申足太阳膀头，　酉足少阴肾足。
戌手厥阴包阴，　亥手少阳足焦[4]。
子足少阳胆腑，　丑足厥阴肝阳。
续头、足。

注释

① 营血周行十二时：营气（荣气）主要功能，为营养和化生血液两个方面。《灵枢·邪客》："荣气者，泌其津液，注之于脉，化以为血，以荣四末，内注五脏六腑。"营气运行一周为十二时。

② 太阴：应为"大肠"。

③ 胃脏：应为"胃腑"。

④ 足焦：应为"三焦"。

营血周行十二时表①

营血周行十二时表

手太阴肺经 十一穴

手阳明大肠经 二十〇穴→足阳明胃经 四十五穴

手少阴心经 九穴←足太阴脾经 二十二穴

手太阳小肠经 十九穴→足太阳膀胱经 六十三穴

手厥阴包络经 九穴←足少阴肾经 二十七穴

手少阳三焦经 二十四穴→足少阳胆经 四十四穴

手太阴肺经←足厥阴肝经 十五穴

冲脉 十一穴 任脉 二十四穴

督脉 二十八穴 带脉束腰

阳维维手三阳 阳跷统足三阳

阴维维手三阴 阴跷统足三阴

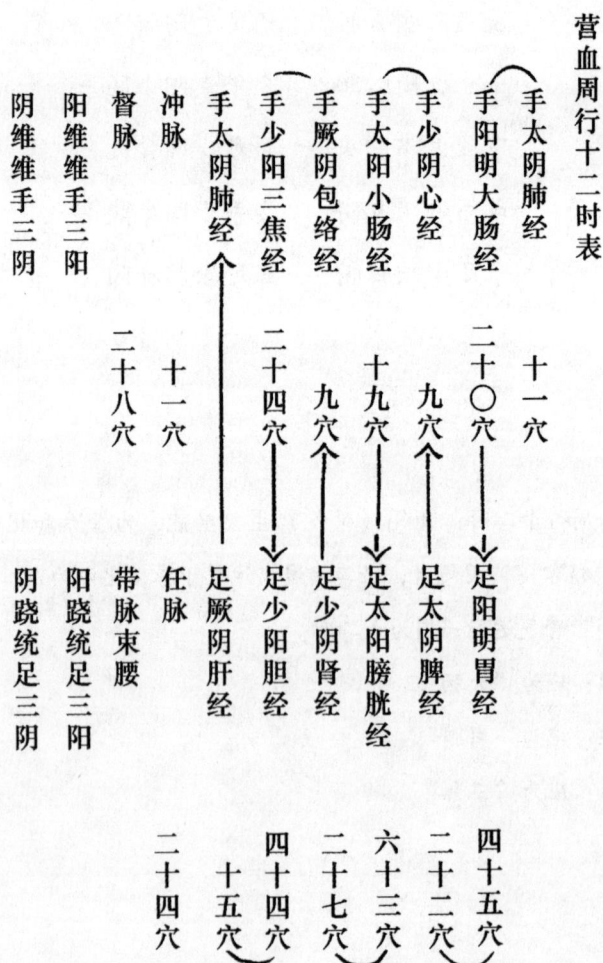

十二经合冲、任、督三脉，共三百五十一穴。与三百六十度不真符合[②]，待考。

注 释

① 营血周行十二时表：顺序自右往下、往左、往上、往右循环，即：肺—大肠—胃—脾—小肠—膀胱—肾—包络—三焦—胆—肝—肺。

按：胃经：应是四十五穴，此处误为“二十五穴”。膀胱经：应是六十七穴，此处误为“六十三穴”。三焦经：应是二十三穴，此处误为“二十四穴”。肝经：应是十四穴，此处误为“十五穴”。脾经：应是二十一穴，此处误为二十二穴。

② 经考，十二经合冲、任、督三脉共 361 穴（肺经 11、大肠经 20、胃经 45、心经 9、脾经 21、小肠经 19、膀胱经 67、心包络经 9、肾经 27、三焦经 23、胆经 44、肝经 14、任脉 24、督脉 28），不含冲脉。

任脉、督脉论

任脉起于会阴[①]，上行循腹里，至天突、廉泉止[②]。督脉亦由会阴起，过长强，顺脊逆行而上，至百会，下降至人中止[③]。

人身之有任、督，犹天地之有子午也。人身任、督以腹背言，天地任、督以南北言。皆位乎中，可以分，可以合也。分之以见阴阳之不离，合之以见浑沦之无间[④]。一而二，二而一也。盖人能明任、督以运气保身，犹明爱民以安国。民毙国亡，任衰[⑤]身谢。是以上人行导引之术[⑥]，以为修仙[⑦]之根本。

打拳以调养血气，呼吸顺其自然，扫除妄念，卸净浊气。先定根基，收视返听[⑧]，含光默默[⑨]，调息绵绵，操固内守，注意玄关[⑩]。功久则顷刻水中火发[⑪]，雪里花开，两肾如汤热，膀胱似火烧，真气自足。任、督犹车轮，四肢若山石，亡念之发[⑫]，天机自动。每打一势，轻轻运行，默默停止，惟以意思运行，则水火自然混融。久之，水火升降如桔槔之吸水[⑬]，稻花之凝露，忽然[⑭]一粒大如黍米，落于黄庭[⑮]之中，此采铅家投汞之真秘[⑯]。

注释

① 任脉起于会阴：应为“任脉（起于中极之胞中）始于会阴”。

② 至天突、廉泉止：应为“至天突、廉泉、承浆止”。

③ 下降至人中止：应为“下降至人中龈交止”。

④ 合之以见浑沦之无间：见，现（xiàn）；浑沦，混沌未分之貌；无间，没有间隙。

⑤ 任衰：任脉衰败，亦含督脉衰败之意。

⑥ 上人行导引之术：上人，上德之人，修炼之人，包括真人、圣人、贤人、至人等。导引之术：“导气令和，引体令柔。”呼吸运动和肢体运动相结合的一种养生术，气功动功之一。丹家依阴阳五行之理，认为修炼、修身是“顺修凡（人），逆修仙”。

⑦ 修仙：修炼长生不老之术，此处应为“修身”。

⑧ 收视返听：内视（合目观丹），内听（闭耳听心），眼内神光回视自己的丹田，耳朵内听心里气血的流注。出自晋·陆机《文赋》：“起始也，皆收视反听，耽思傍讯。”收视回照，照定自身，闭耳返听，安静虚无。集中注意力，体会体内各个器官、功能如何工作，用自己的主观意志和意念去调节并控制自身的功能。

⑨ 含光默默：光，指三光，在天指日、月、星，在人体外指耳、目、口，此指后者。(在人体内指：精、气、神)

⑩ 注意玄关：即意注玄关一窍。指道教内练中的突破关口，如“三关”(尾闾关、夹脊关、玉枕关）也指练内丹的“鼎炉”。

⑪ 水中火发：水，指“离”卦中之阴“水”；火，指“坎”卦中之阳“火”，水火相交，即“水火既济”。

⑫ 亡念之发：亡，应为“妄”，此指心念。

⑬ 水火升降如桔槔之吸水：水火，指坎、离之中爻。桔槔（jié gāo），也

叫“吊杠”，古时汲水的工具。将一根竖立的架子上加上一根细长的杠杆，当中为支点，一端系水桶，一端悬重物，利用杠杆原理汲水。吸水，应为“汲水”。

⑭ 勿然：应为“忽然”。

⑮ 黄庭：也称“规中”“庐间”，即练功讲的“丹田”。黄色为土，处在人身中间像田地，撒下种子，浇灌水即可生长。黄庭喻道家内修炼功夫的中空现象。对人体而言就是在肚脐内深处。黄乃土色，土位居中，庭乃阶前空地，此为四方之中，即表中空之意，胎息归根，根者即脐内空虚处，亦即“黄庭”。一呼一吸之谓息，胎息就是息息归于脐内空虚处。人身自肚脐以上为上半段，像植物之干，生机向上长，下半段就如植物的根，生机向下发，中间空地就是植物根干的分界处。

⑯ 采铅家投汞之真秘：采铅家，修炼内功的采丹者。铅，坎之象☵，外黑内白，故又叫“铅”。汞：离之象☲，与外白内黑的“汞”（水银）相似，故离又叫汞。

按：坎离指水火，与铅汞相类，是为了说明内精与阴阳精气的升降变化。坎中先天的阳气通过任督二脉上、中下丹田进行大小、周天的循环运化过程，也就是炼精化气、炼气化神、炼神还虚的过程。

打拳行到此地，注意不可散[1]，功不可停。一散一停，丹不成矣。在昔紫阳真人[2]曰：“真汞[3]生于离，其用却在坎；姹女[4]过南园[5]，手持玉橄榄[6]。”正此谓也。

日日行之，无差无间，炼之一刻，则一刻周天；炼之一时，则一时周天；炼之一日，则一日周天；炼之一年，则一年周天；炼之终身，则终身周天。练过十年以后，周身混沌，极其虚灵，不知身之为我，我之为身，亦不知神由气生，气自有神。周中规，折中矩，不思而得，不勉而中[⑦]。水不求而自生，火不求而自出。虚室生白，黑地引针，不知所以然而然，亦不知任之为督，督之为任，中气之所以为中气也。时措咸宜，自然合拍，此言任督之升降顺逆，佐中气[⑧]以成功。气，动由肾而生，静仍归宿于肾。一呼一吸，真气之出入皆在于此。

中极穴一名气原，在关元下一寸，脐下四寸，膀胱之募[⑨]，足三阴、任脉之会。气海一名脖胦，一名下肓。脐下一寸宛宛中男子生气之海。人言气归丹田，亦非无本。总之，任说千言万语，举莫若清心寡欲，培其本原，以养元气。身本强壮，打拳自胜人一筹。

注 释

① 注意不可散：注意，意念力。意为：关注的意念力不能分散。

② 紫阳真人：公元983—1082年，北宋人，名张伯端，字平叔，道名“紫阳”，道教南宋鼻祖，金丹派祖师，南五祖之一。

按：张紫阳真人提倡道教内丹为中心的“三教合一”思想，以人体为鼎炉，以精气为药物，以神为火候，通过内炼，使精气凝聚，同时继承陈抟的内丹修炼方法，将修养分为四部分，即：筑基、炼精化气、炼气还神、炼神还虚，代表作品有《悟真篇》（金丹四百句）、《玉清金笥青华秘文金宝内炼丹诀》等。因在陕西安康境内南宫山修炼，故紫阳县以其道号而命名以纪之。陈抟，公元871—988年，字图南，号扶摇子，赐号“希夷先生”，北宋著名道家学者、易学家、内丹家。

③ 真汞：离（☲）中之阴。

④ 姹女：离（☲）中阴水，亦指汞。姹，美丽、艳丽。

⑤ 南园：离位在南，属火，故称。

⑥ 玉橄榄：玉，象其色白；橄榄，两头细中间粗，不圆不方之形。玉橄榄指“内丹”。

按：炼丹家修炼内丹要以心神注守黄庭即“丹田”，田为结丹之处，就像往田地里播撒种子，以“离”中之水“津液”去灌溉，自然生苗结果，果如白色，形似橄榄。

⑦ 不勉而中：勉，努力。中，中正，不偏不倚。

⑧ 中气：“即太和元气，不偏不倚，无过无不及，即发于心者，得其中正则为中气”。“心气即为中气。”

⑨ 膀胱之募：指中极穴，在膀胱上方，体前正中线。募，募集。

重要穴目

后顶：在百会后一寸。

风府：在顶后发际上以寸[①]。

头维：在额角入发际本神旁一寸五分。

听宫：在耳中，珠子大如赤小豆，击之令人耳聋。

脑空：在灵承后一寸[②]。

水沟：在鼻柱下沟中央[③]。

心俞：在五椎下两旁各二寸[④]。

肝俞：在九椎下两旁各二寸。

胆俞：在十椎下两旁各二寸。

脾俞：在十一椎下两旁各二寸。

胃俞：在十二椎下两旁各二寸。

三焦：在十三椎下两旁各二寸。

肾俞：在十四椎下两旁各二寸。

膀胱：在十九椎下两旁各二寸。

腰俞：在二十一椎下宛宛中，自大椎至此折三尺。

长强：在骶骨下三分。

以上属督脉。

乳根：在乳根下一寸六分。

期门：在乳旁一寸半。

章门：在脐上二寸，两旁各六寸，其寸在胸前两乳间横折八寸，内之六寸。

膻中：在两乳间折中取之。

气海：在脐下一寸半。

石门：在脐下二寸。

关元：在脐下三寸。

中极：在关元下一寸。

会阴：在两阴间。

以上属任脉。

太阳：在日月角边，打碎脑出而死。

分水：在困门下，饮食分路处。重打饮食不下，日久则死。

肝门：此二穴。

耳门：即耳。轻打则迷，重打则死。

斗门：在乳盘上。被打吸气作痛，凶不可言，不致死。

肺门：轻则生，重则死。

玉关：在脑后，打破三日则死。

肺底：在背心，与前心对。被打则笑，咳嗽吐血，三年而死。

肾茎：左右被打，笑而死。

困门：喉腕打破，一时即死。

命门：在背脊之中，两肾之间。

前后心穴正位穴：在胸骨之中，打伤则死。

上海：在肘下生毛处，重打则死。

下海：即腔之大肉，被打日久发黄而死。

前气眼：在斗口下，打之不死见凶。

后气眼：在肺俞之下，与前气眼照。

打人必识穴道，不识穴道恐打伤人。如膻中、上腕，诸一被捶打，心气一提，心血一聚，随时能令人昏迷，且甚而至于死。故将针灸面背图，任、督脉图绘之于前，以备学者观览关紧穴，熟读记之。

歌曰：身似弓身劲似弦，穴如的兮手如箭；

按时癸[⑤]兮须忖[⑥]正，千万莫要与穴偏。　杜补[⑦]

按：人体中各种经络是气血运行的通道，太极拳中气“内精”以及“缠丝精”的运行，是以经络学为实用理论基础的，中气沿着脊骨、四肢骨缝中间及大小经络以螺旋缠丝的形式灌输全身。天人合一，“自然之道”是互通的，陈鑫在思想上完全依据《易经》与黄老的哲学思想和《黄帝内经》中医医学理论，阐述了太极拳的产生，阐述这些理论化为太极拳理、拳法在人体上的实际运用。打拳本为防身，其实更为健身强体，深层领域更为保养、护卫生命、养身延年。所以陈鑫在书中多次讲：“太极拳是有益于身心性命之学”“身本强壮，打拳更胜一筹”“打拳以（为）调养血气”“为修仙（身）之根本”“卫生运气为修身复性之本”。书中还用了道医家依据黄老思想著写的“丹书”《参同契》《黄庭经》及紫阳真人著《金丹四百句》中的吐纳导引之术，说明修炼中应执中守敬，注重吐纳；精源于肾，炼化为气；意注玄关，以成内丹；五输潜行，穴窍奥妙，为太极拳“内精”的修炼根本。因而在后文不惜笔墨注明穴位，以显“中气”“内劲”循经走脉，遍布全身微循环系统，健体养生的重要性。

注释

① 以寸：应为“一寸”。

② 在灵承后一寸：脑空穴应在承灵后下5~6寸。

③ 沟中央：水沟穴应在人中沟中唇至鼻的2/3处。

④ 二寸：应距脊椎中旁1.5寸，以下肝俞、胆俞、脾俞、胃俞、三焦、肾俞、膀胱各穴所标“二寸”均应为1.5寸，不另注。

⑤ 时癸：指时辰。

⑥ 忖：细想，思量。

⑦ 杜补：指杜育万补充。杜育万，年轻时会拳脚，后在任长春（任青年时在陈仲甡家做长工并学拳至陈仲甡离世）晚年时跟其习陈氏小架，四年后任长春去世，杜又在赵堡镇与他人习赵堡拳，艺成在开封开馆授拳。得知此书欲在开封出版，杜热心帮忙。陈家人在本书出版前回乡期间，杜未经过陈家人同意，擅自将“歌诀”加入书中，以获补定留名之誉。书出版后，杜受到陈家人强烈谴责。后杜以赔银、承诺撤补而暂平息此事。陈鑫后人陈东山在《陈氏太极拳图说》（合订本）中专门撰文予以厘清，详见合订本《再版说明》。

太极拳经谱[1]

太极两仪，天地阴阳。阖辟动静，柔之与刚。屈伸往来，进退存亡。一开一合，有变有常。虚实兼到，忽见[2]忽藏。健顺参半[3]，引进精详。或收或放，忽弛忽张。错综[4]变化，欲抑先扬。必先有事，勿助勿忘。[5]

真积力久，质而弥先[6]。盈虚有象，出入无方。神以知来，智以藏往。宾主分明，中道皇皇[7]。

经权互用[8]，补短截长。神龙变化，畴测汪洋。沿路缠绵，静运无慌。肌肤骨节，处处开张。不先不后，迎送相当。前后左右，上下四旁，转接灵敏，缓急相将。高擎低取，如愿相偿。

不滞于迹，不涉于虚。至诚[9]即太极之理气运动，擒纵由余。天机活泼，浩气流行[10]。佯输诈败，制胜权衡[11]。顺来逆往，令彼莫测。因时制宜，中藏妙诀。上行下打，断不可偏。声东击西，左右威宣[12]。

寒往暑来，谁识其端。千古一日，至理循环。上下相随，不可空谈。循序渐进，仔细研究。人能受苦，终跻浑然[13]。至疾至迅，缠绕回旋。离形得似，何非月圆[14]。精练已极，极小亦圈。

日中则昃[15]，月满则亏。敌如诈诱，不可紧追；若逾界限，势难转回。况一失势，虽悔何追。我守我疆，不卑不亢。九折羊肠，不可稍让。如让他人，人立我跌。急与争锋，能上莫下。多占一分，我据形胜[16]。一夫当关，万人失勇。拈连粘随[17]，会神聚精。运我虚灵，弥加整重[18]。细腻熨帖，中权后劲[19]。虚笼诈诱，只为一转[20]。来脉得势[21]，转关[22]何难。实中有虚，人已相参；虚中有实，孰测机关。不遮不架，不顶不延迟也，不软不硬，不脱不沾，突如其来，人莫知其所以然，只觉如风，摧倒跌翻。绝妙灵境，难以言传。

试一形容：手中有权，宜轻则轻，斟酌无偏；宜重则重，如虎下山。引视彼来，进由我去。来宜听真，去贵神速。一窥其势，一觇[23]其隙。有隙可乘，不敢不入。失此机会，恐难再得。一点灵境，为君指出。

至于身法，原无一定。无定虽说无定有定自有一定，在人自用。横竖颠倒，立坐卧挺；前俯后仰，奇正相生。回旋倚侧，攒跃皆中皆有中气放收，宰乎其中。千变万化，难绘其形。

气不离理，一言可罄。开合虚实，即为拳经。用力日久，豁然贯通。日新不已，自臻神圣。浑然无迹，妙手空空。若有鬼神，助我虚灵。岂知我心，只守一敬[24]。

注 释

① 经谱：拳的经典要义。阐明太极拳动作、方法应遵循的理法、规矩。经，有途径、方法、规矩、经典之义。谱，记录，叙谱。

按：该论文主要指出演练太极拳者，应遵奉太极自然之规律，并在明了无极生太极、太极生两仪、阴阳生万物之理的前提下，按拳理、拳法的规矩，循序渐进，提高拳艺。它是“耍拳”者总的思路、要求、规矩与指导方针。明阴阳、持恒久、知虚实，调权衡、守中道、敬自然，言简意赅地点明了太极拳之主“体”——阴阳自然运动规律，并从拳术方面，将这个运动规律中的动静、刚柔互寓互变的对立统一性，精辟地概括出“开合虚实，即为拳经”。

② 见：音 xiàn，出现，显现。

③ 健顺参半：此处指刚柔相济，阴阳平衡，应顺应“天”，健：指“乾”，指“天”，《易·乾卦》曰“天行健”；顺，延伸。指坤卦坤顺。意为：打拳养生要阴阳平衡，阴平阳密。“五阴五阳，斯为妙手”。

④ 错综：指错综复杂，纵横交叉。《易·系卦》：“参伍以变，错综其数。”错，上下左右相对、相交。综，上下颠倒。打拳中招势千变万化，就是依据《易经》“错综复杂”的卦象。

⑤ 必先有事，勿助勿忘：出自《孟子·公孙丑·上》：“心有事焉而勿正，心勿忘，勿助长也。”勿助，顺其自然，不要拔苗助长；勿忘，不要忘却心中追求之事，即不忘“涵养浩然之气”。

⑥ 真积力久质而弥先：认真积累，坚持不懈，久而功成。出自《荀子·劝学》：“真积力久则成，学至乎没而后止也。”先，当为“光”。质，质朴，朴素；弥光，充满光华，增加光采。此句意为：功成后，拳术合道，虽质朴但弥漫光华。

⑦ 中道皇皇：中道，中庸之道，出自《论语·雍也》：“力不足者，中道而废。”此处指拳道，中气运行之道。皇皇，光大，同“煌煌”，显明之意。

⑧ 经权互用：经，织布机上的纵线，此指练拳的原则方法即立身应中正。权，秤锤，此指权变，拳的平衡、杠杆力学运用。朱熹：“经者，道之常也，权者，道之变也。”（《朱子语类》卷二十四）“经是已定之权，权是未定之经。”

经权是事物的常态原则，二者是常与变的关系。

⑨ 至诚：指极为忠诚，极为真诚。要始终遵循太极拳的理法规矩锻炼。出自《管子·幼宫》：“用利至诚，则敌不校”。（《讲义》版：至实也即太极理与气之实处）

⑩ 浩气流行：浩气，即“浩然之气”。精、气、神合而凝聚。中气在身心运行。

⑪ 权衡：权，秤锤；衡，秤杆。《战国策·秦策》：“平权衡，正度量，调轻重。”

⑫ 威宣：威，威严；宣，扬。展现太极拳阴阳变化但执守中道的威严。

⑬ 终跻浑然：跻，音jī，登上，进入；浑然，完整而不分割，此指太极浑然一体状。

⑭ 离形得似，何非月圆：离，离开；形，外观，形状；得，得到；似，类似，像。即忘掉原来的形状，得到另一种物象、形状、境界。何，疑问代词。

⑮ 日中则昃：中，午时。昃，音zē，斜。太阳偏西。出自《易·丰》：“日中则昃，月盈则食。”阳极则落，月满就缺。拳要有度，无过不及。

⑯ 我据形胜：我站住关键险要之地，截住对方“来脉”来劲和变化路线，从而掌握时间、先机获得优势。

⑰ 拈连粘随：拈，应为“沾”，手与手沾住，如“沾衣欲湿杏花雨”之沾。粘：如胶漆之粘，是人既粘住我手不能脱。连：手与手相连。随，随人之势，以为进退。见陈鑫《太极拳图画讲义》

⑱ 弥加整重：弥加，更加；整重，扎实、牢靠。

⑲ 中权后劲：中，中军，即主将。（按：在拳中指大脑，指意识、正念）权，权力，权衡。出自《左传·口公二十年》：“前茅虑无，中权后劲”；“中军别谋，后以精兵为殿。”打拳劲不可过，也不能不到，劲无发完，并注意蓄劲。陈鑫讲：劲以蓄为贵也。

⑳ 虚笼诈诱，只为一转：实而虚之，放而笼之，佯输诈败，诱敌深入，引进落空，陡然转击。转，转关节使劲路发生变化。指掌握劲道，把握时间，突然转变内劲的方向而击之。

㉑ 来脉得势：即来龙去脉，原意指山似一条龙，头尾像血脉似的连贯着，可以清楚地看出它从哪儿来，向哪儿去。现指一件事情前后关联，有线索可寻。“上招势从哪来，下招势往何去。”来脉指劲的来路，知道了对方招劲的来路，就是得到了先机。

㉒ 转关：转换关节。“关”即人之周身穴节，故转关亦曰转节。陈子明《陈氏世传太极拳术》：“出奇在转关。”

㉓ 觇：音 chān，窥视，观测。

㉔ 只守一敬：敬，尊敬“天道”，尊奉自然之规律，敬守太极“拳道”。

按：天健不息无私地普惠万物，大地宽厚无私地奉载万物，太极拳得于“天道”，取法自然运化规律而创造，岂能不执中守敬。在身法上拳架从大到中，从中到小，再到无圈，人身“小宇宙”已开发而为“浑身无处不丹田，无处不太极”之境界。再细微处，再小的点也是圆圈，也是螺旋360°。劲，即“极小也圈的意思”。

太极拳权谱[1]

中气（即太和之元气，不偏不倚，无过无不及）贯足，精神百倍（十年用功，十年养气）。临阵交战，切忌先进。如不得已，浅尝带引[2]。静以待动，坚我壁垒。

堂堂[3]之阵，整整[4]之旗。有备无患，让彼偷营。一引一进，奇正相生。佯输诈败，反败为功。

一引即进[5]，转（转者，从引而忽转之）进如风。进至七分，疾速停顿。兵行诡计，严防后侵（前后皆是敌人）。前后左右，俱要留心。进步莫迟，不直不遂[6]。足随手运，圆转如神。忽上（手足向上）忽下（手足向下），或顺（用顺缠法，其精顺）或逆（用倒转法，其精逆）。日光普照，不落边际[7]（以上是敌侵我）。

我进击人，令其不防。彼若能防，必非妙方（四句是我侵人）。

大将临敌，无处不慎。任他围绕，一齐并进。斩将搴旗[8]，霸王[9]之真。

太极至理，一言难尽。阴阳变化，存乎其人。稍涉虚伪（学思并用，须下实在功夫），妙理难寻。

按：此文主旨在于指出了太极拳在实用中应遵循的拳理和拳法。双方交手就是平衡、权变的较量，用自己的平衡破坏对方的平衡而取胜。胜道在于“阴阳相交而合德，内精感化而充沛，拳艺经久而纯熟。

注 释

① 权谱：权衡（成败之基，荣衰之要），记叙拳势动作在实际运用中的平衡规矩。

② 浅尝带引：即浅尝辄止，尝试中有接与引。以“柔”劲听之。带引，引即导，前带（领）后跟进（引而化也）。

③ 堂堂：形容盛大，有志气，有气魄。意为阵势或气势很大。出自《晏子·春秋·外篇上》：“齐景公：‘寡人将去堂堂国者而死乎！’”

④ 整整：整齐严谨之貌，出自唐·司空图《唐故太子太师致仕卢公神道碑》：“地赓左补阙，整整唯谨，目为合人。”形容有秩序，不紊乱。

⑤ 一引即进：拳法中的引即是进。

按：双方交手在“点”的接触上即用缠丝法演成“面”的变化。

⑥ 不直不遂：遂，顺，直也。

按：进退的步伐没有直来直去的，要走“S”形的曲线。陈鑫讲：“拳无直来直去。”

⑦ 不落边际：落，音 là，落下。边际，边缘界限。即不落下任何地方角落。

按：《参同契·坎离二用章二》“坎（日）离（月）者、乾坤二用。二用无爻位，周流行六虚”。六虚：六方东南西北加上下。日光普照不落下任何的角落。

⑧ 搴旗：搴，音 qiān。搴旗即拔掉对方的旗帜。

⑨ 霸王：霸和王，比一般王还要强盛的君王。

太极拳经论[1]

自古混沌[2]之后，一画初开，一阴阳而已。天地此阴阳，万物亦此阴阳。惟圣人能葆此阴阳，以理御气，以气行理，施之于人伦、日用之间。以至仰不愧天，俯不怍人[3]，而为天地之至人。要手[4]亦是以理为主，以气行之，其用功与圣贤同。

但圣贤所行者全体，此[5]不过全体中之一端耳，乌足贵[6]。虽然，由一端以恒其功，亦未始不可以即一端以窥其全体。所以，平素[7]要得以敬为主，临场更得恭敬。平素要先养气，临场更要顺气而行。勿使有惰气[8]参，勿使有逆气[9]横。至于用力之久而一旦机趣横生，妙理悉现，万殊一本[10]，豁然[11]贯通焉。不亦快哉！

今之学者，未用功而先期效，稍用力而即期成[12]。其如孔子所谓“先难后获”[13]，何问工夫何以用[14]？必如孟子所谓“必有事焉，而勿正，心勿忘，勿助长也”[15]，而后可。理不明，延明师；路不清，访良友。理明路清而犹未能，再加终日乾乾[16]之功，进而不止，日久自到。

问得几时，小成则三年，大成则九年。至九年之候，可以观矣。抑至九年之后，自然欲罢不能，蒸蒸日上，终身无驻足之地矣。神手复起，不易吾言矣。躁心者易勉诸[17]。

注 释

① 太极拳经论：太极拳依据太极阴阳五行运化之理而创，只是万物之中一小技。虽是小技但也离不开太极阴阳之大道，气不离理，理不离气。陈鑫所讲“拳虽小技，大道存焉”即为此意。因此，练拳应平静心态，怀着尊重、敬奉之心，循序渐进而不懈怠。

② 混沌：天地未开辟之貌状。（无极图画之象）

③ 怍人：怍，音 zuō。怍人指惭愧于人。

④ 要手：要，应为“耍”。耍手指练拳时顺应天地人自然本性，保持平常平静，放松自我的心态。

⑤ 此：指“耍手”。

⑥ 乌足贵：乌，没有、乌有。意为不主贵，有轻贱之意。当地常用俚语。

⑦ 平素：平日、平常。

⑧ 惰气：血脉在体内不顺畅而产生的惰性浊气、滞气。（气不下沉）

⑨ 逆气：血脉气逆向而行的“冲逆之气”。练拳时架肘挑肩，不知下沉，久而气机阻滞会内生逆气。

按：逆气失却控制易产生邪气，邪气：呼吸不能顺其自然，时有时无，致使血脉之气流行失却控制，严重者在身上乱转。

⑩ 万殊一本：事物虽有千万别，但本源为同一，“一”即“道”，万变不离其宗。太极拳也是从道而生。

⑪ 豁然：坦荡，豁达。晋·陶渊明《桃花源记》：“复行数十步，豁然开朗。”

⑫ 期成：希望成功。

⑬ 先难后获：出自《论语·雍也》：“（樊迟）问仁？仁者先难而后获，可

谓仁矣。”只有先付出才能获取。

⑭ 何问工夫何以用：何问，何为；工夫，在花费时间和精力后所获得的某方面的造诣和本领。出自晋葛洪《抱朴子·遐览》：“艺文不贵，徒消工夫。”

⑮ 必有事焉，而勿正，心勿忘，勿助长也：出自《孟子·公孙丑·上》，指打拳应循序渐进，不能“拔苗助长”。

⑯ 乾乾：自强不息之貌，《易·乾》：“君子终日乾乾。”

⑰ 躁心者易勉诸：躁心，急躁，急于求成，心不崇敬。勉，勉励，努力。诸，指“躁心者”。

太极拳权论[1]

天地一大运动也。星辰日月垂象于天，雷雨风云施泽于地，以及春夏秋冬，递运不已。一昼一夜，循环无穷者，此天地之大运动也。

圣人一大运动也，区划井田以养民生，兴立学校以全民性，以及水旱盗贼治理有方，鳏寡孤独补助有法，此圣人之大运动也。

至于人之一身，独无运动乎？秉天地元气以生，万物皆备于我，得圣人教化以立，人人各保其天，因而以阴阳五行得于有生之初者，为一身运动之本。于是“苦心志，劳筋骨”[2]，使动静相生，阖辟互见，以至进退存亡，极穷其变，此吾身自有之运动也。

向使海内同胞，人人简练揣摩，不惰躬修[3]，万象森列，显呈法象[4]；又能平心静气，涵养[5]功夫，令太极本体心领神会，豁然贯通。将见理明法备，受益无穷。在我则精神强健，可久天年；在国则盗寇荡除，可守疆域。内外实用，两不蹈空；熙熙皞皞[6]，永庆升平，岂不快哉！

运动之为用大矣哉！虽然，犹有进，盖有形之运动，未若无形运动之为愈[7]；而无形之运动，尤不若不运动自运动者之为神。运动至此，亦神乎运动矣。则其运动之功，既与圣人同体，又与天地合德。浑浑穆穆[8]，全泯迹象，亦以吾身还吾心之太极焉已耳。亦即以吾心之太极，还太极之太极焉已耳。岂复别有作用哉。

妙矣哉，太极之为太极也！神矣哉，太极之为太极也！愚妄以臆见[9]，聊书数语，以冠其端，殊令方家之一笑云[10]。

注 释

① 权论：论，权衡，权变。论太极拳的权衡运动意义。

按：拳就是“权”，进一步讲“权”就是太极拳在运动中内在的平衡规律。天地运转，衍生万物；圣人则之，德化民生；人顺天意，推知他事。“天人合一”的传统哲学思想，阐述物质运动是发展变化的，人的思维应适应这种发展变化。陈鑫认为拳术应与天地合德，应从感性升华到理性上去认识。运动之功“与圣人同体，与天地合德”“以吾心之太极，还太极之太极”。

② 苦心志，劳筋骨：引自《孟子·告子下》：“天将降大任于斯人也，必先苦其心志，劳其筋骨，饿其体肤，空乏其身。”

③ 躬修：躬耕修典。此喻练拳习武要坚持不懈。

④ 法象：古代哲学术语，即自然界一切事物现象的总和。《易·系辞下》：“是故法象莫大乎天地，变通莫大乎四时。”

⑤ 涵养：滋润养育。

⑥ 熙熙皞皞：熙熙，温和欢乐。皞，音 hào，皞皞，明亮，万物丰盛，光明祥和。

⑦ 愈：胜过，较好。

⑧ 浑浑穆穆：浑然广大，质朴敦厚。穆穆，端庄宁静。出自《尚书·尧典》：“宾于四门，四门穆穆。”

⑨ 臆见：主观的见地、见解。

⑩ 殊令方家之一笑云：殊令，很，极。令，使；方家：大方之家的简称。本义指道术修养深厚精湛的人，现多指饱学之士或精通某种学问、技艺的人（行家里手）。云：语气助词，矣，罢了。此处为作者自谦之语。

太极拳名义[1]说

拳以太极名，古人必有以深明乎太极之理，而后于全体之上下、左右、前后，以手足旋转运动，发明太极之蕴[2]，立其名以定为成宪[3]。义至精也，法至严也。后之人，事不师古，不流于狂妄，即涉于偏倚，而求一不刚不柔，至当却好者，以与太极之理相吻合，盖亦戛戛[4]乎其难矣。

然吾思古之神圣能发明太极之理者，莫如包羲氏[5]、夏后氏[6]，《河图》《洛书》有明证也。惜乎予学识浅，未能窥其蕴奥。且其书[7]最精深，又不易阐发。于《河图》《洛书》，未能道破一语，而特于“羲经”[8]所著阴阳错综、六爻变化与“神禹”[9]所传之五行相生相克者，窃取万分之一焉。

然所取者，或以卦名，或以爻辞，或以水火木金土生克之文，因其近似者引之以为佐证，其泛滥肤浅亦不过古人之糟粕已耳。杂乱无章，随意采择，于《图》《书》生生大数[10]之序毫不相似，况其内之精华者乎?

虽然，亦不必泥。古人笔墨，原非为拳而设。其包括宏富，亦若为拳而设，随意拾取，无不相宜。此亦足见太极之理精妙活泼，而令万事万物各适其宜，用之者无不各如其意以偿[11]之。事虽纤细，理无或遗。任天下纷纭繁颐[12]，万殊皆归于一本[13]，妙何如也。

后之人苟能于古人之糟粕，即其委而求其源，未始无补于身心命名之学。虽曰拳为小道，而太极之大道存焉。况其为用最广，运动者宜留心焉。深玩细思，久之自有得也。拳之益人，岂浅鲜哉！

注释

① 名义：名声和道义（太极拳立名的含义、道理）。

② 发明太极之蕴：发明，发现。蕴，包含、蕴含。发现了拳术中蕴含的太极之理。动静刚柔，开合虚实，消息盈虚，引进落空，“万物何尝出此圆”，因而拳以太极命名。

③ 成宪：原来的法律法令、规章制度。《尚书·说命下》：“监于先王成宪，其永无愆。”

④ 戛戛：音 jiá jiá，形容困难。

⑤ 包羲氏：人文之祖伏羲，即伏羲氏，也称为“庖牺氏”。

⑥ 夏后氏：指大禹。禹姓姒，名文命，字密，夏后氏首领，夏朝开国君王。

⑦ 书：泛指古人著解《易经》的书籍。

⑧ 羲经：伏羲始作（先天）八卦，称为“羲经”。

⑨ 神禹：大禹的尊称。

⑩ 生生大数：生生不息，指事物不断变化和新生。大数，最大的数，指寿命。

⑪ 偿：归还，满足。

⑫ 繁颐：繁，复杂；颐，助词。

⑬ 万殊皆归于一本：万殊，万事万物，各种不同的事物，出自《淮南子·本经训》："包裹风俗，斟酌万殊。"《抱朴子·畅玄》："玄者，自然之始祖，而万殊之太宗也。"一本，本源，同一根本。出自《孟子·滕文公上》："且天之生万物也，使之一本。"

太极拳推原解[1]

斯人父天母地，莫非太极阴阳之气言气而理在其中酝酿而生。天地固此理言理而气在其中，三教归一[2]亦此理，即宇宙太极是体，阴阳是体中之气。四方上下曰宇，古今往来曰宙之万事万物，又何莫非此理。况拳之一艺，焉能外此理而另有一理，此拳之所以以太极名也。

拳者，权也，所以权物而知其轻重者也。然其理实根乎太极，而其用不遗乎两拳。且人之一身，浑身上下都是太极，即浑身上下都是拳。不得以一拳目拳也。其枢纽在一心。心主乎敬，又主乎静。能敬而静，自葆虚灵。天君有宰，百骸听命。动则生阳，静则生阴。一动一静，互为其根。清气上升，浊气下降。百会中极[3]，一体管键[4]。

初学用功，先求伏应。来脉转关[5]，一气相生。手眼为活，不可妄动。其为气也，至大至刚，直养无害，充塞天地。配义与道，端由集义，[6]浑灏[7]流行，自然一气。轻如杨花，坚如金石，虎威比猛，鹰扬比疾。行同乎水流，止侔[8]乎山立。进为人所不及知，退亦人所莫名速。理精法密，条理缕析。放之则弥六合，卷之则退藏于密[9]。其大无外，其小无内[10]。中和元气，随意所之。意之所向，全神贯注。

变化犹龙，人莫能测。

运用在心，此是真诀。不偏不倚，无过不及[11]。内以修身，外以制敌。临时制宜，只因素裕[12]。不即不离[13]，不沾不脱。接骨斗笋[14]，细心揣摩。真积力久[15]，升堂入室[16]。

注释

① 太极拳推原解：从源头或本源上推究太极拳之理。《汉书·淮阳宽王刘钦传》推原厥本，不详自博。

按：此论进一步阐述拳为何以太极而命名，太极拳“动静互变，互为其根”的根本性质，以及在运用中要执中守敌的真诀精义。

② 三教归一：三教，指儒、释、道三教。一，即“道”、本源、自然之本性。道家：有与无；儒家：仁与义（中庸）；释家：色与空，皆发于自然之本性。

③ 百会中极：指百会穴与中极穴。百会穴，属督脉，在头顶，是“六阳”之会。中极穴，属任脉，在小腹内。

④ 一体管键：一体，整体；管键，钥匙与锁，管为钥匙，键为锁簧。出自《周礼·地官司》：“掌授管键，以启闭国门。”

⑤ 来脉转关：来脉，来龙去脉（拳的上势所向）。转关，转换、转动关节（拳着与着的衔接、变化）。

⑥ 其为气也……端由集义：出自《孟子·公孙丑上》。害，阻碍，不顺。端由，原因，缘由。集义，合乎道义。

⑦ 浑灏：雄浑浩大。

⑧ 侔：音 móu，相等，齐整。

⑨ 放之则弥六合，卷之则退藏于密：出自《中庸·章句·序》：“其书始言

一理，中散为万事，末复合为一理。放之则弥六合，卷之则退藏于密，其味无穷，皆实学也”。六合，东南西北上下四面八方；密，隐秘的地方。此句意为：放开来可以布满天地四方，归纳时可以收回到隐秘的方寸之间。

⑩ 其大无外，其小无内：无外，无限大，无界无疆。无内，细微（细分）无限小。出自道家诸子之列。

⑪ 无过不及：过，超过；及，达到，赶上。不及，不到、不足。其意实为“无过无不及”，即不要超过也不要达不到。出自《论语·先进》：“师也过，商也不及。”《内·六节藏象论》：“来至而至，此为大过（太过），至而不至，此谓大及（不及）。”

⑫ 素裕：素，平日、平常；裕，积思，宽绰。

⑬ 不即不离：不靠近也不疏远，出自《圆觉经》卷上：“不即不离，无缚无脱。”

⑭ 接骨斗笋：接骨，骨骼、关节之间相互承接咬合。笋，音 sǔn，榫也，竹木、石制品物或构件上利用凹凸方式相接处凸出的部分，“榫头”。笋，焦作地区读 xún。

⑮ 真积力久：认真积累，久必功成。《荀子·劝学篇》：“真积力久则入。”

⑯ 升堂入室：升，登；堂，厅；入，进；室，内室。古代的宫室，前厅为堂，后房为室。

按：打拳养生在于心的虚静，心持敬重方能到虚静无极的境界，“天君”（指心）是思想肢体骨骸的主宰者，能敬则静，就能符合太极初始的状态而达到锻炼的目的。

太极拳著[①]解

人之一身，心为主，而宰乎肉[②]。心者，谓之道心，即理心也。然理中能运动者，谓之气，其气即阴阳五行也。然气非理无以宰，而理非气无以行。故理与气不相离而相附，此太极根无极者[③]，然也。

天之生人，即以此理、此气生于心。待其稍有知识，而理气在人心者，浑然无迹象。然心之中或由内发，或由外感，而意思生也。当其未生，浑浑混混，一无所有。及其将生，其意微乎其微，而阴阳之理存乎其中。顺其自然之机，即心构[④]形，仍在人心之中，即《中庸》所谓未发也。及其将发，而心中所构之形呈之于外，或上或下，或左或右，或前或后，或偏或正，全体身法无不具备。

当其未发构形之时，看其意像什么形，即以什么命名，亦随意拾取，初无成心。是时即形命名之谓“着”。而每“着”之中，五官百骸顺其自然之势，而阴阳五行之气运乎其中。所谓动则生阳，静则生阴，一动一静，互为其根。是所谓阳中有阴，阴中有阳，此即太极拳之本然[⑤]。

如以每着之中，必指其何者为阳，何者为阴，何者为阳中之阴，何者为阴中之阳，此言太滞[6]，言之不胜其言[7]。即能言，亦不无遗漏，是在学者细心揣摩，日久自悟。前贤云："能与人规矩，不能使人巧[8]。"举一反三在学之者，不可执泥，亦不可偏狃[9]。

注释

① 著：音 zhāo，通"着"（招），着势（招势）。

② 肉：应为"内"。

③ 太极根无极者：应为"太极根于无极者"。

④ 构：组合、制成，构思、构想（组合的图像）。

⑤ 太极拳之本然：本然，本原、本性、本质。此句话点明了太极拳的性质。

按：阴阳五行之气运乎其"中"，就是陈鑫太极拳理法核心的"中气、内精"；一动一静，互为其根，就是太极的"阴中有阳，阳中有阴"，即太极拳的性质。

⑥ 太滞：偏执，停滞，不通畅。

⑦ 不胜其言：胜，尽也。不能"尽"拳中之精义。

⑧ 能与人规矩，不能使人巧：出自《孟子·尽心章句下》："梓匠轮舆能予人规矩，不能使人巧。"指学拳必须循序渐进，不能走捷径，要脚踏实地，领会太极的道理。

⑨ 偏狃：狃，音 niǔ，拘泥。偏斜拘泥。

七言俚语

其一

掤攦挤捺[①]须认真，　引进落空[②]任人侵，

周身相随[③]敌难近，　四两化[④]动八千斤。

其二

上打咽喉下打阴[⑤]，　中间两肋并当心[⑥]，

下部两臁[⑦]合两膝，　脑后一掌要真魂。

注释

① 掤攦挤捺：此是两人交手四肢运用之大法。掤者，人以两手相推，我的右胳膊向上掤之，此谓之掤。攦者：我的右肱掤住（他）人手，即以右肱掤横而进之。（他）人即将身先向后一退，而以双手攦住我之右肱，此谓之攦。挤：如我以右肱前进，（他）人即攦住吾肱，我以肩向前进，是之谓挤。捺，音 nà，如我以左手拨人之手，人即随势捺住我之左肱，是之谓捺。见陈鑫《太极拳图画讲义·太极拳大用》。

按：捺，书法笔画之“捺笔”，河南焦作地域（怀庆府人）读 nàn（难），是“按”的意思。书法讲“捺如刀”，拳法中“捺”的意思，含有按中有推，推中有按，过程犹如“刀刃”。

② 引进落空：引，引诱使之来。进：令人前进。落：如落叶之落。空，音 kòng，是空虚处。引诱其前进，使之落于空虚之处。

③ 周身相随：也称上下相随。周，全，此含有内外身心之全。上肢动下肢随，下肢领上肢随，手到足到身到，四肢百骸同时动作，无不相应，一动无有

不动，一静无有不静。身心放松才能真正做到百骸相随。（参见陈子明《太极拳精义》）

④ 化：事物的性质或形态改变。变尽旧体而有新体，谓之化。阴变阳，阳变阴，阴阳互变。

按：陈鑫讲：打拳要不直不遂，要以中气行之，绝不可直来直去。此处用“化”字，意在用“缠丝精”法去引化。“化就是打，打就是化，化中有打，打中有化。”此中既有化解渐变顺势而为之意，又有陡然性质变化之意。与“拨”略有区别，学拳者应当揣摩体会。

⑤ 阴：指裆。

⑥ 心：心窝。手少阴三焦经的膻中穴。泛指人的胸部。

⑦ 两臁：臁骨，指两个小腿骨。

身[1]

拳之一艺，虽是小道，然未尝不可即小以见大[2]。故上场之时，不可视为儿戏。而此身必以端正为本。身一端正，则作事[3]无不端正矣，大体不可跛倚[4]倒塌。况此艺全是以心运手，以手领肘，以肘领身。手虽领身，而身自有身之本位。论体则身领乎手；论耍手，则以手领身。身虽有时歪斜，而歪斜之中自寓中正，不可执泥。能循规蹈矩，不妄生枝节，自然合拍。合拍则庶乎近矣[5]。

注 释

① 身：身法，指身法的规矩与总要求。

按：此处虽没有说到手法、步法等，实际上这些法则必以身法为核心。“身必以端正为本”，就是先立根本，明了身体上中下“三节”的要义，陈鑫讲：“脊骨是左右肾之关键，腰是上下之关键”，确立身体的中心和重心，处“中”以制外。立身中正，方能切实做到，虚灵顶劲，气沉丹田，坠肘松肩，含胸塌腰，屈膝松胯，开裆贵圆，中气贯穿，周身相随，开合有序。身不中正、顶劲不能领，中气何以生，一切法则将难以落实。将身法规矩、心、意、志、气等放在首位，足见身法在拳中的重要地位。此节及以后的《心》《意》《志》《恒》

《着》《理》《气》等均是从拳理的角度论证其与拳法规矩的关系。

② 以小见大：从小可以看出大，通过一小部分看出整体。见，也可读“现(xiàn)”。

③ 作事：应为“做事”。后同，不另注。

④ 跛倚：偏倚，站不稳。出自《礼记·礼器》：“有司跛倚以临祭，其为不敬大矣。”

⑤ 庶乎近矣：指近似、差不多。近，近圣贤，《朱子家训》：“为人若此，庶乎近焉。”宋·苏东坡《定风波》：“庶乎，差不多为人若此，庶乎近焉。”此处指近乎“拳道”。

心[1]

天地间，人为万物之灵。而心又为五官百骸之灵，故心为一身之主，心一动而五官皆听命焉。官骸不循规矩者，非官骸之过，实心之过也。

孟子曰："出入无时，莫知其乡者，[2]惟心之谓。"又"一人虽听之，一心以为有鸿鹄将至。[3]"可见人之有心，但视其操[4]与不操耳。能操，则心神内敛，故足重手恭，头直目肃，凡一切行为无不皆在个中[5]；不操，则心外驰，故视不见，听不闻，食亦不知其味，凡一切行为，无不皆在个外。况打拳一道，由来口授居多，著述甚少。盖由义理，则经史[6]备载，子集[7]流传，不必再赘。

但打拳之势，人皆不知皆由太极而发。其外面之形迹与里面之精意，往往视为拳势是拳势，理路是理路，不能合到一处，是皆不知由理而发之于势故也[8]。不知运势者，气也；而所以运势者，理也。其开合擒纵，无可加损，无可移易，动合自然，是皆天理之应然而然也。苟细揣摩，如行远自迩[9]，登高自卑，则由浅入深，不躐等[10]而进，不中道而止[11]。以我之智力，穷道之旨归[12]。壹志[13]凝神，精进不已[14]，层累[15]曲折，胥致其极[16]。虽高远难至之境，莫非眼前中庸[17]之境？是在操心。

注释

① 心：此指“理心、道心、禅心”，古人把心作为思维器官，作为脑的代称，指思想。

按：打拳“心为一身之主”，“心是主宰”，因而要“操心”“专心”“壹志凝神”。

② 出入无时，莫知其乡者：出自《孟子·告子上》。进出没有一定的时间，也不知道它去向何方。

③ 一人虽听之，一心以为有鸿鹄将至：出自《孟子·告子上》。另一个人虽然也在听奕秋传授，但是心里却想着有鸿鹄飞来，准备拉了箭射它。比喻学习不专心致志。

④ 操：音 cāo，拿，抓在手里，此指操心，专心致志。

⑤ 个中：此中，这当中。唐·寒山《诗》之二：“若得个中意，纵横处处通。”

⑥ 经史：经书，史书。

⑦ 子集：先秦诸子百家著作。集，文集，诗词汇编，古代典籍。

⑧ 故也：原因。

⑨ 行远自迩：自，从。迩，近。走远路，必须从最近的一步走起。比喻循序渐进。出自《礼记·中庸》：“君子之道，譬如行远，必自迩辟如登高而自卑。”

⑩ 躐等：躐，音 liè，超越。躐等即超越等级。

⑪ 不中道而止：不行进到中途而止步。

⑫ 旨归：主旨、要旨。

⑬ 壹志：即志壹。壹，专一。壹志指意志专一。

⑭ 不已：不停止。

⑮ 层累：重重叠叠之层次。

⑯ 胥致其极：胥（xū），齐，全，皆；致，使达到；极：尽头，最高点。使之全部达到最高点。

⑰ 中庸：中庸，不偏不倚之谓中，不易不变之谓庸，中正平和。指中正不偏的最高道德准则。

按：动中取衡，静中取重，对拳理拳法来讲是开悟体会的最高境界。

意[1]

意者，吾心之意思也。心之所发谓之意。其一念之发，如作文写字下笔带意之意。意于何见？于手见之。此言意之发于外也。意发于心，传于手，极有意致，极有神情。

心之所发者正，则手之所形者亦正；心之所发者偏，则手之所形者亦偏。如人平心静气，则手法、身法自然端正；如人或急切慌张，或怠慢舒缓，则手之所形莫不侧倚必也。躁释矜平[2]，而后官骸所形自然中规中矩[3]。实理贯注于其间，自无冗杂间架[4]。即有时身法偏斜，是亦中正之偏，偏中有正，具有真意。有真意，其一片缠绵意致，非同生硬挺霸[5]流于硬派。

此其意一则由理而发，一则由气而练。若硬手纯是练气，气练成亦能打死人，但较之于理，究竟低耳。故吾之意可知，而彼之意可想。学者所当留心体会，以审其意之所发。

注 释

① 意："意者，吾之意思也。"人对事物的想法、看法与态度。

按：此指意念、意识，心思、思想过程。心意要明理、要正、要静。“能静则敬，自葆虚灵”，此即道家之所谓“存思”法也。“心之所为意”，打拳是有意而为之，是为有“意识”，把这个意识存储在记忆里就叫“潜意识”，与人的“中气”相融为意气而转化成能量，就是“潜能”，此潜能与人的“下意识”有区别，前者是提炼的能量，后者是与生俱来的本能。

② 躁释矜平：心平气和，有涵养。

③ 中规中矩：合乎一定的标准、法则。出自《庄子·徐无鬼》：“吾相马，直者中绳，曲者中钩，方者中矩，圆者中规，是国马也。”

④ 冗杂间架：冗杂，繁杂；间架，房屋的建筑结构。梁与梁之间谓“间”，桁与桁之间谓“架”，以此比喻“拳架”结构。

⑤ 挺霸：坚挺横霸，比喻硬气横生。

志

心之所之[①]，谓之志。凡人贵立志，不立志则一事办不成，终身居人下矣。如能立志，则所有条理，自始至终，层层折折，悉究底蕴[②]。不敢懈惰，由勉然以造于浑然[③]，所谓“有志者事竟成”[④]。不然者，败矣。人顾可[⑤]不立志哉！

注释

① 心之所之：所，住所。心所住（向往）的地方。

② 底蕴：内心蕴藏；底细，事情的内涵。

③ 由勉然以造于浑然：勉然，勉勉强强。浑然，完整一体不可分割貌。

④ 有志者事竟成：成语，有志向的人，做事终究会成功。出自《后汉书·耿弇（yǎn）传》：“将军前在南阳，建此大策，常以为落落难合，有志者事竟成也。”

⑤ 顾可：怎可，怎么可以。

按：拳的功用大致为强体防身、健康健体、养生养心等，学拳者按自己的身体、环境、时间等设定方向，依拳理，循拳法，订目标，有条理，把握度，拒捷径，不松懈，达浑然。

恒[1]

天地之道，一恒而已。惟其恒也，日月得天而能久照，四时变化而能久成，圣人久于其道而天下化成，何况一艺。苟独殷殷勤勤，始终无懈，何至“苗而不秀，秀而不实[2]乎”!《书》曰：“学贵有恒。”[3]孔子曰：“人而无恒，不可以作巫医。[4]”可见人之用功，惟恒最贵。

志为功之始基，恒为功之究竟[5]。能恒则成，不恒则败。志、恒二字，乃作事之要诀，学者不可不知，尤当猛醒。尝见人之用功，或作或辍，不植将落[6]，反怨师不教人。抑何不返躬自问[7]，其功何如哉?

注释

① 恒：久也，永久不变的心。滴水而石穿，功夫不负有心人。

② 苗而不秀，秀而不实：秀，稻、麦等庄稼吐穗。指出苗不抽穗，抽穗不开花。出自孔子《论语·子罕》：“苗而不秀者有矣夫，秀而不实者有矣夫。”

③《书》曰：“学贵有恒”：《书》，指《尚书》，出自孔子《论语·述而》：“善人，吾不得而见之矣，得见有恒者斯可矣。”

④ 人而无恒，不可以作巫医：出自《论语·子路》。巫医，用卜筮为人治病的人。此句意思：人如果做事没有恒心，就不能做给人治病的医生。即不能成就事业。

⑤ 究竟：结果，原委。在佛教中有至极、最高的境界之意。

⑥ 不植将落：植，种植，培植；将落，就要降下。

⑦ 返躬自问：扪心自问，内省自身。

着[1]

自古圣人有文事[2]者，必有武备[3]。但文事皆有成书，经史子集无所不备。至于武备，则略而不言。自黄帝尧舜，以至唐宋元明总戎机[4]者，虽各著有兵书，然不过步法止齐[5]耳，至打拳皆未之及[6]。

拳之一艺，不知始自何时，俱未见有成书。历唐、宋、元、明、大清，即间有书，亦不过画图已耳，皆未详言其理，以示阶级[7]可升。且尝[8]习此艺者，往往失之于硬，盖由尚血气不尚义理。义理不明，势不至，留于放僻邪侈[9]而不止。

我陈氏自山西迁温县，带有此艺，虽传有谱，亦第[10]图画，义理亦未之及。愚无学识，工夫极浅，不敢妄议注谱。但为引蒙[11]，不得不聊举大意，以示学者下手工夫。

每一着必思手从何处起，何处过，至何处止；外面是何形象，里边是何劲气，要从心坎中细细过去；此着之下与下着之上，夹缝中如何承上，如何起下[12]。必使血脉贯通，不至上下两着[13]，看成两橛[14]。始而一着自成一着，继而一气贯通[15]，千百着如一着矣。

注释

① 着：音zhāo，招，招势。

按：陈鑫在此处将“阴阳”“中气”“缠丝精”和经络穴位与“着”（招）进行了较为详细的描述，“理、气、用”和而在“着”中，学者应当仔细领悟。

② 文事：文化教育建设，国务、政务管理之事。出自《孔子家语·相鲁》：“有文事者，必有武备。有武事者，必有文备。”

③ 武备：军备，武装力量，装备（国防力量）。

④ 戎机：军机，战争军事机宜。出自《乐府集·木兰诗》：“千里赴戎机，关山度若飞。”

⑤ 步法止齐：步法，队伍操练的步调，行进走路有规律的步子。止齐，整顿队伍，使排列整齐。语出《尚书·牧誓》：“今日之事不愆於六步、七步，乃止齐焉，夫子勋或，不愆于四伐，五伐，六伐，七伐，乃上齐焉，勋哉夫子。”指体操体能锻炼。

⑥ 未之及：没有涉及。

⑦ 阶级：台阶，等级，层次。

⑧ 尝：曾经。此意为“常”。

⑨ 放僻邪侈：音 fàng pì xié chǐ。放、侈，放纵；辟、邪，不正当，不正派。指肆意作恶。僻，“辟”。出自《孟子·梁惠王上》：“苟无恒心，放辟邪侈，无不为已。”

⑩ 第：只是，但是。

⑪ 引蒙：引，导；蒙，蔽。不使蒙蔽。

⑫ 起下：启下。

⑬ 两着：着，音 zhāo。两招，两个招势。

⑭ 两橛：两节，两截。橛，焦作地域俚语读作 juè，应是“节”或“截”。意为从中间折成两节两段、两截。

⑮ 一气贯通：一气，构成天地万物之本，也指人体之元气、内气。贯通，贯穿，连接，沟通。此指拳之“中气”浑然一气而不间断。

如懒插[①]，右手从左腋前起端，手背朝上，手指从下斜行而上，先绕一小圈，中间手从神庭[②]前过去，徐徐落下。胳膊只许展九分，手与肩平停止，手背似朝上微向前合。其手自始至终行走，大势为弓弯之意。上面如此运行，底下右足亦照此意与手一齐运行。手行到地头，然后足趾亦放得稳当[③]。手中内劲由心发起，过右乳，越中府[④]，逾青灵穴[⑤]，冲少海[⑥]，经灵道[⑦]，渡列缺[⑧]，至中冲[⑨]、少冲[⑩]、少商[⑪]诸穴止。足是先落仆参[⑫]，过涌泉[⑬]，至大敦[⑭]、隐白[⑮]诸穴上。且其内劲必由于骨之中，以充于肌肤之上，运至五指上，而后止。顶劲提起，腰劲揰下[⑯]，长强以下翻起来[⑰]，裆劲落下，右手与左手合住，膝与裆、与胸、与小腹诸处无不合住。合也者，神气积聚而不使之散漫，非徒以空架闲着苟且了事。惟恭敬将事，则神气处处皆到，方不蹈空。下着单鞭，大概与此着同。

大凡手动为阳，手静为阴；背则为阳，胸则为阴。亦有阴中之阳，阳中之阴。某手当令，某手为阳；某手不当令，某手为阴。亦有一着也，先阳而后阴；一手也，外阴而内阳。一阴一阳，要必以中峰劲运之。

中峰者，不偏不倚，即吾心之中气，所谓浩然之气也，理宰于中，而气行于外是也。浊气[⑱]下降，合住裆劲。下盘稳当，上盘亦灵动。千言万语，难形其妙。当场一演，人人可见可晓。落于纸笔，皆成糟粕；形于手足，亦成迹象，而更[⑲]非迹象，无以显精神，犹之非糟粕无以写义理。是在善学者，孟子曰："能与人规矩，不能使人巧。"其斯之谓欤。

注 释

① 插：应为“擦”。

② 神庭：属督脉，在头部，前发际的中上0.5寸处。与手足阳明泉交会。

③ 手行到地头……放得稳当：地头，当地俚语表示“到位”的意思。本句意为：手运行到位后，足趾也就能放稳当了。

④ 中府：属手太阴肺经，在胸前壁外上方。

⑤ 青灵穴：属手少阴心经，左臂内侧极泉穴与少海穴的连线上。

⑥ 少海：属手少阴心经，在肘横纹内侧端与肱骨内上髁连线的中点处。

⑦ 灵道：属手少阴心经，在前臂掌侧腕横纹上1.5寸。

⑧ 列缺：手太阴肺经，在前臂桡侧缘，桡骨茎突上方。

⑨ 中冲：手厥阴心包经，在手中指末节尖端中央。

⑩ 少冲：手少阳心经，在小指末节桡侧处。

⑪ 少商：手太阴肺经，在拇指末节桡侧处。

⑫ 仆参：足太阴膀胱经，在足外侧部，外踝后下方，昆仑直下跟骨外侧，赤白肉际处。

⑬ 涌泉：属足少阴肾经，在脚心。

⑭ 大敦：足厥阴肝经，在足大趾外侧尖处。

⑮ 隐白：足太阴脾经，在足大趾末节内侧尖处。

⑯ 搓：音 sā。搓下意为捆绑，煞紧。

⑰ 长强以下翻起来：长强，属督脉，在尾骨端处。翻，泛起。

⑱ 浊气：污浊之气，相对清阳之气而言，血脉中的重、浊“阴”气；阴寒之邪，《灵枢·忧分无言》：“两泻其血脉，浊气乃辟”；饮食水谷精微的浓浊部分。《素问·经脉别论》：“食气入胃，浊气归心。”

⑲ 更：经过。

按：在陈鑫著《图说》之前尚无将打拳之书写得如此完备，之前有戚继光的《纪效新书》，但也只是用图画加一些文字歌诀解意，“皆未详言‘拳’的道理。陈鑫在此论文中简略地介绍太极拳所遵循的拳理，‘中气、着与着如何承接，缠丝精的经络路径’”。

理

理者，天地之节文[①]，人事之仪则也[②]。顺其性之自然，行其事之当然，合乎人心之同然，而究乎天理之所以然[③]。一开一合绝无勉然，一动一静恰合天然。此即吾道之粹[④]然。

按：自然运化之规律是"天道"之理，无物能违。"先天而天弗违，后天而奉天时"，顺应事物的本性特质，包括环境、气候、季节等，自然而然处事、做人、打拳、健身、养生。此即"拳法自然"的论点。

注 释

① 节文：制定礼仪，使行之有度。出自《礼记·檀弓下》："辟踊，哀之至也。有算（suàn），为之节文也。"

② 人事之仪则也：人事，此意为人世间之事。仪则，法则。出自《庄子·天地》："形体保神，各有仪则，谓之性。"

③ 究乎天理之所以然：研究天道运化规律并自然遵循。

④ 粹：纯一，纯粹，精华。

气[1]

何谓气，即“天行健”[2]一个行字，天体至健而所以行。此健者，气也。不滞不息，不乖不离，不偏不倚，即是中气。加以直养无害[3]工夫，即是乾坤之正气，亦即孟子所谓浩然之气。一拂气之自然，参以横气则生硬横中[4]。势难圆转自如，一遇灵敏手段，自觉束手无策，欲进不能，欲退不敢，但听他人发落而已，钝何如也[5]。所以，不敢徒恃血气，而并参之以横气。

注 释

① 气：天不老，故而“健”；气乎“中”，故不息，冲气而和即为孔子之“太和元气”，孟子之“浩然之气”。

按：气为万物的本源，贯通于天地万物之中，具有可入性、渗透性和感应性，气分阴阳而相互感应产生了事物之间的普遍联系使物质世界不断地运动变化。具体表现为“上下”“出入”“动静”在人体内则以“升降出入”的运动形式表现，“人之生死，全赖乎气，气聚则生，气壮则康，气衰则弱，气数则死”。人体内气的运动称之为“气机”，而气化运动的升降出入是通过脏腑的功能活动来实现的。在生理上“贵乎和”“正”“中”。

② 天行健：出自《周易·乾卦》："天行健，君子以自强不息。"

③ 直养无害：见于《孟子·公孙丑上》："其为气也，至大至刚，以直养而无害，则塞于天地之间。"直，直接，公正。养，滋育培养。害，伤害，阻碍。

④ 横气则生硬横中：横，音 hèng，横气，血脉流通之血气，俚语称为刚气、硬气、笨气。在运动时，呼吸短而粗，劲力消耗快。横中，横在中间，此指"滞气"停在胸中。

⑤ 钝何如也：钝，迟钝，不锋利，不灵活。何如，如何，怎么样。意为迟钝成这样。

附中气辨[①]

中气者，中是中，气是气。中是不偏不倚，无过不及之名。以理言气，是天以阴阳五行之气化生万物。有是形，即有是气，是人所秉受于天本来之元气也。气不离乎理，理不离乎气。气非理无以立，理非气无以行。气与理两相需者也。理有其偏，气亦有其偏。理之偏，私以参[②]焉；气之偏，横以行焉。惟两得其中，合而言之，曰中气。

窃谓不可以言语形容者，中气耳。中气，即孟子所谓浩然之气，即《易》所谓保合太和[③]之元气也。气不离乎理，言气而理自在其中。打拳以运气为主，然其中自有理以宰之。理之得中者，更不易言，故但以气之附丽[④]于形者，大略言之。

气之在体，无不充周，而其统率在心。心气一发，能先听命者，肾中之志。心机一动，志则顺其心之所向，而五官百骸皆随之而往焉。且各有各体之精，而随各体所往之地位而止也，此是一齐俱到。有分先后，有不分先后。所谓小德川流，大德敦化[⑤]，道并行而不悖[⑥]也。

如单鞭一势，起初心欲先合，两手即用倒转精合住，左足即收到右足边，而与右足合住；[7]心欲展开，左手即用顺转精，右手即用倒转精。两大腿用精，左则顺右则倒，顶精即领，胸即含住，腰精即下，裆开足。之后有心无心之间，说合上下一齐合住。

且官体之精，各随各经络运行，无纤悉之或差。心即大体，官骸即小体，德即大体、小体中当然之理也。心机一动，百骸听命，非所谓："小德川流，大德敦化"，道并行而不悖乎？此所谓中气流行，一气贯通[8]者，如此。

注 释

① 附中气辨：此处较为详细地阐述了"中气"的本然，中与气、气与理，与"心"（意识）和肾的关系。"中"是"不偏不倚"；例述了气的主宰、来源与应用。人身本于天之元炁（脏腑精气）；"气"是阴阳五行之气；气在人体内循着各个经络、奇经八脉周身运行，到人体的各个部分包括皮肤毫毛，得其中，曰中气。

② 参：音 cān，掺杂，加入其内。

③ 保合太和：出自《易·乾·彖辞》："乾道变化，各正性命，保合太和，乃利贞。"保，保持；合，聚；太，大；和，和谐；性，心性，精神；命，生命；贞，中正。

④ 附丽：附着；依附。出自《文选·左思》："而子大夫之贤者，尚弗曾庶翼等威、附丽皇极。"

⑤ 小德川流，大德敦化：出自《中庸》："小德川流，大德敦化，此天之所以大也。"即小德如江河，川流不息，大德敦厚，化育万物，天地之所以伟大的原因就在于此。

⑥ 悖：音 bèi，相冲突，违背道理。

⑦ 如单鞭一势，……而与右足合住：此句是“右合式”的描述，亦有称“六封四闭”者。

⑧ 一气贯通：全身上下中气贯通，连绵无断续处。一气，构成天地万物之本，原指人体之元气，内气；贯通，连接，沟通。

中气与浩然之气、血气辨[①]

中气与浩然之气稍异；与血气大不相同。

中气者，太和之元气，即《中庸》所谓“不偏不倚”。而平常之理，宰乎不刚不柔、至当却好之正气。能用此气以行于手言手，而全体皆在其中，天下未有穷[②]之者。如或有人穷之，非功夫未到十分火候，即涉于偏倚不中故也。涉于偏倚，非人能穷我，我自穷之也。此气之贵得乎中，名之曰中气，非气之行于官骸之中之谓也官骸之中，是当中之中。中气之中，是不偏不倚，无过不及之理，宰乎刚柔得中之正气元气。

浩然之气者，大约涉于刚一边多。观于孔子、孟子之气象可知。孔子言语极和平，孟子气象就带廉隅[③]。即其自谓，亦曰：“至大至刚。”吾故曰，涉于刚一边居多，然要亦是秉受之元气，特稍涉于严厉。谓之为元气则可，谓之为太和元气似少逊耳，此所以与中气略有不同处。耍拳者能以浩然之气行之，技亦过乎大半矣。再加涵养功夫，则几乎中气矣[④]。

至于血气，乃血脉中流通之气，即拳家所谓横气也。全仗年轻，力气勇猛，而以不情不理凌压敌人。失败者多，即间获胜，力气过大偶然胜之，一遇行手，气虽大而亦败。苟能稍遵规矩谓打拳成法，亦能打人，但能屈敌人之身，而不能服敌人之心。至于中气，能令敌人进不敢进，退不敢退，浑身无力，极其危难。足下如在圆石上站着，不敢乱动，几乎足不动即欲跌倒。此时虽不打敌，敌自心服。

以上所辨，未知是否。以俟高明者指正。

注 释

① 追求“浩然之气”，更应追求阴阳和合的“太和之气”。而血气虽为血脉流通之气，但其表现形式多指人类因一时冲动所生的勇气，故而在行拳时则要将血脉流通之“横气”化为刚柔并济、阴阳无偏之“中气”。

② 穷：困、尽、受制于人。

③ 廉隅：音 lián yú，指品行方正。

④ 则几乎中气矣：几乎，近、接近，就几乎接近于“中气”。

情[1]

理与气发于外者为情。人之交接往来则曰人情；文之抑扬顿挫则曰文情。打拳之欲抑先扬，欲扬先抑，其间天机活泼，极有情致。拳无情致，如木偶人一般。死蛇塌地，有何景致。又安能见其生龙活虎，令观者眼欲快睹，口中乐道，心中愿学？此拳之不可无情致也。

至于与人交手，断不可看人情。一看人情，则人以无情加我矣。乌乎[2]可。

注 释

① 情：心中所想发于外者为情。

按：指打拳要生动圆活。

② 乌乎：应为“呜呼”。

景[1]

一片神行之谓景。其开合收放，委宛曲折，种种如画，是之谓景。景不离情，犹情之不离乎理，相连故也。

心无妙趣，打拳亦打不出好景致。问何以打出景致？始则遵乎规矩，继则化乎规矩，终则神乎规矩。在我打得天花乱坠，在人自然拍案惊奇。里面有情，外面有景，直如天朗气清，惠风和畅，阳春烟景，大块文章，处处则柳亸花骄[2]，着着则山明水秀。游人触目兴怀，诗家心怡神畅，真好景致。拳景至此，可以观矣。

注 释

① 景：环境，风光，情景。

按：讲拳技同时讲拳艺，如同写字与写书法的区别。但拳是“武”，而不是“舞”，武艺非舞术表演。但也讲究艺术的美观性、观赏性。

② 柳亸花骄：亸，音duǒ，下垂。骄，应为“娇”，娇妍。柳丝绕垂，花朵娇妍。

神

神者，精气发生于外，而无难涩之弊之灵气也。天地间无论何物，精神足，则神情自足。在人虽存乎官骸之中，实溢乎官骸之外。大约心、手、眼俱到则有神，无神则死煞不活，不足动人。

神之在人，不止于眼，而要于眼则易见[①]。故打拳之时，眼不可邪视，必随手往还。如打懒擦衣，眼随右手中指而行，懒擦衣手到头，眼亦到头，注于中指角上，不可他视。眼注于此，则满身精神皆注于此。如此，则懒擦衣全着俱有精神，神聚故也。打单鞭，眼注于左手发端处，随住左手徐徐而行。至单鞭打完，眼即注于中指角上，不可妄动。打披身捶，眼注于后脚尖，打肘底看拳及小擒拿，眼注于肘底拳上。打斜行拗步，右手在前，眼着于右手。打抱头推山，两手虽俱在前，而以右手为主，眼虽并注，而注于右手居多。打指裆锤，眼注于下。打下步跨虎，眼注于上。打演手锤，眼注于前。打回首锤，眼注于后。大抵上下四旁，某处当令，则眼神注于某处，此是大规矩。亦有神注于此，而意反在于彼者。此正所谓大将军八面威风，必眼光四射而后威风八面，处处有神[②]也。

打拳之道，本无此势，而创成此势，此即自无而有，何其神也。而况神乎其神，何莫非太极阴阳之所发而运者乎？拳至此，已入室[3]矣。动静缓急，运转随心，何患滞涩而无神情乎！

注释

① 神之在人，不止于眼，而要于眼则易见：精神的表现，不仅仅止于眼睛，但其要点在于从眼中可以显现使人看得到。

② 处处有神：神，不可捉摸谓之神。此指神态、精神与气质。气由精化，神由气生，凝聚于目，气自有神。

③ 入室：登堂入室，比喻可以进入拳理之门。

化[1]

化也者，化乎规矩者也。化之境有二：有造化，有神化。造：言其始，化：言其终。神化者，夫子七十，“从心所欲不逾矩”是也。[2]打拳熟而又熟，无形迹可拟，如神龙变化，捉摸不住，随意举动，自成法度[3]，莫可测度[4]。技至此，真神品矣。

太极之理，发于无端，成于无迹，无始无终，活盘托出。噫，观止矣！拳虽小道，所谓即小以见大者，盖以此。拳岂易言哉！

注释

① 化：物生谓之化，化者变之成。对于拳来讲，规矩是结果、是要求、是规则、是“化”。变就是过程，是招与招，招之中势的演变过程，如单鞭与揽擦衣之间的“右合式”，现在也称“六封四闭”。而神化讲的是顺其自然的“教化”，是熟能生巧的“知变化之道”。规矩已经熟记于心，外形变化无迹无形，顺其自然而为之，即陈鑫所谓的“遭着何处何处击，我也不知玄又玄”的神秘莫测功夫，但无论拳法如何演变都不会偏离或越过阴阳之道、太极之理。否则，拳不可以“太极”而名。

② 夫子七十，“从心所欲不逾矩”是也：出自《论语·为政》，子曰：“吾

十有五而志于学，三十而立，四十不惑，五十而知天命，六十而耳顺，七十而从心所欲，不逾矩。”

按：孔子的“心”已和自然规律与天道融合在一起，那么他的言行无论如何都不会离开“道”的规矩。拳艺到神妙之时，“一开一合”，自成法度，此法度是“大道”的自然体现。

③ 法度：法令制度，法则，准则。出自《尚书·禹漠》：“儆戒无虞，罔失法度。”

④ 测度：揣测，猜测。

太极拳用说

五行生克[①]，无处不有，无时不然。如两人交手，敌以柔来者，属阴，阴当以阳克之；属水，水当以火克之，此当然之理。势也，人所易知者也。独至于拳则不然，运用纯是经中寓权，权不离经。何言乎尔？彼以柔来者，是先以柔精听忖也我如何答应，而后乘机击我。我以刚应，是我正中其谋，愚莫甚也。问该如何应答？彼以柔法听我以胳膊听我，非以耳听也，我以柔法听彼；拳各有界，彼引我进，我只可至吾界边，不可再进，再进则失势。

如曰："不入虎穴，焉得虎子。[②]"是以天生大勇者论之，非为常人说法也。即为大勇，亦为涉险。问该如何处置？如彼引吾前进，未出吾界即变为刚，是彼惧我而变柔为刚，是不如我者也，我当以柔克之。半途之中，生此变态，我仍是以柔道之引进落空者击之。如彼引我已至吾界，是时正宜窥彼之机势，视彼之形色，度[③]彼之魄力。如有机可乘，吾即以柔者忽变而为刚击之。此之谓以刚克柔，以火克水。如彼中途未变其柔，交界之际强为支架，亦宜击之。

如彼引我至界，无隙可乘，彼之柔精如故，是劲敌也，对手也，不可与之相持。吾当退守看吾门户。先时我以柔进听之者[4]，至此吾仍柔道听之，渐转而退，仍以柔道引之使进。彼若不进，是智者也。彼若因吾引而遽进，误以我怯，冒冒然或以柔来，或中途忽以柔变为刚来，我但稍低其手，徐徐引之使进，且令其不得不进。至不得势之时，彼之力尽矣，彼之智穷矣，彼之生机更迫促矣。是时，我之柔者，忽变而为刚，并不费多力，一转即克之矣。

是时，彼岂不知孤军深入，难以取胜？然当是时，悔之不及，进不敢进，进亦败；退不敢退，退亦败；即不进不退，亦至于败。盖如士卒疲敝，辎重[5]皆空，惟束手受缚，降服而已矣，何能为哉！

击人之妙，全在于此。此之谓以柔克刚。

以火克水，仍是五行生克之道也。天一生水。水外阴而内阳，外柔而内刚，属肾。其以柔进，如水之波流旋绕，不先尚其力[6]，用其智也。地二生火。火外阳而内阴，外刚而内柔，在人属心。水火有形而无质。天三生木，地四生金，则有形有质矣。天五生土，水火势均者不相下[7]。

言以火胜水者，以火之多于水者言之耳。彼以柔进，忽变而为刚者，是水之所生之木也。木，阳质也，即水中之阳性，因滋以成质者也。水与木本自一串，故柔变刚最易。以其形与质皆属阳也。

上言以火克水，盖以火能生土，土能生金。火外明而内暗，阴性也。金，阴所成之质也。木在人属肝，金在人属肺。[8]天下能克木者惟金，金与火皆阴类也。所言以刚克柔者，是以火克水，以金克木也，是以其外者言之。火性激烈，金质坚硬，心火一起，脾气动也。怒气发泄于外，有声可听，金为之也。脾气动，则我之肝与肾无不与之俱动。虽曰以刚克柔，其原实是以柔克刚。盖彼先柔而后刚，我是柔中寓刚，内文明而外柔顺，故克之。

若彼先以刚来，则制之又觉易。易何言之？如人来击我，其势甚猛，我则不与之硬顶，将肱⑨与身与步一顺，身卸下步，手落彼之旁面，让过彼之风头。彼之锐气直往前冲，不顾左右，且彼向前之气力陡然转之左右，甚不容易，我则从旁击之。以我之顺力，击彼之横而无力，易乎不易？吾故曰："克刚易，克柔难。"

注释

① 五行生克：五行，古人认为天下万物皆由水、木、火、土、金五类物质元素构成。此五类元素存在着生长与克制的关系。故曰：五行生克。相生指两类属性不同的事物之间，存在相互帮助、相互促进的关系，即：金生水，水生木，木生火，火生土，土生金。相克是指两类不同性质事物之间的关系是相互克制的，即：金克木，木克土，土克水，水克火，火克金。

按：没有相生，就没有任何事物的发生发展，相生是事物发生发展的原动力。没有相克，就没有发生发展中的协调和平衡，相克使事物的发生发展有了可控力和协调性。生中有克，克中有生，互为其用。生是顺，克为逆，拳术接、引、进、转、击、蓄、留、停，消息盈虚八法，蕴含于五行生克之中，重点在于：以柔克刚，以柔对柔，柔中寓刚，经中寓权，拳不离经，经权互用。

② 不入虎穴，焉得虎子：出自《后汉书·班超传》，比喻不冒险就不能成事。

③ 度：音duó，推测，计算。

④ 我以柔进听之者：进，应为"劲"。

⑤ 辎重：运输部队携带的军械、被服、粮草等物质，比喻后勤，后备力量。

按：气劲被截，犹如没有了再生动力，从而失去战斗力。

⑥ 不先尚其力：不先用自己的力量，不恃刚强而入。

⑦ 不相下：应为“不相上下”。

⑧ 木在人属肝，金在人属肺：古人认为，“五行金、木、水、火、土”与人体五脏六腑，有着对应关系。即：木对应肝，水对应肾，火对应心，土对应脾，金对应肺，故而，木在人属肝，金在人属肺。

⑨ 肱：音 gōng，胳膊由肘到肩的部分，肱骨，俗称大臂，此指整条胳膊。

界限

何谓界限？凡分茅胙土[①]，设官分职，以及动静语默[②]，莫不各有界限。一逾分，一失言，即过界，过界即与人有干涉矣。凡事如此，况拳乎？如人之行步，尽足可开二尺五寸，此勉强为之，非天然也。天然者，随便行步，约不过尺一二寸。上体之手，与下体之足趾齐，此即是界限。大约胳膊只展四五分，内精只用一半，足步只开尺余。如此，则一身之上下左右，循环周转，无不如意。盖动不越界，如将士在本界内，山川地理，人情风俗，一一了亮于心，故进攻退守，绰有余地。一入他人界里，处处更得小心防护，稍有不密，即萌失败之机。此君子所以“思不出其位”[③]也。

打拳原为保身之计，故打拳之时，如对敌人，长进愈快。然又恐启人争斗之心，故前半套多言规矩，不言其用。至后半套，方始痛快言之，以示其用之之法。然第可知之，不可轻试。如不得已，为保性命计，用之可也。

大约此拳，是个人自耍之势。徒手空运，非有敌人在其前后左右也。自己下功夫，遍数愈多愈好。根未[④]固而枝叶荣，况卫生保命之道，莫善于此。学者但先难可也。至于后获，则当置之度外，不可以毫发望效之，念中分吾专心致志之功。金针已渡⑤，学者勉旃⑥。

注 释

① 分茅胙土：茅，茅草，代指土地。胙，音 zuò，祭祀用的肉，代指分封诸侯和土地。出自宋·杨万里《诚斋集》卷五《贺赵守加思食邑赓》："分茅胙土，允为儒学之荣，增秩赐金，即表公卿之选。"

② 语默：或说话或沉默，《易·系辞》："君子之道，或语或默"。

③ 思不出其位：出自《周易·艮》："兼山，艮，君子以不思出其位。"

按：艮卦的卦象是两个山重叠，稳重又文静。君子（学拳者）观此卦象，应当效法此精神，该进则进，该停即停，不要超出自己的本分。此中含有中庸之道。勿忘本能，保护好自己，方能做到有效打击，把握好度，量度而行，适可而止，中权范围，勿失中道。

④ 根未：当为"根本"。

⑤ 金针已渡：即成语暗度金针。金针用于比喻秘诀。传说古代一女子叫郑彩珠，七夕祭织女，织女送给她一根金针，此后她的刺绣技能更为精巧。金·元好问《论诗》："鸳鸯绣了从人看，莫把金针度于人。"

⑥ 学者勉旌：旌，应为"旃"，音 zhān，应为"学者勉旃"，指学拳者发奋努力。

争走要诀

两人手交，各怀争胜之心，彼此挤到十分九厘地位，只余一厘。分胜负全在此一厘地位。彼先占据，我即失败；我先占据，彼亦失败。盖得势不得势[①]，全系于此。此两人俱到山穷水尽也。

当此际者，该如之何？曰：“必先据上游。”问：“如何据上游?”顶精领住中气，手略提高，居于敌手之上，身略前侵，逼迫彼不得势。力贵迅发，机贵神速，一迟即失败，一迅疾即得势。势得则手一前送，破竹[②]不难矣。如两人对弈，棋到局残，胜负在此一步；又如逐鹿[③]，惟高才捷足者先得之；又如两国兴兵，先夺其辎重粮草，此皆据上游簋脑[④]之法也。

故平素打拳，全在一起一转。所谓得势争来脉，出奇在转关。本势手将起之时，必先使手如何承住上势，不令割断神气血脉。既承接之后，必思手如何得机得势[⑤]。来脉真，机势得，转关自然灵动。能如此，他日与人交手，自能身先立于不败之地，指挥如意。来脉转关顾可忽乎哉[⑥]！

按：两人交手“格手”“推手”全在占据“形胜之地（险要、有利的地形)”，一起一转，全在“得势争来脉，出奇在转关”。陈鑫在研究来知德的“天地形象图文”时，即已阐明体会。此处更进一步论述，在实战应用中更具指导性。

注 释

① 得势：得到先机，占据有利形势。也有先得到气势的意思。

② 破竹：势如破竹。《晋书・杜预传》：“今兵威已振，譬如破竹，数节之后，皆迎刃而解。”

③ 逐鹿：竞争天下的典故。出自《史记・淮阴侯列传》《汉书・蒯通传》：“追逐猎鹿。”

④ 盬脑：盬，音 gǔ，吸饮。盬脑即吸饮脑汁，此处比喻攻敌要害。

⑤ 得机得势：得机，得其机势，时间上具有优势，把握生机、先机。机通“几”，出自《易・系辞上》：“夫易，圣人之所以极深而研几也”。表示极细致，与胜负只在一厘意思相同。得势：得其时机，占其形势、优势。空间上占据先势，顾留馨《陈氏太极拳》。

⑥ 顾可忽乎哉：岂可、怎可。忽乎，忽视。怎可忽视呢！

按：“依易理说拳理”是陈鑫太极拳理法、拳法最为显著的特点，陈鑫太极拳理、拳法就是围绕《易经》太极阴阳互为其根，相生、相变、相济的核心，从而形成了四个系统：

(1) 伏羲先八卦与文王后天太极八卦是太极拳之主体与运用；

(2)《河图》《洛书》阴阳五行生克是太极拳中气、缠丝精及拳术运用之根本；

(3)《黄帝内经》，黄老中医理论、古典哲学理论、吐纳导引术，是太极拳阴阳五行之气运化、养生强体的根本途径；

(4) 奉易理、五行、内经自然而形成的太极拳拳理、拳法的规则、法律。

该核心、理论体系是太极拳法《图说》的指导方针，以图说、引蒙、讲义、内精、取象、歌诀等表现形式贯穿于太极拳法始终，并引用了经典文句、卦辞卦象、成语典故、诗文短句、佛家精义、通俗俚语等举例示意。精详备至前无古者，足证陈鑫老人学识渊博，呕心沥血，独具匠心。